비하인드 워
BEHIND WAR

KODEF
안보총서
81

비하인드 워

근현대 전쟁 속에서 찾아낸 승패를 가른
결정적 선택 뒤에 감춰졌던 또 다른 전쟁 이야기

남도현 지음

플래닛미디어
Planet Media

경우에 따라 생업으로 하는 이들도 있지만 대부분의 사람들에게 취미는 특별히 어떤 대가를 바라지 않고 단지 좋아서 하는 행위다. 생업은 반드시, 그리고 싫더라도 억지로 해야 하지만 취미는 그런 속박에서 자유롭다. 필자의 글쓰기도 마찬가지다. 틈틈이 알게 된 역사나 군사에 관한 글을 여러 매체에 기고도 하고 책도 여러 권 출간했지만 이런 모든 활동은 여전히 순수한 취미 생활이다.

만일 글을 쓰기 위해서 반드시 교육 기관에 가서 배워야 하고 시험까지 치러야 했다면 틀림없이 현재의 집필 활동은 없었을 것이다. 어쩌면 필자 스스로 선택할 수 있는 자유로움이야말로 평소 알고 싶었던 것을 마음껏 공부하도록 이끈 가장 큰 동인動因이라 할 수 있다. 그래서 처음에는 오로지 혼자만 보고 알면 되었기에 마치 메모지에 휘갈겨 쓴 습작처럼 요점만 간략하게 쓰고는 했다. 주로 헌 다이어리나 노트 등에 기록을 남겼는데, 언제부터인가 수집한 내용이 많아져서 나중에는 어떤 자료를 보려고 해도 정작 어디에다 기록을 해놓았는지

찾지 못하는 경우까지 벌어졌다. 바로 이때부터 접하기 시작한 블로그는 신세계를 열어주었다. 일단 온라인에 등록하면 검색이 자유로워서 예전에 썼던 내용도 쉽게 찾을 수 있게 된 것이다. 하지만 이것이 필자 인생에 생각지도 못한 커다란 전환점이 될 줄은 몰랐다.

이렇게 올린 글들에 관심을 보이는 분들이 많아지면서 대외 기고 활동도 하게 되었다. 글을 써서 많은 이들의 관심을 받을 것이라고 예상한 적도, 내 이름으로 책을 내게 되리라는 생각을 해본 적도 없었다. 하지만 취미로 시작한 일로 몇 권을 책을 내게 되었고, 이런 일은 필자에게도 인생 전체를 통틀어서 손에 꼽을 수 있는 가장 큰 변화 가운데 하나가 되었다. 그렇지만 집필은 여전히 취미 생활이라는 생각에는 변함이 없다.

다양한 매체에 글을 쓰게 되면서 종종 강연 요청이 들어오는 경우도 있지만 언변이 부족하여 사양하는 편이다. 그럼에도 불구하고 지난 2014년 11월 27일 모 대학에서 디지털콘텐츠학과 학생들을 대상으로 특강을 한 적이 있다. 부족한 말솜씨에도 불구하고 용기를 낼 수 있었던 가장 큰 이유는 내가 알고 있는 미약한 지식이 학생들에게 조금이라도 도움이 되면 좋겠다는 생각 때문이었다.

교수님은 온라인 게임이나 영상물 CG 제작을 배우는 학생들의 컴퓨터 능력은 상당히 뛰어나지만 스토리 전개는 약한 것이 흠이어서 고민이 많다고 했다. 특히 현재 인기 있는 게임들이 전쟁과 관련이 많은데 정작 전쟁에 관한 지식을 습득하기가 어렵다는 하소연이 있었다. 콘텐츠 제작자는 엔지니어의 감각도 필요하지만 그에 못지않게 인문적 소양도 요구되므로 게임의 주요 소재인 전쟁을 학생들이 어떻게 이해하는 것이 좋은지 알려 달라는 것이 핵심이었다.

사실 개인적으로 게임에 관심이 없다 보니 이런 요청을 받았을 때 전쟁이 그런 분야와도 관련 있다는 것이 상당히 의외였다. 하지만 자료를 조사하면서 상상 이상으로 많은 전쟁 게임물이 존재하고 일부는 역사적 사실을 제법 정확히 재현했다는 사실을 알게 되었다. 그러면서 기존 게임의 수준이 이 정도니 앞으로 나올 작품들은 적어도 이를 능가해야 상업적으로 성공할 수 있을 것이라는 생각도 들었다.

강연 준비를 하면서 새삼스럽게 '왜 전쟁인가?' 하는 생각이 머릿속에 떠올랐다. 사실 이런 의문은 정작 전쟁 관련 글을 많이 써온 필자가 남들에게서 가장 많이 듣는 질문이기도 하다. 단순히 생각하면 살육과 파괴가 난무하는 전쟁이 주목을 끌 만한 이유는 없다. 어느 누구도 자신이 잔혹한 전쟁의 한가운데 놓이기를 원하지 않는다. 그럼에도 필자가 전쟁에 관심을 갖게 된 데는 나름대로의 이유가 있다.

엄밀히 말해 개인적으로 전쟁이 아니라 역사에 관심이 많았다. 인류의 역사와 더불어 한 번도 쉬지 않았던 것이 전쟁이었고, 그런 과정을 겪으면서도 인류는 진화를 거듭해왔다. 특히 지난 20세기에는 인류 역사에서 재현되지 않아야 할 거대한 전쟁을 두 번이나 치르고서도 현재 우리는 그 이전 세대보다 오히려 더 잘살고 있다. 수많은 사상자와 파괴를 낳는 전쟁을 쉼 없이 벌이면서도 인류가 계속해서 발전해온 점이 개인적으로 전쟁에 관심을 갖게 된 가장 큰 이유다.

그런데 강연 준비를 하면서 전쟁이 수많은 게임들의 소재로 쓰이고 있다는 사실을 알게 되었고, 그 전과는 조금 다른 시각에서도 전쟁을 바라보게 되었다. 아이러니하게도 사람들이 전쟁 이야기를 '재미'있게 느끼고 있다는 점을 알게 되었다. 인간은 자신이 전쟁의 구렁텅이에 빠지기를 원하지 않지만 남의 불행은 흥미롭게 바라보는 이중적이고 이기적인 모습이 있는 것 같다. 다만 여기서 언급한 '재미'는 그것을 경험해서 느끼는 행복감과 전혀 다른 것이다.

전쟁은 반드시 없어져야 할 악惡이지만, 막상 전쟁이 벌어지면 이기기 위해 최선을 다한다. 내가 살아남기 위해 할 수 있는 모든 방법을 동원한다. 그런 과정 중에 그럴듯한 체면치레나 예의는 있을 수가 없다. 즉, 가장 혼란스러운 순간에 인간의 원초적인 모습이 여실하게 드러나게 된다. 어쩌면 바로 이 점 때문에 게임이나 영화의 단골 주제로 전쟁이 쓰이는 것일지도 모른다.

인간은 당연히 전쟁이 나쁘다는 것을 알지만 궁금함을 참지 못하는 욕구가 있다. 굳이 전쟁이 아니더라도 교통사고나 화재처럼 당사자에게 고통이 되는 순간을 구경하는 군중의 모습에서 그런 점을 엿볼 수 있다. 앞에서 정확히 이를 표현할 수 있는 단어가 생각나지 않아 '재미'라고 표현했지만 아마도 평소 쉽게 경험하지 못하는 것에 대한 '호기심'이라고 대신 말할 수도 있을 것 같다.

이처럼 인간 군상의 가식 없는 여러 모습이 등장할 만큼 전쟁 중에는 많은 일들이 벌어진다. 그런데 이기든 지든 항상 가장 중요한 결과들만 알려지고 나머지 이야기는 묻히는 경우가 대부분이다. 하지만 비록 저 깊숙이 가려져 있고 많은 이들이 관심을 덜 갖는 이야기라도 그것 또한 전쟁의 중요한 일부분이다. 왜냐하면 전쟁은 나쁜 기록이지만 이 또한 인간이 만든 역사이기 때문이다.

이번 책에 수록된 내용은 지난 20세기 이후에 있었던 전쟁사 이면에 숨은 이야기들이다. 제1, 2차 세계대전은 워낙 규모가 크다 보니 드러나지 않은 이야기도 많다. 어쩌면 그런 부분까지 생각하며 전쟁을 이해하려 한다는 것 자체가 어려울지도 모른다. 그러한 여러 이야기 가운데 개인적으로 흥미로운 몇몇 에피소드들을 모은 것이다.

이와 함께 필자가 중요하게 생각한 부분은 우리 이야기다. 지난 20세기는 13세기에 있었던 몽골 침략과 더불어 우리 역사에서 가장 고단했던 시절이다. 외세에 국권을 침탈당하고 천신만고 끝에 나라를 되찾았지만 곧바로 전쟁이 이어졌다. 그리고 지금도 계속되는 분단과 대립의 아픔을 겪고 있다. 우리는 간과하고 있지만 우리에게 지난 세기는 단지 끝난 과거가 아니라 진행 중인 현재다.

당연히 많은 이야기가 있을 수밖에 없고 그중에는 여러 이유로 드러내고 싶지 않은 부분들도 있다. 하지만 단지 아프다고 감추고 덮어둔다고 역사가 바뀌는 것은 아니다. 오히려 그런 과거에서 교훈을 얻고 경험칙으로 삼는 것이 중요하다. 개인적으로 특히 고향에 관한 일부 내용은 어떻게든지 활자로 남기고 싶은 욕심도 있었다. 어떤 이야기든 기록하지 않으면 결국 세월과 함께 흘러가버리는 단순한 과거가 될 뿐 역사라는 이름을 얻기 어렵기 때문이다.

그리 멀지 않은 과거 역사에 있었던 전쟁 이야기들 가운데 잘 알려지지 않은 이야기들을 모아 단행본으로 다시금 새 책을 펴내게 되었다. 언제나 그렇듯이 일일이 거론하기 힘든 많은 이들의 고마운 도움이 있었기에 이 책이 세상에 나오게 되었다. 항상 고마울 다름이다.

2015년 9월

남 도 현

★ ● ● ● ● ● ●

제1장

제국의
심장을
지켜라
- 독일

★ ● ● ● ● ● ●

사라진
왕국의 꿈을 좇다

그가 프로이센의 수상이었다?

　제2차 세계대전 당시에 독일 공군 총사령관이었던 헤르만 괴링 Hermann Wilhelm Göring이 루돌프 헤스 Rudolf Walter Richard Hess와 요제프 괴벨스 Paul Joseph Goebbels, 알베르트 슈페어 Berthold Konrad Hermann Albert Speer 등과 함께 제3제국의 서열 2위의 권력자 중 한 명이었다는 사실은 이미 잘 알려져 있다. 하지만 그에게 '프로이센 Preußen 자유국 수상'이라는 어마어마한 타이틀이 따라다녔다는 사실은 의외로 잘 알려져 있지 않은 것 같다.

　프러시아 Prussia라고도 불린 프로이센은 오랜 기간 작은 국가들로 쪼개져 있던 독일을 19세기 말 오스트리아와 프랑스를 차례대로 격파하면서 제2제국*이라는 하나의 깃발 아래로 통일시킨 주체 세력이다. 그

---

*　제1제국은 신성로마제국, 제2제국은 1871년 성립된 독일제국, 제3제국은 나치 독일을 일컫는다.

나치 독일의 2인자 중 한 명이었던 헤르만 괴링.
독일 공군 총사령관으로 많이 알려져 있지만 프
로이센 자유국의 수상도 겸임하고 있었다. (사진
: Bundesarchiv, Bild 102 - 13805)

럼에도 국내에 소개된 독일 역사 개론서들에서는 1871년 독일의 통일
과 함께 프로이센이라는 국명을 찾아보기가 힘들다.

특히나 서양사에 관심이 별로 없는 사람들은 '독일의 일부였던 프로
이센이 국명만 독일로 바꾼 것' 정도로만 알고 있는 듯하다. 물론 프로
이센이 통일의 중추였고 프로이센 왕이 독일제국의 황제가 된 데다가
프로이센의 수도였던 베를린을 독일제국의 수도로 정했으니 그렇게
생각하는 것도 당연하다. 하지만 엄밀히 말해 독일은 연방 형태로 제
국을 성립했기 때문에 프로이센은 제국에 속한 하나의 왕국이었고 이
후로도 상당 기간 존속하고 있었다.

프로이센은 1618~1648년에 걸친 30년 전쟁Thirty Years' War(독일을 무대
로 프로테스탄트와 가톨릭 간에 벌어진 종교전쟁) 후 1648년 체결된 베스
트팔렌 조약Peace of Westfalen에 의거해 해체된 신성로마제국의 강역疆域

내에 존재하던 여러 제후국 중 하나였으나, 이후 발전을 거듭해 독일 통일의 주체가 되었다. 뿐만 아니라 새롭게 탄생한 제국의 헤게모니를 거머쥐고 이후 다른 지역에 비해 오랜 기간 우월적이던 지위를 유지할 수 있었다.

프로이센 자유국은 제1차 세계대전 패전 후 바이마르 공화국Die Republik von Weimar이 성립되면서 기존 프로이센 왕국을 승계한 자치정부였다. 제3제국 성립 후에는 중앙집권적인 통치 구조를 유지하려던 나치의 정책 때문에 하나의 지방행정 단위로 격하되었지만 자유국이라는 명칭은 계속 유지되고 있었다. 아돌프 히틀러Adolf Hitler의 총애를 받던 괴링이 이러한 유서 깊은 프로이센 자유국의 최고 직위인 수상으로 있었다는 것은 그만큼 나치의 2인자로서의 입지를 공고히 했다는 증거이기도 하다.

그런데 제2차 세계대전 전까지 독일 통일의 주체 세력이었고 통일 후에도 오랜 기간 그 모습을 유지했던 프로이센은 제2차 세계대전 후

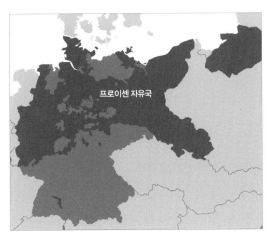

프로이센 자유국

프로이센 자유국은 1918년 제2제국 해체 후 프로이센 왕국을 승계하여 탄생했다. 나치 치하에서는 단순히 지방행정 단위로서의 역할만 담당하다가 제2차 세계대전 종전 후 1947년에 공식적으로 해체되었다.

흔적도 없이 사라져버렸다. 단지 국명만이 사라진 것이 아니라 지도상에 그려져 있던 대부분의 경계선마저 지워졌다. 이는 거대한 제국으로 군림하던 오스트리아가 제1차 세계대전 종전 후 순식간에 붕괴되어 약소국으로 전락한 것과 비견되는 모습이다. 오히려 오스트리아는 오랜 세월 유지해온 국명은 그대로 보존했기 때문에 프로이센보다는 낫다고 볼 수 있다. 프로이센의 퇴장과 함께 그들이 주체가 되어 만들어놓은 독일이라는 국가가 함께 사라진 것도 아니다. 오히려 19세기 말 어렵게 탄생한 독일은 1990년 10월, 분단을 다시 한 번 극복하고 오늘날 강대국인 독일연방공화국으로 존속해 있지 않은가?

그렇다면 어떻게 해서 유구한 세월 동안 이어져 내려온 프로이센의 국명뿐 아니라 역사적인 전통이 갑자기 사라져버린 것일까? 그것은 당사자였던 프로이센뿐 아니라 전 인류를 고통에 몰아넣은 한 광인의 행동이 초래한 어두운 역사 속에서 답을 찾을 수 있다. 앞으로 소개할 내용은 잃어버린 왕국 프로이센의 종말과 독일 재통일 과정에 숨겨진 이야기다.

구석에 놓인 제국의 심장

독일연방공화국이라는 현재의 정식 국호에서 유추할 수 있듯이 독일은 지방자치제도가 전 세계에서 가장 잘 확립된 나라 가운데 하나다. 1871년 통일 전까지 여러 나라로 분열되어 있었기 때문에 각각의 지역색이 뚜렷하고 그것은 오늘날도 마찬가지다. 히틀러조차 이를 타파하고자 '하나의 독일'을 주장하며 부단히 노력했지만 결국 실패했

베를린

체코

오스트리아

헝가리

1871년 제2제국 성립 당시의 독일 지도. 베를린이 제국의 중앙에 위치하고 있다.

베를린

1990년 재통일 후 독일의 영토. 베를린의 위치가 독일연방공화국의 동쪽에 치우쳐 있다.

고, 1990년 재통일 당시만 보더라도 동독인들과 달리 서독인들은 통일에 대한 열망이 생각보다 그리 크지 않았을 정도였다.

하지만 아무리 지방분권 의식이 강한 연방공화국이라고 해도 수도가 있어야 하는 것은 당연지사다. 재통일 후 서독의 수도를 본Bonn에서 베를린Berlin으로 천도를 단행한 것은 베를린이라는 도시 자체가 가진 엄청난 상징성 때문이었다. 베를린은 프로이센의 수도이기도 했지만 분열되어 있던 군소 국가들이 비스마르크의 영도하에 하나로 합해지면서 탄생한 제국의 수도로서 역사적 의미가 큰 도시다.

어렵게 재통일을 이룬 독일이 그만큼 역사적 의미와 통일이라는 상징성을 간직한 도시 베를린을 수도로 삼은 것은 너무나 당연했다. 그런데 1990년 통일 이후의 독일 지도를 보면 베를린의 위치가 새롭게 통일한 나라의 수도로서는 부적합하다는 느낌이 든다. 그 이유는 베를린의 위치가 한쪽 구석에 치우쳐 있기 때문이다.

우리나라의 참여정부는 집권 전에 국토의 균형 있는 발전을 명분으로 수도를 중부권으로 이전하겠다는 공약을 내세웠다. 그렇게 해서 탄생한 것이 세종시다. 물론 DMZ의 남쪽만 놓고 본다면 서울이라는 도시가 한쪽에 몰려 있어서 국토의 종합적인 발전에 문제가 있다는 점은 일리가 있다. 하지만 무학대사가 조선의 도읍으로 위치를 잡았을 당시의 시점에서 보면 서울은 분명 한반도의 중심이다.

베를린이라는 도시도 마찬가지의 경우다. 비스마르크가 독일을 통일하고 제2제국을 선포한 1871~1914년 사이의 독일 지도를 보면 베를린은 제국의 수도답게 분명히 국토의 중앙에 위치하고 있다. 그렇다면 1914년 이후 오늘에 이르기까지 독일의 영토에는 많은 변화가 있었다는 이야기가 된다. 이것은 앞으로 설명할 프로이센의 흥망과 직접적으로 관련이 많다.

우리나라의 경우에서도 볼 수 있듯 수도를 이전한다는 것은 엄청난 국론 분열까지 일어날 정도로 국가의 중차대한 문제다. 국부와 인구의 수도권 집중이 좋은 현상은 아니지만 단지 수도를 옮긴다고 이런 오래된 난제가 단번에 해결되기는 힘들다. 서울이 근대화 이후 급격히 비대화된 것은 사실이지만 통일 이후를 대비한다면 현재 세종시의 지리적 위치가 수도로서는 적당하지 않다. 결국 헌법재판소 판결까지 가는 갑론을박을 겪으며 행정복합도시라는 어정쩡한 위치로 남게 되었다.

우리나라가 장차 통일이 된다면 서울은 자연스럽게 국토의 중앙이 되어 한반도 전체의 수도가 될 만한 최적의 위치지만, 1990년 재통일된 독일의 수도 베를린의 위치는 그렇지 못하다. 그런데 만일 베를린을 예전처럼 독일 영토의 중심에 다시 놓으려고 시도한다면, 다시 말해 독일이 대외 팽창 정책을 써서 예전의 위치로 영토를 넓히려 한다면 유럽은 또다시 어마어마한 전화戰火에 휩싸일 가능성도 있다.

따라서 1990년 서독이 동독을 흡수 통일하면서 국제사회에 내걸었던 가장 중요한 약속 중 하나가 '현재의 국경선을 절대 준수하겠다'는 것이었다. 그것은 수도 베를린이 지금처럼 독일 영토의 중앙이 아닌 구석에 있다 하더라도 이를 인정하겠으며 잃어버린 프로이센의 고토를 회복하지 않고 영원히 포기하겠다는 의미이기도 하다. 그렇다면 독일 건국의 주체였던 프로이센은 어떻게 해서 영토를 잃고 사라져버린 것일까?

지렁이가 용이 되기까지

프로이센이라는 국명은 프로이센이라는 지역명에서 기원한다. 그것은 마치 작은 도시국가에서 시작하여 세계 제국을 이룩한 로마나, 도읍지 서라벌에서 시작하여 한반도를 재패한 천년 왕국 신라와 흡사하다. 역사를 살펴보면 큰 족적을 남긴 거대한 제국이 어느 날 갑자기 극적으로 등장한 경우는 없다. 대부분 시작은 이렇듯 미약하다.

프로이센이 발흥한 곳은 북유럽 발트 해 남쪽 연안의 비스툴라Vistula 강과 니멘Niemen 강 사이의 지방으로 오늘날 북부 폴란드에서 러시아의 역외 영토인 칼리닌그라드Kaliningrad를 거쳐 리투아니아Lithuania 남서부에 이르는 지역이다. 마치 잃어버린 고토가 되어버린 우리 역사의 고구려처럼 현재는 독일의 영토가 아닌 바로 이 지역에서 독일을 만든 프로이센이 시작되었던 것이다.

중세 시대 말 신성로마제국의 변방이라 할 수 있는 이 지역에 사람들이 정주하면서 역사에 기록을 남기기 시작했다. 현재의 칼리닌그라드(독일명 쾨니히스베르크Köigsberg) 지역에서 프리드리히 1세Friedrich I를 시조로 발흥한 호헨촐레른Hohenzollern 왕가가 집권한 16세기 이후부터 프로이센은 본격적인 국가로 발전하며 역사의 주역으로 등장했다.

프로이센은 그 후 강역을 동쪽인 러시아보다 신성로마제국 방향인 서쪽으로 확장하면서 세력을 키워갔는데, 특히 서쪽의 브란덴부르크Brandenburg 공국과 동군연합同君聯合(다수의 국가가 결합하여 하나의 국가를 형성하는 국가 결합 중 군주국이 대등한 입장에서 결합하는 형태)을 맺은 후 비약적으로 발전하게 되었고 이때 베를린으로 수도를 옮기면서 독일의 중심부로 서서히 진입하게 되었다. 이후 폴란드 분할 등에 참가

프로이센 공작이었던 프리드리히 1세는 공국을 기반으로 1701년 1월 18일 쾨니히스베르크를 수도로 삼아 대관식을 거행하며 왕에 올라 왕국을 선포했다. 이때를 프로이센의 시작으로 본다.(사진 : public domain)

하여 영토를 키워 유럽의 중심 국가 중 하나로 부상했다.

그러한 발전 과정 중 한때 프로이센은 나폴레옹에게 정복당하는 수난도 겪었지만 대체적으로 팽창을 멈추지 않았다. 1866년 그동안 게르만의 맹주로 군림하던 오스트리아와 전쟁(보오전쟁, 7주 전쟁)을 벌여 독일 통일의 주도권을 확립하고, 1870년 프랑스와 벌인 보불전쟁에서 승리를 이끌어내어 수백 년 동안 수백 개의 영방領邦 등으로 찢어져 있던 독일을 통일하는 데 중추 세력이 되었다.

프로이센은 통일 전에 이미 독일제국 영토의 3분의 2 이상을 확보하고 있던 독일의 중심이었으며 통일 후 자연스럽게 프로이센의 왕가와 권력층이 독일제국의 건국자로서의 위치를 점하게 되었다. 그중에

현재 러시아의 역외 영토인 칼리닌그라드는 프로이센의 발흥지이자 동프로이센의 중심지로 오랫동안 쾨니히스베르크로 불렸다. (사진 : public domain)

서도 프로이센의 발원지이며 성지라 할 수 있는 쾨니히스베르크(현재의 칼리닌그라드) 지역은 프로이센 중의 프로이센이라는 위치를 점하고 있었다. 흔히 쾨니히스베르크 일대를 지리적으로 구분하여 동東프로이센이라고 한다.

그런데 이 동프로이센 지역은 이후 역사의 격변지로 계속해서 등장하다가 결국에는 인류 최대의 참화가 시작되는 명분을 제공하기에 이른다. 그만큼 독일로서도 지키고 보존해야만 했던 중요한 지역이었다는 의미다. 통일 독일의 원류였던 프로이센, 그중에서도 핵심 지역인 동프로이센 지역에 대한 독일인들의 애착은 대단한데, 지금까지도 신나치주의자들 같은 극우단체에서는 무력을 동원해서라도 반드시 회복해야 할 고토라고 주장하고 있을 정도다.

1871년 제2제국의 성립과 함께 드디어 독일은 프랑스, 영국, 오스트리아, 러시아와 더불어 유럽의 5대 강국 중 하나로 떠올랐다. 여기에 근면 성실한 게르만인 특유의 노력이 더해지면서 선발 제국주의 국가들과의 차이를 급속히 좁혀가기 시작했다. 이러한 독일의 부상은 유사 이래 철천지원수 사이였던 영국과 프랑스가 급기야 동맹을 맺어 독일 세력을 견제하도록 만들 정도였다.

포기할 수 없는 곳

독일의 급성장은 기득권을 고수하려는 주변 국가들과의 마찰을 필연적으로 불러왔다. 독일이 뒤늦게 제국주의 경쟁에 뛰어들면서 영국과 프랑스를 중심으로 하는 선발 제국주의 국가들과의 대립이 증폭되었고, 마침내 1914년 실전으로 폭발했다. 바로 '모든 전쟁을 끝내기 위한 전쟁The War To End All Wars'으로 알려진 제1차 세계대전이 발발한 것이다.

통일 이후 축적된 힘을 바탕으로 팽창해나가던 독일은 그동안 그들의 부상을 탐탁지 않게 여기며 이를 방해하던 주변의 영국, 프랑스, 러시아를 제압하고 세계 유일의 강자가 되고자 했다. 그러나 준비를 아무리 철저히 하고 국력을 키웠다 하더라도 독일이 주변에 포진한 거대 적들을 동시에 상대하기에는 사실상 무리가 있었다.

독일에 절대적으로 불리한 지리적 위치 때문에 알프레드 폰 슐리펜Alfred Graf von Schlieffen은 사전에 치밀한 침공 계획을 세워 독일군 주력의 8분의 7 정도를 우선 프랑스를 제압하는 데 투입하고자 했다. 당시 서부전선의 독일군에 주어진 시간은 단 6주뿐이었다. 이 기간 동안 프랑

시민들이 1914년 8월 7일 바이에른 퓌르트Fürth 역에서 전선으로 떠나는 병사들을 환송하는 모습.
독일의 팽창 정책은 주변국과 갈등을 불러왔고 결국 제1차 세계대전이 발발했다.(사진 : public
domain)

스를 신속히 제압해 서부전선을 안정화시킨 후 주력을 동부전선으로
돌려 러시아를 정벌해야 했다.

만약 독일 주력의 대부분이 서부의 프랑스를 공략하는 동안 동부에
서 러시아가 움직인다면 독일은 소수의 병력만으로 동부전선을 방어
할 수밖에 없는 상황이었다. 서부전선이 안정화될 때까지 슐리펜은 동
부에서 러시아가 진격해오면 최대한 전선을 고수하거나 아니면 독일
영토 내로 적을 끌어들여 시간을 버는 일부 전략적 후퇴까지 용인할
생각마저 있었다.

그런데 문제는 포기하기로 계획한 영토가 바로 러시아와 국경을 접
하고 있는 동프로이센 지역이라는 점이었다. 신생 독일제국의 황족은

물론이거니와 실력자 대부분의 본향인 지역을 쉽게 포기한다는 것은 처음부터 갈등이 많을 수밖에 없었다. 군부가 애초 계획대로 작전을 펼치기에는 정치적인 간섭이 많은 지역인지라 전체 작전을 원만히 이끌기에는 문제가 많았다.

더구나 독일의 예상을 깨고 개전 직후 곧바로 개시된 러시아군의 동원과 진격에 의해서 동부전선은 개전 초기부터 상황이 좋지 않았다. 무능한 막시밀리안 폰 프리트비츠Maximilian von Prittwitz가 이끄는 독일 제8군이 격퇴당하고 동프로이센의 요충지인 굼비넨Gumbinnen을 러시아가 점령하자, 참모총장 헬무트 폰 몰트케Helmuth Johannes Ludwig von Moltke(독일 통일의 주역이었던 백부와 구분하여 흔히 소小몰트케라고 함)에게 독일의 실력자들이 제국의 심장인 동프로이센을 지키라는 압력을 가하기 시작했다.

우유부단했던 몰트케는 결국 서부전선의 병력을 동부로 돌렸고 이로 인해 서부전선에서 독일의 진격이 탄력을 잃고 멈추게 되면서 장기간의 참호전에 돌입하는 결정적 실책으로 이어졌다. 비록 예비를 충원한 제8군이 탄넨베르크Tannenberg에서 러시아를 궤멸시켜 동프로이센을 지켜내기는 했지만 제국의 고향을 지키고자 했던 일부 지배층의 이기심이 결국에 가서는 제국을 붕괴시키는 불씨가 되고 말았다.

결국 시간이 흘러 인내력이 한계에 다다른 독일이 먼저 수건을 던짐으로써 거대했던 전쟁은 4년 만에 막을 내렸고, 그 결과 독일은 어렵게 이룬 제국을 40년 만에 해체당하면서 국토의 많은 부분을 잃어야 했다. 패전을 인정할 수도 없고 용납할 수도 없는 상황에서 어쩔 수 없이 항복 문서에 서명을 하긴 했지만, 독일은 끝까지 프로이센 그중에서도 그들의 자존심인 동프로이센만은 사수하고자 했다.

참호 속에서 전사한 독일군 시신들. 독일은 엄청난 인명 희생과 물적 손실을 감당할 수 없게 되자 항복을 했고 이로써 제2제국은 해체되었다. (사진 : public domain)

끝까지 지키고자 했던 곳

1919년에 체결된 베르사유 조약Treaty of Versailles(제1차 세계대전 후 베르사유 궁전에서 31개 연합국과 독일이 맺은 강화조약)은 사실 독일 입장에서는 너무나 가혹한 처사였다. 경제적으로 목을 조르는 배상금 문제도 그렇지만, 알자스Alsace와 로렌Lorraine을 프랑스에 양도하는 것을 비롯하여 슐레지엔Schlesien, 실레스비히Schleswig 등 영토의 상당 부분이 떨어져 나가고 모든 해외 식민지도 포기해야만 했다. 더불어 군비 제한과 라인란트Rhineland 일대의 군사적 주권도 포기해야 하는 치욕스러운 상

불평등한 베르사유 조약의 내용이 알려지자 국회의사당 앞에 모여 항의 집회를 여는 독일 국민들. 어쩔 수 없이 강화조약을 맺고 전쟁을 끝냈지만 독일 국민들 사이에서는 이처럼 패배를 인정할 수 없는 분위기가 팽배했다.(사진 : public domain)

황에까지 봉착했다.

전후 질서 재구축 과정에서 미국의 대통령 우드로 윌슨Woodrow Wilson 이 주창한 민족자결주의에 의해서 그동안 강대국의 지배하에 독립할 날을 손꼽아 기다렸던 많은 약소 민족이 해방을 맞이했다. 하지만 이때 주로 혜택을 입었던 대상은 독일과 오스트리아 – 헝가리, 터키, 불가리아, 그리고 구 제정러시아에 지배당하고 있던 동유럽의 소수 민족들이었다. 즉, 민족자결주의는 패전국과 공공의 적이 된 소련의 힘을 약화시키기 위한 명분으로 활용되었던 것이다.

그 결과 신성로마제국의 적통을 물려받아 오랫동안 유럽 유일의 황제국임을 자랑했던 오스트리아 – 헝가리제국은 오스트리아, 헝가리, 체코슬로바키아, 유고슬라비아 등으로 공중분해가 되면서 완전히 사라지는 치명타를 맞았다. 그리고 최초에는 연합국이었지만 종전 시기에는 승전국이 아니었던 소련의 영토에 있던 핀란드, 발트 3국(에스토니아, 리투아니아, 라트비아), 벨로루시 등의 국가들이 천신만고 끝에 독립을 맞이했다.

이러한 신생 독립국 중에는 한때 동유럽의 강자로 군림하다 18세기에 세 차례에 걸쳐 러시아, 오스트리아, 프로이센에 의해 분할되어 시나브로 사라졌던 폴란드도 있었다. 그들을 지배했던 모든 세력이 동시에 몰락한 전후의 상황과 폴란드인들의 계속적인 노력이 빛을 보아 지난 세월 폴란드인들이 다수를 점하던 독일의 동부, 러시아의 서부 그리고 오스트리아–헝가리의 북동부의 옛 강역을 기반으로 폴란드가 부활했다.

동유럽 대평원은 국경을 쉽게 확정할 수 있는 뚜렷한 지리적인 특징이 없고, 예전 폴란드의 강역도 확실하게 구분되었던 것도 아니다 보니 대강의 민족 분포 상황에 따라 국가가 만들어졌다. 그런데 문제는 이렇게 탄생한 신생 폴란드가 바다로 나갈 출구가 없는 위치에 존재하게 되었다는 점이다. 초기에는 이런 문제 때문에 독일의 동프로이센 지역을 폴란드의 영토에 편입하려고 했다.

하지만 비록 패전의 굴욕을 당한 독일이었지만 제국의 본향인 동프로이센을 순순히 내어줄 수는 없었다. 제1차 세계대전의 승기를 놓쳐 버리는 전략적 실책을 불러왔을 정도로 동프로이센은 독일에 소중한 지역이었다. 결국 독일은 동전의 양면 같은 민족자결주의 원칙을 내세워 동프로이센이 독일인이 주로 거주하는 지역임을 주장하여 독일 영토로 보존할 수 있게 되었다.

하지만 동프로이센보다 역사적 비중이 상대적으로 적은 서프로이센 지역을 양보할 수밖에 없었다. 그 결과 폴란드의 해상 통로 확보를

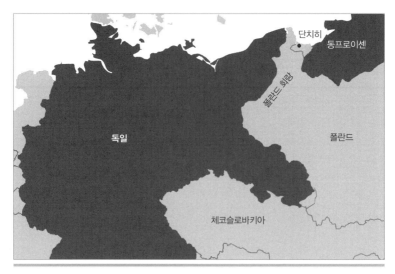

종전 후 독립한 폴란드의 해상 출구를 위해 서프로이센 지역이 할양되었다. 이처럼 폴란드 본토에서 단치히에 이르는 이른바 폴란드 회랑은 제2차 세계대전 발발의 불씨가 되었다.

위해 서프로이센 일대에 폴란드 본토에서 발트 해로 연결되는 폴란드 회랑Polish Corridor과 일종의 중립 지대인 단치히Danzig 자유시가 설치되면서 동프로이센은 지리적으로 독일 본토와 완전히 분리되는 역외 국토가 되었다.

이처럼 독일로서는 국토가 분단되는 수모를 감수하고라도 지켜야 할 곳이 프로이센이었고 그중에서도 동프로이센은 반드시 수호해야 할 지역이었다. 하지만 이렇게 분리된 독일의 국토는 또 다른 전쟁의 화근이 되었다. 1933년 정권을 잡은 히틀러는 폴란드에 독일의 영토였던 폴란드 회랑과 단치히를 내놓으라고 협박하기 시작했다. 하지만 폴란드도 바다로 통하는 유일한 통로인 이곳을 순순히 내줄 수는 없었다.

욕심의 결과

1939년 9월 1일, 불과 20년 전에 있었던 전쟁의 참화를 망각한 채 예전의 지옥을 능가하는 거대한 전쟁이 다시 일어났다. 일부 사학자들은 제2차 세계대전의 직접적인 발발 원인을 제1차 세계대전의 종결에서부터 찾고 있다. 경우에 따라서는 교전 상대가 대부분 일치하므로 양차대전을 하나의 연속된 전쟁 과정으로 보아 그 사이의 전간기Inter War를 휴전기간으로 봐야 한다는 주장도 있다.

히틀러는 집권 초기부터 재군비 선언과 함께 대외 팽창을 노골화하며 오스트리아의 강제 합병, 체코 병합 등으로 영토를 확장하고 이를 통해 경제적인 어려움을 타파함과 동시에 국민 선동에 재미를 보았다. 이제 그의 눈에는 당연히 되찾아야 할 프로이센의 옛 영토인 폴란드 회랑이 보였고 과거에 그랬듯 협박만 가하면 쉽게 강탈할 수 있을 것으로 생각했다.

하지만 바다로 연결되는 유일한 통로인 이곳을 포기할 수 없었던 폴란드는 체코나 오스트리아와 달리 히틀러의 위협에 적극적인 대응을 모색했다. 다행히도 여기에 힘을 보태준 것은 그동안 나치의 행패를 달래는 데만 급급했던 영국과 프랑스의 지원 의지였다. 하지만 이러한 의지가 단지 호의적인 말뿐이었다는 사실이 드러나는 데에는 그리 오랜 시간이 걸리지 않았다.

독일은 견원지간인 소련과 불가침조약을 맺자마자 곧바로 폴란드에 군대를 밀어 넣었고 불과 한 달 후 독립된 지 20년밖에 되지 않은 약소국 폴란드는 다시 한 번 지도에서 자취를 감추게 되었다. 히틀러의 악행이 자행되던 암흑의 시기에 약소국들의 편에 서기로 약속을 했던 영국과 프랑스는 단지 말로만 독일과 전쟁을 하며 폴란드가 절규 속에 사라져가는 것을 관망만 하고 있었다.

히틀러는 프로이센의 고토를 힘으로 회복하기는 했지만, 그것은 단지 더 큰 전쟁을 위한 명분이었을 뿐 여기에 만족하지 않고 전 유럽을 게르만 민족의 밑으로 복속시키겠다는 허황된 생각으로 전쟁을 계속 확대시켜나갔다. 1941년 독일이 소련을 전격 침공함으로써 히틀러의 야욕은 절정에 다다르게 되었고 이것은 인류 최대의 비극으로 역사에 기록되었다.

히틀러의 도전을 받은 이오시프 스탈린Joseph Stalin은 히틀러보다 더 포악했고, 이 두 악마들 간의 경쟁으로 힘없는 민중이 피해와 고통을 받아야 했다. 그 고통은 침략을 개시한 독일에서도 마찬가지였다. 히틀러가 전멸전Vernichtungskrieg으로 규정한 독소전은 일말의 자비와 용서를 찾아볼 수 없는 잔인과 증오의 기록으로 얼룩졌다. 그 결과 소련은 무려 2,000만 명의 사망자를 포함한 5,000만 명의 인명 피해와 국토가 절단 나는 타격을 입었다.

이처럼 더 많은 피해를 입었던 소련이 전세가 바뀌어 승리할 것이 확실해지기 시작한 1944년 이후 독일에 가한 엄청난 보복은 어쩌면 당연한 것이었는지도 모른다. 독일도 그들이 소련을 침공할 때 벌였던 만행을 잘 알기 때문에 필사적으로 소련의 반격을 막아내고자 했다. 그리고 독일인들이 마지막으로 선택한 방법은 탈출이었다. 엄밀히 말하면 탈출이 아니라 서쪽으로 가서 일말의 자비를 바랄 수 있는 미국, 영국의 연합군 측에 항복해 목숨만이라도 건지는 것이었다.

소련에 제일 먼저 접수당할 곳은 당연히 지리적으로 가까운 동프로이센이었다. 탈출극의 절정은 1945년 3월 소련군에 포위된 200여 만

연출된 것으로 밝혀졌지만 오랫동안 제2차 세계대전의 시작 모습을 대변하던 국경 검문소의 차단봉 제거 장면. 겁먹은 폴란드 국경 경비대원이 독일군을 돕는 모습이 흥미롭다.(사진 : public domain)

독일은 전쟁을 계속 확대했고, 편협한 게르만 우월주의를 앞세워 점령지에서 학살을 자행했다. 전후 패전한 독일은 자신들이 저지른 악행에 대해 당연히 대가를 치러야 했다.(사진 : Bundesarchiv, Bild 183-A0706-0018-030)

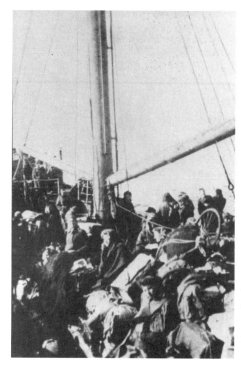

종전 직전 200여 만 명의 동프로이센 거주 독일인들이 소련의 보복을 피해 탈출했다.(사진 : Bundesarchiv, B 285 Bild - S00 - 00326)

명의 독일인들이 해상을 통해 탈출한 철수작전이었다. 그리고 바로 그 시기가 독일 역사에서 프로이센이 사라지기 시작하는 순간이었다.

전부를 잃고 사라지다

종전과 함께 패전국인 독일을 어떻게 처리할 것인가의 문제를 두고 새로운 정치 질서가 요구되었다. 제1차 세계대전 후 베르사유 조약으로 옥죄었음에도 불구하고 결국 독일의 도발 방지에 실패했던 경험 때문에 이번에는 좀 더 확실하게 독일을 제재할 수 있는 방안이 필요했다. 전후 질서를 바로 잡는 일에는 나치와의 전쟁에서 가장 큰 역할을 했던 소련의 입김이 많이 작용할 수밖에 없었다. 소련은 전후 지역의 패권을 확보함과 더불어 독일을 최대한 멀리 떨어뜨려 놓기를 원했다.

소련은 1914년 제정러시아 당시의 영토를 회복하길 희망했고 이를 상당 부분 관철시켰다. 발트 3국을 강제적으로 흡수했고 핀란드, 루마니아, 체코슬로바키아, 헝가리의 일부 영토를 할양받았다. 그중에서도 핵심은 폴란드였다. 소련은 1939년 당시 점령했던 폴란드 동부 지역과 프로이센 왕국의 옛 수도이자 동프로이센의 심장인 쾨니히스베르크를 합병하면서 독일과의 거리를 인위적으로 벌려놓았다.

임마누엘 칸트Immanuel Kant의 무덤 같은 프로이센의 유산이 많이 남아 있어 지금도 독일인들이 큰 애착을 갖는 쾨니히스베르크는 패전 직후 독일인들이 강제로 내쫓기면서 칼리닌그라드로 이름이 바뀐 후 러시아의 역외 영토로 현재까지 존속해 있다. 소小리투아니아로 불릴 만큼 지리적으로는 리투아니아에 가까운데도 불구하고 소련 연방 당시부터 러시아의 직할 영토로 편입했을 정도로 이곳에 대한 러시아의 집념 또한 대단하다.

1954년 니키타 흐루쇼프 Nikita Sergeyevich Khrushchev가 소련 연방 내 국가 간의 우호를 위한다는 명분으로 크림 반도를 지리적으로 가까운 우크라이나에 내주었는데 이러한 정책은 소련 해체 후 2014년 크림 위기처럼 양국 간의 영유권 갈등을 불러왔다. 여기에 비해 러시아 본토와 600여 킬로미터 떨어졌음에도 불구하고 소련 연방 당시부터 칼리닌그라드를 직할 영토로 계속 고수하고 있다는 사실은 크림 반도 못지않게 이곳의 전략적 중요성이 크다는 증거다.

전후 폴란드의 영토는 변화가 심했다. 소련이 동부 폴란드를 합병한 대신 독일의 동프로이센, 서프로이센을 폴란드에 주었는데 독일의 힘을 약화시키고 독일과 소련의 거리를 최대한 멀리 떨어뜨리기 위한 목적이었다.

이와 더불어 부그 강 동쪽의 폴란드 영토를 소련이 할양받는 대신 오데르 강 동부의 프로이센 지역(동프로이센, 서프로이센, 슐레지엔, 포메라니아, 브란덴부르크 일부)을 폴란드가 차지하도록 조치했다. 한마디로 완충지대인 폴란드를 최대한 독일 방향으로 밀어붙였던 것이다. 하지만 이미 전쟁 때 너무 호되게 당한 기억이 있는 소련은 이것만으로는 안심이 안 된다는 듯 독일의 동부 지역을 분단시켜 소련의 충실한 위성국으로 만들었다.

이로써 통일 독일의 형성을 주도했고 독일의 중추이자 심장으로 군림하던 프로이센 지역은 완전히 독일의 영토에서 탈락되고 만다. 현재 프로이센 옛 영토의 대부분은 폴란드의 영토가 되었고 그중 노른자위였던 동프로이센 지역은 조각조각 분리되어 러시아의 칼리닌그라드, 리투아니아, 폴란드, 벨로루시 등으로 나뉘었다. 결국 독일도 형식적으로나마 보존하고 싶었던 프로이센을 1947년 공식적으로 소멸시킬 수밖에 없었다.

프로이센의 중핵이었던 동프로이센은 독일이 명분과 기득권 수호에만 사로잡혀 대의를 거스르면서까지 고수하고자 했던 지역이었고 히틀러는 이를 위해 전쟁까지 불사했다. 하지만 모든 것을 독차지하려는 이 광인의 이기심은 프로이센을 역사에서 흔적조차 없이 완전히 사라지게 했다. 전부를 차지하려다 모두 잃어버린 이 이야기는 오래전의 전설이 아니라 불과 70년 전에 있었던 사실이다.

만일 독일이 다시 프로이센의 부활을 도모한다면 폴란드와의 마찰은 불을 보듯 뻔하고, 이것은 독일과 폴란드 간의 국지적인 충돌이 아

갑자기 찾아온 호기를 놓치지 않고 재통일을 주도한 헬무트 콜Helmut Kohl 서독 총리가 1989년 12월 22일 브란덴부르크 문에서 동독 총리 한스 모드로프Hans Modrow와 함께 행사에 참석하고 있다. 당시 독일은 국제사회에 현 국경선을 반드시 준수할 것을 천명했다. 만일 이를 어긴다면 더 큰 비극이 잉태될 수도 있을 것이다.(사진 : public domain)

니라 유럽 전체의 문제로 비화될 가능성이 크다. 재통일 당시 독일이 세계에 약속했던 것처럼 현재 시점에서 그럴 가능성은 극히 적어 보이지만, 불과 20년 만에 제2차 세계대전의 발발을 가져왔던 인류사를 돌아볼 때 앞으로도 이런 평화가 영원히 계속될 수 있을지 장담하기 힘들 것 같다.

● ★ ● ● ● ● ● ●

제2장

영원한 적도
영원한 동지도
없다
- 독일과 소련

● ★ ● ● ● ● ●

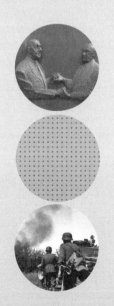

적은
가장 가까운 곳에 있다

　당연한 말일지 모르지만, 대부분의 전쟁은 서로 인접한 주변 국가 사이에서 벌어진다. 다만 당대의 슈퍼파워가 자신들의 헤게모니를 세계 전반으로 확대하기 위해 원정을 떠난 경우에는 멀리 떨어진 국가 사이에도 충돌이 벌어지고는 했다. 물론 이런 일이 흔했던 것은 아니다. 12세기 몽골의 유럽 원정이나, 19세기 제국주의 국가들의 제3세계 침탈 등이 그런 예이고, 현대에 와서는 세계의 경찰국가임을 자임하는 미국이 그런 예를 보여주고 있다.

　우리나라의 경우는 일방적으로 침탈을 받았던 경우가 많아 주변국들과 사이가 좋은 편이 아니다. 물론 공식적인 외교 관계 등에서는 호혜적인 관계를 유지하고 있지만 중국이나 일본과 흉금을 터놓고 지내는 관계라고 볼 수는 없다. 그런 점에서 경제 주권의 상징인 통화까지 단일화하면서 하나로 통합을 하고자 노력해온 유럽연합은 상당히 부러운 모델이다.

　설령 실제로는 그렇지 않다고 하더라도 매스컴을 통해서 볼 수 있

드골과 아데나워는 워낙 가까이 붙어 있다 보니 툭하면 전쟁을 벌일 만큼 견원지간이던 프랑스와 독일을 오늘날 가장 가까운 동맹으로 만든 거물들이다. (사진 : public domain)

는 유럽 여러 나라 정상들의 회담 모습은 마치 친한 친구들의 계 모임 같아 보이기까지 한다. 특히 유럽 통합의 주축인 프랑스와 독일의 동맹관계는 과연 이들이 예전에 원수지간이었나 하는 의구심이 들 만큼 가깝다. 미국과 캐나다의 경우는 동맹관계를 넘어 거의 하나의 국가처럼 사이좋게 지내는 모습을 보여준다.

하지만 국제사회에 영원한 적도 영원한 동지도 없다는 말처럼 이들의 관계가 원래부터 좋았던 것은 아니다. 유럽연합의 전신을 유럽석탄철강위원회ECSC(1951년 석탄 및 철강 공동시장 형성을 목적으로 설립된 유럽의 경제협력기구)부터 따지면 역사가 60년 정도밖에는 되지 않는다. 그것도 냉전이 끝나고 러시아를 제외한 동서 유럽을 아우르는 전 유럽의 공동체로 진화하기까지는 불과 10년 정도밖에 되지 않은 짧은 역사다. 이는 거대한 역사의 흐름에서 볼 때 찰나에 불과한 시간이다.

유럽에는 '30년의 평화가 없다'는 말이 있을 정도로 유럽사는 한마디로 피로 얼룩진 전쟁의 역사였다. 인류 최대의 참화도 유럽에서 발생해 지난 세기에만도 수천만 명이 피를 흘리며 죽어갔다. 그 이유는 지금의 모습만 보고는 상상이 가지 않겠지만 이웃한 국가 간의 사이가 나빠서 그랬던 것이다. 그리고 유럽사를 들여다보면 새로운 전쟁으로 인한 파괴와 희생의 규모는 항상 그 이전의 전쟁을 능가해왔다.

이들은 유럽에서뿐 아니라 제국주의 침탈을 위해 제3세계에서의 충돌도 마다하지 않았다. 하지만 제2차 세계대전으로 유럽은 모든 것이 소멸되다시피 한 엄청난 대가를 치르고 나서야 비로소 대화와 양보를 통한 협력만이 모두가 살 수 있는 지름길임을 뼈저리게 깨달았다. 오늘날 한 가족처럼 지내는 모습은 엄청난 희생을 치르고서야 가능했던 것이다.

그에 비하면 북미의 미국과 캐나다는 건국 이후부터 꾸준히 좋은 관계를 이어온 편에 속한다. 미국에서 캐나다인에게 어디서 왔냐고 물어보면 캐나다라는 대답보다 현재 살고 있는 주州를 말하는 것이 당연할 정도다. 아무리 그렇다고는 하지만 같은 나라가 아니므로 만에 하나 발생할 수도 있는 전쟁이나 분쟁에 대비하지 않았던 것은 아니다.

2005년 12월 30일 〈워싱턴포스트The Washington Post〉에서 1930년대 미국과 캐나다가 서로에 대한 군사적 침략 계획을 세웠다는 뉴스를 보도하여 흥미를 끈 적이 있다. 미국의 계획은 만일 양국 간에 전쟁과 같은 심각한 분쟁이 발생할 경우를 상정하고 작성한 것이었다. 캐나다의 전쟁 수행 의지를 초전에 격멸하는 것이 목표였는데 이때 핵심은 영국으로부터 증원군이 도착하기 전에 캐나다군을 분쇄하는 것이었다. 같은 시기에 캐나다 또한 미국과 분쟁이 일어날 경우를 대비해 선제 침공을 포함한 모든 군사 행동을 구체적으로 입안한 계획이 있었다.

20세기 초 캐나다와 미국 사이에 내적으로 어떤 긴장 관계가 있었는지는 몰라도 양국 모두 이렇듯 구체적인 계획을 수립해놓은 것을 보면 겉으로 보이는 것과는 달리 미국과 캐나다의 관계도 나름대로 대립하던 부분이 있었던 것 같다. 미국이든 캐나다든 분쟁은 인접한 나라 사이에서 발생할 수밖에 없기 때문에 사전에 이러한 계획을 수립해놓은 것이 아닌가 한다.

미국과 캐나다도 그렇지만 오늘날 하나의 나라처럼 왕래가 자유로운 유럽의 경우도 평화로운 유대관계의 이면에는 이웃과 분쟁이 있을

마치 산속 시골길 같은 모습의 캐나다 브리티시 콜롬비아 주와 미국 알래스카 주를 가르는 국경. 국가 간의 신뢰도 중요하지만 경제 수준이 비슷해야 가능한 풍경이다.(사진 : GNU Free Documentation License)

때를 대비해 늘 치밀한 준비가 계획이 되어 있다. 그것은 대화와 협상 같은 평화로운 방법에 의한 것일 수도 있지만 일전을 벌일 수도 있는 군사적 작전 계획일지도 모를 일이다.

이웃 나라들과 친하게 지내는 것이 평화를 유지하는 방법이긴 하지만 적은 항상 나와 가장 가까운 곳에 있을 수밖에 없기 때문에 국가라는 조직체는 친한 것과는 별개로 불확실한 미래에 대해 항상 대비해야 한다.

언젠가는
싸울 놈들

전쟁의 폭풍

1983년 미국에서 전쟁을 배경으로 한 〈전쟁의 폭풍The Winds of War〉이라는 미니시리즈가 방송되었다. 이 드라마는 최고의 시청률을 올렸고 이후 1988년에 후속 작으로 〈전쟁과 추억War and Remembrance〉이 제작되었을 정도로 성공을 거두었다. 참고로 전작은 제2차 세계대전의 발발에서 진주만 기습까지를, 후작은 진주만 기습 이후부터 종전까지를 그린 드라마였다.

이 드라마는 제2차 세계대전 발발 직전에 독일 주재 미국 대사관에서 무관으로 근무하던 빅터 헨리 대령 일가의 실화를 바탕으로 한 것이다. 이들이 전쟁 기간 동안 겪는 여러 사건을 중심으로 제2차 세계대전 전체를 꿰뚫는 역사적 사실과 극화를 적절히 가미했다. 히틀러, 스탈린, 처칠, 루스벨트 등 전쟁 최고 지도부의 고민부터 말단 병사의 참전 기록까지 다양한 이야기들이 나온다.

1983년 미국에서 방영된 미니시리즈 〈전쟁의 폭풍〉은 당대 최고의 시청률을 올린 역작이다. 사실적 묘사를 위해 많은 부분이 현지 로케를 통해 촬영되었는데 사진은 비엔나의 촬영 현장이다.(사진 : Kai Kowalewski Kowa, Creative Commons)

특히 전쟁사 및 전쟁 기간 동안 벌어진 주요 작전과 관련해 자세하게 나오는 부분이 많은데, 그 내용이 극화인지 기록에 의한 것인지 모를 만큼 상당히 흥미로운 부분이 많다. 그중 극 초반부에 1939년 9월 1일에 있었던 독일의 폴란드 침공 당시에 장차 인류사 최대의 전쟁으로 기록될 독소전쟁을 암시하는 장면이 인상적이다.

폴란드 전역에서 전쟁이 한창 진행 중이던 1939년 9월 16일, 독일 제8군 사령부에 독일 육군참모총장 프란츠 할더Franz Ritter Halder(드라마에서는 아민 폰 룬Armin von Roon이라는 가상의 인물로 묘사)가 방문했다. 그는 제8군 사령관 요하네스 블라스코비츠Johannes Blaskowitz와 막역한 친구 사이였는데, 정통 독일 군인이었던 이들은 극 중에서뿐 아니라 실제로

요하네스 블라스코비츠는 전쟁 기간 내내 독일의
주요 부대 사령관을 역임했다. 유대인 학살과 같
은 전쟁 범죄 행위를 중단할 것을 호소하여 히틀러
의 눈 밖에 났을 만큼 양심적이고 강직한 군인으로
전해진다. (사진 : Bundesarchiv, Bild 146 - 2004 -
004 - 05)

도 반 히틀러, 반 나치 성향을 가지고 있던 인물들이었다. 그들의 대사
가운데 향후 전쟁의 모습을 예측하는 장면이 나온다.

할더	"내일 날짜로 소련이 동부에서 폴란드를 침공할 것이네."
블라스코비츠	"결국 폴란드를 소련과 분할한다는 것인가?"
할더	"그렇지 이미 총통이 스탈린과 그렇게 약속한 것이니……."
블라스코비츠	"어차피 싸워야 될 상대인데 같이 폴란드를 나눠 먹겠다니 우습군."
할더	"그래서 이번에 우리는 모스크바를 향해 일단 200 킬로미터만 진격하는 것일세."
블라스코비츠	"하지만 스탈린도 베를린에 200킬로미터가 가까워지는 것 아닌가?"

비록 극중에서 나온 대화이지만 할더가 전후에 미 국방부의 전사국에서 근무한 경력을 미루어본다면 상당히 사실에 근거한 내용이라 생각된다.

히틀러와 스탈린이 독소불가침조약German Soviet Nonaggression Pact을 맺은 후 독일의 서부 폴란드 점령, 소련의 발트 3국과 동부 폴란드 점령이 신속하게 이루어졌다. 하지만 원래 물과 기름 같은 사이였던 독일과 소련의 야합은 단지 서로 간의 순간적인 이익 때문이라는 사실을 모두 알고 있었다. 오히려 극에서 묘사한 것처럼 모두가 장차 미래에 소련과 전쟁을 하게 될 것을 당연한 것으로 알고 있던 분위기였다.

2년 후 마침내 독일은 독소불가침조약을 무시하고 소련을 기습적으로 선제공격했다. 이로써 인류 역사상 최대의 전쟁이 발발했다. 그리고 독일은 초전에 기습의 이점을 발휘하여 연이어 경이적인 대승을 거두었다. 그렇다면 소련은 독소불가침조약과 폴란드 분할 밀약을 철저히 믿고 독일의 침공에 대해서는 전혀 대비를 하지 않았을까? 서로의 필요에 의해 맺은 종이 서류만 믿고 스탈린이 히틀러에 대한 의심을 풀었을까? 하지만 소련 또한 독일과의 장차전을 충분히 예견하고 있었고 오히려 독일에 대한 선제공격까지 염두에 둔 작전 계획을 수립해놓고 있었다. 마지막에 블라스코비츠가 했던 말은 소련이 선제 침공을 할 수 있다는 가정까지 예측하고 있었다는 뜻이다. 다음에 소개할 내용은 비록 계획 단계에서 끝났지만 소련이 준비했던 선제공격에 관한 이야기다.

소련의 선제 침공 계획

1941년 6월 22일, 바르바로사 작전FALL Barbarossa으로 명명된 독일의 침공으로 무려 2,500여만 명이 희생된 인류 최대의 전쟁이자 비극인 독소전쟁이 시작되었다. 개전 두 달 동안 300만 명의 소련군이 일거에 붕괴되었고 독일은 1,000킬로미터를 진격해 들어갔다. 소련은 이처럼 독일의 선제 기습으로 심각한 손실을 입어 순식간에 패망 직전까지 몰렸다.

히틀러는 열등한 슬라브인이 거대한 소련을 차지하고 있다며 전쟁을 통해서라도 반드시 독일이 점령해야 한다고 주장했다. 스탈린은 이런 사실을 잘 아는 터라 히틀러를 원수처럼 대했고 소련도 독일의 침공에 대한 방어뿐 아니라 먼저 독일을 공격하려는 계획까지 수립해놓고 있었다.

아무리 사이가 좋은 이웃과 마주하더라도 유사시를 대비한 계획을 미리 준비하는 것은 당연하다. 사이가 나쁘고 특히 제1의 가상 적이라면 군사적인 준비와 계획은 반드시 필요하다. 따라서 소련이 선제 공격 계획을 세우고 있었다는 사실은 그리 놀랄 만한 일도 아니다. 소련은 1990년 이후 공개된 여러 지도에 나타난 것처럼 이미 다양한 계획을 세워놓고 있었다.

소련군의 진격 개시 지점이 소련과 독일이 폴란드를 침공해 분할 점령했던 경계지점인 것으로 보아 〈지도 A〉는 1939년 10월 이후에 작성된 계획임을 알 수 있다. 독일과 밀약을 맺고 사이좋게 폴란드를 나누었지만 소련은 독일 침공을 가정하고 있었던 것이다.

〈지도 B〉는 북부에서는 동프로이센으로 진격함과 동시에 남부에서

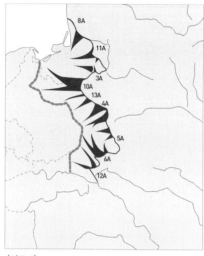

〈지도 A〉

전쟁 전 소련군이 작성한 선제 침공 계획도 요도.
소련이 선제 공격 계획을 세우고 있었다는 사실을 추
측할 수 있는 공격 예상도다. 소련은 다양한 계획을
수립하고 작전 개시 시점에서 가장 좋은 안을 택하고
자 했다.

〈지도 B〉

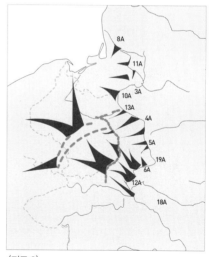

〈지도 C〉

1943년 8월 오렐 전투에서 돌격하고 있는 소련군. 공산주의 세계화에 대한 야망을 품고 있던 소련의 입장에서 보면 독소전쟁은 독일이 아닌 소련 측에서 도발했을 가능성도 있다.(사진 : public domain)

는 베사라비야Bessarabia로 진격한다는 계획이다. 그런데 소련이 1940년 6월 루마니아를 겁박하여 베사라비야를 무혈 합병했으므로 이 계획은 그 이전에 수립되었던 것으로 보인다. 소련의 계획은 1939년 10월부터 1940년 5월 사이에 작성되었다고 예측할 수 있다.

〈지도 C〉는 독일 본토를 최단거리로 가로질러 빠른 기간 안에 점령하기 위한 계획이다. 소련군의 전력 분산이 없기 때문에 가장 현실적인 계획으로 볼 수 있다. 하지만 막상 전투가 벌어지자 초전에 엄청난 피해를 입었던 당시 소련군의 전력을 고려한다면 이러한 계획들은 실현 불가능한 것이었다.

소련은 다양한 계획을 수립하고 작전 개시 시점에서 가장 좋은 안을 택하고자 했다. 그러나 이들 계획은 공통적으로 브레스트 - 리토프스크 조약Treaty of Brest-Litovsk(1918년 소련 정부가 독일 및 그 동맹국과 체결한 단독 강화조약) 이전의 경계선, 즉 제1차 세계대전 발발 이전 제정러시아가 점령하던 지역을 회복하는 것이 목표였다. 다시 말해 나치 독일과의 일전뿐 아니라 영토 회복도 이루고자 했던 것이다.

앞서 살펴본 것처럼 1939년 8월 독소불가침조약을 맺었음에도 불구하고 소련과 독일 모두는 언젠가 양자 간에 결전이 있을 것을 예상하고 있었다. 독일이 소련을 침공할 바르바로사 작전을 세우고 실제로 전쟁을 벌였던 것처럼, 소련도 독일을 선제공격하려는 구체적인 작전을 수립했다. 어차피 싸울 상대라면 선제공격이 큰 효과를 발휘할 수 있기 때문이다.

따라서 실제 전쟁은 독일의 선공으로 발발했지만 설령 독일이 침략하지 않았더라도 언젠가 사상 최대의 전쟁이 일어날 것은 이미 예정되어 있었다고 볼 수 있다. 양측 모두가 헤게모니를 쟁취하려는 의도가 분명히 있었으므로 결국 누가 먼저 전쟁을 시작하느냐가 문제였던 것이었다. 다만 역사에는 주사위를 히틀러가 먼저 던진 것으로 기록되었을 뿐이다.

독소전쟁의
내막

단지 자원과 영토 때문에?

슐리펜 전술이나 제1차 세계대전의 경험을 미루어볼 때 역사적으로 독일이 가장 피하고 싶었던 것은 동서 양면전이었다. 그런데 히틀러는 영국 본토의 항공전도 제대로 마무리하지 않은 채 무의미한 북아프리카에 별동대까지 파견한 상태에서 사상 최대의 원정군을 동원한 독소전쟁을 일으켰다. 비록 독일군의 전체 전력에서 볼 때 미미한 수준이었다고는 해도 왜 이처럼 전력을 분산시킨 상황에서 소련을 침공했는지는 상당히 오랫동안 논쟁거리가 되고 있다.

자서전《나의 투쟁*Mein Kampf*》에서 소련 정복을 수시로 언급했을 만큼 히틀러의 신념은 확고했다. 그렇다고는 하나 동시에 여러 곳에서 전쟁을 벌인 그의 결정은 납득하기 어렵다. 히틀러 또한 연이어 승리했다고 양면전이 문제없을 것이라 생각하지는 않았던 것이 분명하다. 이에 관해 히틀러가 직접 설명한 내용은 없지만 주변 인물들의 증언

침공 명령에 따라 소련 공격을 개시한 독일군. 그런데 히틀러는 독소전쟁을 준비하고 있었으면서도 북아프리카에 1개 군단을 파병하는 등 전력을 분산시켰다.(사진 : Bundesarchiv, Bild 101I – 209 – 0090 – 28 / Zoll)

과 남겨진 일부 자료를 통해 추측해볼 수 있다.

히틀러가 표면적으로 내세운 독소전쟁의 개전 명분은 천년제국을 꿈꾸던 제3제국의 유지를 위해서라고 알려져 있다. 물론 러시아의 넓은 영토와 무궁무진한 자원은 상당히 중요한 전략 물자지만 그렇다고 단지 이를 얻기 위한 방법이 전쟁만 있는 것은 아니었다. 사실 전쟁 없이 원하는 것을 얻는 것이 최고의 방법이다. 히틀러는 정권 초기 이런 방법으로 오스트리아, 주데텐 지역Sudetenland 등을 병합하거나 점령하여 재미를 보았다.

단치히도 충분히 협박으로 병합할 수 있을 것이라 생각했지만, 실제로는 전쟁을 통해 원하던 것을 취했다. 히틀러 자신도 처음부터 무력으로 영국과 프랑스를 중심으로 하는 연합국을 손쉽게 제압할 것이라고는 생각하지 않았다. 때문에 겉으로 보여준 것처럼 전쟁도 불사하겠다는 외교적 공세와 달리 그 이면에는 몸을 사리고 있었던 것이다. 그만큼 제2차 세계대전 초기 히틀러는 세상에 드러낸 자신감과는 달리 막상 전쟁을 시작하는 시점에 이르러서는 고심을 했던 것으로 보인다.

툭하면 전쟁을 벌이고 또 연이어 대승도 거두었지만, 히틀러가 위협이 통하지 않는다고 해서 무조건 무력을 행사했던 것은 아니다. 대륙의 지배자가 되고 난 후 철광석 산지인 스웨덴, 자금 세탁과 기계류의 주요 공급처인 스위스 등을 굳이 무력으로 제압하지 않았던 이유는 정치·외교적인 압력만으로도 독일이 원하는 것을 충분히 취할 수 있기 때문이었다.

그렇다면 독일이 스위스나 스웨덴과는 달리 소련을 위협으로는 상대할 수 없는 거대 국가라고 생각했다면, 협상을 통해 경제적 최혜국 형태로라도 이득을 취할 수 있었을 것이다. 하지만 히틀러는 굳이 전쟁을 선택했다. 서로 이해타산이 맞아 독소불가침조약을 맺고 폴란드를 나누어 가졌던 예처럼, 마음만 먹으면 충분히 소련과 서로의 이득을 취할 수 있는 관계를 맺을 수도 있었을 텐데 말이다. 그렇다면 소련의 자원과 영토가 히틀러에게 사상 최대의 전쟁도 불사하게 만들 만큼 절대적으로 필요했던 것일까?

현실보다 이상?

1997년 리차드 오버리Richard Overy가 저술한《러시아의 전쟁Russian War》

(국내에는 《스탈린과 히틀러의 전쟁》이라는 제목으로 2003년 출간)에는 다음과 같은 내용이 나와 있다.

> 히틀러는 소련과 벌이는 전쟁을 Vernichtungskrieg, 즉 말살전(전멸전)으로 규정했다. 그가 볼 때, 소련은 독일 문명과 유럽 문명의 주적인 유대인, 볼셰비키, 슬라브 족의 집약체였다. 이 전쟁은 다른 두 세계 체제 사이에서 죽을 때까지 벌이는 전쟁이었지, 단순히 세력이나 영토를 얻기 위한 투쟁이 아니었다. 1941년 침공의 실질적인 전략적 논거가 무엇이든지간에, 히틀러는 그 싸움이 이데올로기적인 동기를 가지고 있다는 사실을 감추지 않았다. 바로 여기에 1936년에 전쟁에 관한 그의 생각 속에 예견된 야만과 문명 사이의 피할 수 없는 갈등이 존재했기 때문이다.

제1차 세계대전 당시에 최전선에서 직접 전쟁을 경험했던 히틀러는 독일의 패배와 베르사유 조약을 인정할 수 없었다. 전쟁이 좀 더 장기화되면 사방이 포위된 독일이 불리할 것은 분명하지만, 종전 당시의 상황만 놓고 본다면 독일의 패배를 인정하기 어려웠고 더구나 전쟁의 모든 책임을 독일에 지운다는 것을 용납할 수 없었다. 그리고 이는 당시 독일 국민 대부분이 느끼던 감정이었다.

히틀러는 독일이 패전국의 멍에를 쓰게 된 것은 등 뒤에서 비수를 꽂은 독일 좌파의 음모 때문이고 그 배후에는 공산주의가 있기 때문이라고 생각했다. 또한 최초로 등장한 공산주의 국가인 소련을 경원시해야 할 대상이라고 여겼다. 그리고 이런 공산주의를 이론적으로 정립하고 러시아 혁명의 중심에서 활약한 계층이 유대인이라고 보았다.

거기에 더해 히틀러는 소련이 세계인 모두가 평등하다는 구실을 내세워 민족주의를 타파하겠다고 외치는 것이 심히 못마땅했다. 그는 한술 더 떠 소련뿐 아니라 전신인 러시아가 타타르의 후예이고, 이런 약점을 감추기 위해 그런 선전을 하는 것이라고 생각했다. 게르만 혈통 우월사상을 가진 히틀러는 백인들도 민족별로 우열을 구별했을 정도였으니 황색 인종과 흑색 인종을 저질로 생각한 것은 당연했다. 그의 사상에서 보면 다민족 국가인 소련은 당연히 제거해야 할 대상이었던 것이다. 또한 소련의 주류인 슬라브인들도 유럽 기독교 문명을 위협하던 몽골의 후예이므로 단지 겉으로만 유럽인의 얼굴을 한 것이라고 보았다.

문제는 인종과 민족이라는 편협한 기준으로 차별이나 지배하려는 데 그친 것이 아니라 철저히 제거하는 것을 목표로 했다는 점이다. 이런 편협한 이념에 사로잡힌 히틀러는 소련을 지구에서 반드시 없어져야 할 악의 제국으로 단정했고, 타협도 절대 있을 수 없으며 정복도 아닌 말살을 원했던 것이다.

독소전쟁 당시 독일 및 점령지 각국에 배포한 선전 포스터들을 보면 이러한 사상을 엿볼 수 있다. 독일의 병력 부족도 이유겠지만 유럽 기독교 문명권을 위협하는 저열한 슬라브 민족과 유대인의 위협으로부터 전 유럽이 대동단결하여 성전聖戰을 치르는 심정으로 임해야 한다고 주장했다. 물론 이러한 선동에 휩쓸려 여러 나라가 독일의 편에 서서 참전한 것은 아니었지만 대외적으로 내건 명분은 히틀러가 생각하는 이념을 늘 바탕에 두고 있었다.

이런 편향된 사상을 가진 히틀러와 이에 못지않게 정권 유지를 위해 가혹한 독재 정치를 펼치던 인간 백정 스탈린의 전쟁은 인류 역사상

독일은 아인자츠그루펜Einsatzgruppen이라는 별도의 학살 전담 부대를 운용했을 만큼 점령지에서 악독한 만행을 저질렀다. 편협한 이데올로기가 개입된 잔혹한 전쟁의 실상이다.(사진 : Bundesarchiv, Bild 101I - 020 - 1268 - 36 / Hähle, Johannes)

최악이자 최대의 학살전이 될 수밖에 없었다. 자비와 용서가 없고 철저히 상대를 말살하는 것이 선으로 대우받는 전쟁터에서는 제네바 조약Genena Convention(1864년 전시 부상자의 상태 개선에 관한 제1차 협약을 시작으로 1949년까지 4회에 걸쳐 체결된 전쟁에서의 인도적 대우에 관한 기준을 정립한 국제 협약) 같은 허울 좋은 문구가 통할 리 없었다. 그래서 독소전쟁은 전무후무할 정도로 참혹한 전쟁으로 기록되었다.

최소 추정치만도 2,000만 명의 소련인이 이 전쟁으로 인해 죽었다. 이 사실만으로도 전쟁의 참혹함이 어떠했는지 상상할 수 있다. 특히 전선의 병사보다 학살당하거나 포연에 숨겨간 민간인이 더욱 많았다는 것은 독소전쟁이 보통의 전쟁이 아닌 편협한 이데올로기 전쟁이었다는 증거다.

이데올로기는 인간이 생각해낸 것이지만 모두를 위한 보편타당함이 있어야 참된 사상으로 발전할 수 있다. 이기적이고 편협한 생각, 남을 인정하지 않는 태도는 결국 모두에게 불행을 초래할 뿐이다. 편협한 이데올로기의 화신이었던 히틀러와 스탈린이 주도한 독소전쟁의 불행한 결과는 인류사에서 다시는 일어나서는 안 될 전쟁의 교훈이 되고 있다.

러시아를 만든 몽골

거대한 땅의 주인

군이 지도를 꺼내놓고 비교하지 않아도 러시아가 어마어마하게 넓은 국토를 가진 나라라는 사실은 두말할 필요가 없다. 한 나라 안에 무려 11시간이라는 각기 다른 시간대가 존재하고 수도 모스크바에서 극동의 블라디보스토크를 철도로 완주하는 데도 일주일가량 소요될 정도다. 어느 곳에 있더라도 차를 타고 2~3시간 정도만 가면 바다에 다다르는 한국인에게는 쉽게 짐작이 되지 않는 엄청난 면적이다.

국가라는 형태의 시스템이 지구상에 등장한 이후 현재의 러시아만큼 넓은 국토를 가졌던 나라가 그리 많지는 않았다. 군이 찾아보자면 1991년 러시아공화국 독립 이전에 존재했던 소련, 핀란드와 폴란드 지역까지 통치했던 제정러시아, 11~13세기에 유라시아를 지배하던 몽골제국, 그리고 그 전신인 돌궐과 흉노 정도다. 제국주의 시대의 영국과 프랑스도 광대한 영토를 가지고 있었지만 본국과 식민지가 지리적으로 분리된 형태였다.

흥미로운 점은 러시아공화국, 소련, 제정러시아, 몽골제국, 돌궐, 그리고 흉노가 시대만 다를 뿐 같은 지역에 존재했다는 것이다. 유라시아 초원지대라는 영토를 교집합으로 그 지역에 사는 민족들이 시대별로 달랐던 국가의 주요 구성원이었다.

이는 지구상에 존재했고, 또 현존하는 최대 영토를 가진 국가들은 국가를 이루는 3대 요소 가운데 국토와 국민이 동일하다는 의미다. 굳이 차이라면 통치의 주체, 즉 권력을 장악한 세력과 그들이 국가를 경영하는 통치 이데올로기가 시대에 따라 달랐다는 것뿐이다. 다시 말해 산천과 사람은 그대로인데 권력을 행사하는 자만 시대에 따라 달랐다.

그래서 그 흔적이 제대로 남아 있지 않은 흉노와 돌궐까지는 아니더라도 르네 그르쎄Rene Grousset처럼 몽골제국 성립 이후 오늘날 러시아까지를 일관된 하나의 유라시아 역사로 파악하는 사학자들도 많다. 그

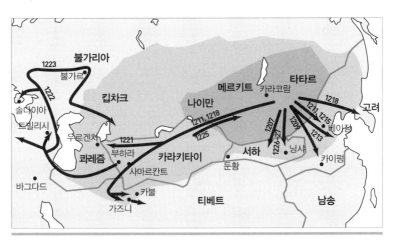

13세기 몽골의 유라시아 원정도. 이때부터 형성되기 시작한 몽골제국의 강역은 이후 자연스럽게 러시아의 영토가 되었다.

들은 몽골인의 조상인 흉노가 처음으로 이 지역에 대제국을 이루었고 이후 많은 이합집산을 거치며 슬라브인들이 몽골인으로부터 권력과 영토의 대부분을 승계한 것으로 서술하고 있다.

필자가 지금은 초등학교라 부르는 국민학교를 다니던 시절에는 공산주의자를 악마에 비유할 정도로 첨예한 냉전시기였다. 당시 세계지도에 나와 있는 소련 영토를 보고 교사들은 "소련이 세계에서 가장 큰 나라이지만 대부분 못 쓰는 땅이고 사람이 살기에 적합하지 않다"라고 교육시키고는 했다. 지금 생각해보면 어떻게든 공산주의 종주국인 소련을 깎아내리려는 이솝 우화의 '여우와 신 포도' 같은 이야기다.

비록 위도상으로 국토의 대부분이 북쪽에 치우쳐 있어서 사람이 거주하기에 기후 여건이 좋은 것은 아니지만 어마어마한 땅덩어리만큼이나 그곳에 묻혀 있는 자원도 무궁무진할 수밖에 없다. 설령 눈에는 경제적 가치가 없어 보이는 황무지나 얼음덩이 땅이라고 할지라도 결코 쓸모없는 국토는 있을 수 없고 또 넓어서 손해볼 일도 전혀 없다. 역사적으로 볼 때 오히려 넓은 국토를 가진 나라일수록 땅 욕심은 끝이 없었다.

어쨌든 지구 육지의 5분의 1 정도를 차지할 만큼 넓은 국토는 그곳을 지배했던 세력들에게는 자랑이자 힘이 되었지만, 반대로 외부의 적들에게는 눈에 보이는 큼지막한 먹이일 수밖에 없었다. 그곳을 차지하고 있는 세력을 몰아낼 자신만 충분하다면 전쟁 도발은 당연한 것이었다. 그리고 빼앗고, 차지하고 싶은 욕심에서 비롯된 인류사의 수많은 피의 기록이 이를 증명한다.

부인할 수 없는 사실

오늘날 우리가 잘못 알고 있는 상식 중 하나는 러시아의 거대한 영토는 몽골의 지배에 저항한 모스크바 공국이 몽골 세력을 몰아내고 주변을 병합하면서 형성한 것으로 아는 것이다. 모스크바 공국은 몽골이 침입했을 때 한동안 저항을 하긴 했지만 얼마 지나지 않아 충성스러운 피지배인을 자청함으로써 몽골로부터 대공국의 칭호와 함께 다른 공국들보다 월등한 자치권을 부여받은 나라였다.

모스크바 공국은, 넓은 영토를 모두 직할지로 경영할 수 없었던 몽골제국에 먼저 충성을 맹세함으로써 외부의 간섭을 최대한 배제하고 내실을 기하면서 성장할 수 있었다. 그리고 이후 영토 확장도 몽골을 격퇴하며 이룬 것이 아니라, 몽골이 쇠퇴하고 무주공산이 되면서 나타난 힘의 공백을 자연스럽게 차지한 결과다. 이처럼 러시아 영토 위에 있었던 칸汗 국들의 지배층이 시간이 흐르며 몽골인에서 슬라브인으로 바뀌며 자연스럽게 오늘의 모습을 갖추게 되었다.

결국 오늘날 유라시아를 함께 지배하는 러시아의 거대한 영토는 몽골제국의 성립으로부터 그 기원을 따져야 하는 것이다. 러시아인에게는 몽골이 지배자로 군림하던 시기가 굴욕기로 여겨질 수도 있다. 하지만 엄밀히 따져보면 핍박이나 수탈만 당한 것이 아니라 그에 상응하는 대가도 음으로 양으로 받았다. 그중 하나가 편하게 접수만 해서 얻어낸 광활한 국토다.

몽골제국 이전의 유라시아 대륙에 스키타이, 흉노, 돌궐, 거란 등의 초원민족이 거대 제국을 만든 적도 잠시 있었지만 계승되지 못한 채 쉽게 붕괴되었다. 역사적으로 살펴보면 이 지역은 정주를 하지 않는

러시아의 황제 이반 1세Ivan1는 약소국 모스크바 대공국을 부강하게 만들어 러시아 왕국으로 성장할 수 있는 기틀을 마련한 군주로 평가받고 있다. 하지만 칸의 승인이 나고서야 대외 팽창에 나설 수 있었을 정도로 몽골에 절대 맹종했다. (사진 : Public Domain)

유목민들이 거주하는 넓은 초원지대로만 존재했다. 이곳에 제국다운 제국을 세우고 제대로 된 흔적을 남기기 시작한 것이 바로 몽골이었고 러시아는 그러한 몽골의 유산을 자연스럽게 계승한 것이다.

흔히 나폴레옹이나 히틀러도 정복하지 못한 러시아를 몽골만이 정복한 것으로 알고 있지만, 앞에서 설명한 것처럼 몽골의 러시아 점령 전에는 국가다운 실체를 가진 제대로 된 세력이 없었다. 오히려 거대한 땅 여기저기에 흩어진 씨족, 부족 유목 세력과 고만고만한 여러 슬라브계 공국들을 통합하여 이후 나폴레옹이나 히틀러 등이 탐냈던 거대 러시아를 만든 것은 바로 몽골이었다.

서양인들의 시각에서 '몽골' 하면 떠오르는 것 중 하나가 도성屠城(저항하는 지역주민들은 남녀노소를 가리지 않고 모두 죽인다는 몽골군의 원칙)이라 불린 대학살이다. 그 결과 19세기 말에 독일 황제 빌 헬름 2세Wilhelm II가 직접 나서서 황화론黃禍論(황색 인종이 서구의 백인 사회를 위협하는 시대가 올 것이라는 주장)이라는 그럴듯한 주장까지 할 정도였다. 물론 몽골이 휩쓸고 지나간 자리에 대학살이 있었던 것은 사실인데 이는 대부분 투항을 거부하고 끝까지 저항하다 패했을 때 벌어진 경우였다. 만약 알아서 순순히 항복했다면 모스크바 공국의 예에서처럼 오히려 보호를 하거나 특혜를 주었을 것이다.

서양사를 살펴보면 로마제국의 성장 과정 중에도 포에니 전쟁 같은 대학살이 있었다. 인류사 최대의 전쟁으로 기록된 독소전쟁의 경우만 보더라도 이전에 있었던 모든 학살을 능가하는 엄청난 피의 잔치가 있었는데, 당시 슬라브인들을 학살하면서 내세웠던 히틀러의 명분 중 하나가 그들에게는 유럽의 기독교 세계를 위협한 타타르(몽골)의 더러운 피가 흐른다는 것이었다.

말도 되지 않는 이런 편견을 확대 해석한다면, 물론 현재 러시아의 주류인 슬라브인들은 그렇게 인정하려 들지 않겠지만, 정작 외부에서 바라보는 러시아는 보편적으로 몽골을 승계한 국가로 생각하고 있다는 뜻이기도 하다. 그렇다면 싫든 좋든 칭기즈 칸Chinggis Khan이 건국한 몽골제국은 비록 그 주인은 바뀌었지만 러시아 연방이라는 이름으로 여전히 계속되고 있는 것으로 보아야 할지도 모른다.

· · · ★ · · · ·

제3장

역사의
변방에 선
나라들
- 민족 국가와 약소국

· · · ★ · · · ·

재현된 포에니 전쟁

로마제국의 부활을 꿈꾸다

흔히 교과서처럼 통사로 서술된 세계사 관련 책을 살펴보면 476년 로마제국(엄밀히 말하면 서로마)의 종말과 더불어 고대사는 마감이 되고 헤게모니의 중심은 게르만이 점령하고 있던 서유럽 지역으로 옮겨간다. 그리고 기껏 15세기 르네상스 시기와 19세기 말 이탈리아 통일에 관해 잠깐 언급하는 것을 제외하면 이탈리아 반도를 중심으로 서술된 역사는 더 이상 찾아보기 힘들다.

그 이유는 비록 사상적으로 서유럽의 중심이라 할 수 있는 교황청이 남아 있기는 했지만 세계사적인 흐름에서 볼 때 로마제국 멸망 이후 이탈리아 반도는 역사의 변방으로 밀려났기 때문이다. 1870년에나 겨우 통일을 이루었을 만큼 근대 국민 국가 형성이 늦었던 이탈리아는 프랑스와 영국, 오스트리아, 러시아 등과는 물론이거니와 비슷한 시기에 통일을 완성한 독일에 비해서도 국력이 한참 뒤졌다.

앙리-폴 모테Henri-Paul Motte가 상상해 그린 〈자마 전투Battle of Zama〉. 기원전 202년 카르타고의 한니발Hannibal은 이 전투에서 단 한 번 패했지만 이는 전쟁의 승패를 좌우한 결정타가 되었다. 이후 로마는 한 번 더 전쟁을 벌여 카르타고를 완전히 말살시켰다.(사진 : public domain)

특히 영국과 프랑스는 유럽을 벗어나 지구 곳곳에 식민지를 확대해 나가는 제국주의 경쟁의 선두에 있었는데, 그 모습은 가히 로마제국을 재현하는 것처럼 보였을 정도였다. 비록 이탈리아는 뒤늦게 통일을 완성했고 고대 로마와는 혈통적으로도 차이가 컸지만, 자신들이 새롭게 국가를 만든 바로 그 땅 위에 있었던 영광의 역사를 승계하고 재현하고자 했다.

신생 이탈리아가 비록 근대 국가의 완성은 늦었지만 보잘것없던 작은 도시국가에서 출발해 세계 제국으로 발전한 로마제국처럼 패권 국가로 발전하지 말라는 법은 없었다. 주변 선발 제국주의 국가들의 왕성한 대외 침탈 활동에 심한 질투를 느꼈던 이탈리아는 가장 가까운 지중해 너머의 북아프리카로 눈길을 돌렸다.

지금의 지중해 남부 북아프리카는 인류 역사와 함께 문명이 빛을 발한 지역 중 하나로, 세계사의 대변혁에서 중요한 전환점이 될 만한 사건이 수시로 벌어지던 곳이었다. 도시국가였던 고대 로마가 제국으로 발전한 극적인 전환점으로 유명한 포에니 전쟁은 이탈리아 반도를 벗어나려는 로마와 지중해 패권을 유지하던 카르타고의 충돌이었다. 한마디로 당대의 세계대전이었다.

세 차례에 걸친 처절했던 전쟁에서 승리한 로마는 세계 제국으로 발전했지만, 한니발의 눈물이 전설로 남은 카르타고는 역사의 뒤안길로 먼지처럼 사라졌다. 그런데 카르타고가 망하기 전까지 영화를 누리던 곳이 오늘날 북아프리카의 리비아와 튀니지로 이탈리아는 이곳을 점령한다면 고대 로마가 세계 제국으로 발전했던 영광의 역사를 다시 재현할 수 있을 것으로 생각했다.

더욱이 당시 그곳은 영국과 프랑스 같은 버거운 상대가 아닌, 노쇠해져 만만한 상대가 된 오스만제국이 단지 형식적인 지배를 하고 있었을 뿐이었다. 오스만제국은 발칸 반도와 아라비아의 각지에서 발생한 여러 문제들로 인해 제국의 중심에서 멀리 떨어진 그 지역까지 관리하기가 벅찼던 상황이었다. 이탈리아는 이를 절호의 기회로 보고 리비아를 정복해 본격적인 대외 팽창의 발판으로 삼고자 했다.

1911년, 이탈리아는 3만 명의 병력을 동원해 호시탐탐 노리던 북아프리카를 전격 침공했다. 이탈리아는 본국의 지원을 제대로 받지 못하는 오스만제국의 군대를 몰아내고 쉽게 승리할 것으로 기대했지만 만만하게만 생각했던 투르크 전사들은 결코 쉬운 상대가 아니었다. 고대 로마제국의 군대와는 달리 이탈리아군의 실력은 그리 뛰어나지 않았

트리폴리 전투Battle of Tripoli에서 이탈리아군이 오스만제국군을 향해 사격을 하고 있다. 이탈리아는 북아프리카를 식민지로 삼아 고대 로마제국의 영광을 재현하려 했다.(사진 : public domain)

고, 노쇠하긴 했지만 여전히 3대륙에 걸친 거대한 오스만제국의 군대는 용맹했다.

사막의 라이언

1912년 발칸 전쟁이 발발하자 바로 코앞에 위기가 닥친 오스만제국은 이탈리아와 강화조약을 체결하고 북아프리카의 종주권을 넘겨주었다. 드디어 이탈리아는 그렇게 소망하던 해외식민지를 획득할 수 있게 되었고 고대 로마가 포에니 전쟁에서 승리해 제국으로 발전해 나갔던 것처럼 과거를 그대로 재현할 것으로 기대했다. 하지만 이탈리아는 그들의 전력이 강해서가 아니라 오스만제국군이 스스로 물러났었다는 점을 간과했다.

그때까지 북아프리카를 두고 이탈리아가 투르크와 벌인 전쟁은 포에니 전쟁이 아니었다. 이탈리아가 새롭게 지배하게 된 트리폴리타니아Tripolitania와 키레나이카Cirenaica 일대는 투르크가 잠시 통치했던 남의 땅이었다. 원래 이곳의 주인은 대대로 터를 잡고 살고 있던 베르베르인Berbers들이었다. 회교도로 오래전에 개종한 이들은 오스만제국을 대신해 새로운 지배자로 등장한 이교도인 이탈리아인에게 반감이 있었다. 군사적 능력이 부족했던 이탈리아는 베르베르인들의 독립 투쟁에 효과적으로 대처하지 못했다. 이탈리아가 실질적으로 점령한 곳은 아프가니스탄 전쟁 당시의 소련처럼 지중해 인근의 해안선뿐이었고, 내륙 대부분의 지역은 원주민들이 지배하는 상황이었다. 이때부터 독립을 쟁취하려는 베르베르인들의 20여 년에 걸친 독립전쟁이 시작되었다. 진정한 포에니 전쟁이 재현된 것이다.

제2차 포에니 전쟁의 명장 한니발이 카르타고를 영도했다면 2,000년 만에 재현된 새로운 포에니 전쟁에서 카르타고를 대신해 저항군을 지휘한 영웅은 오마르 무크타르Omar Mukhtar였다. 안소니 퀸이 주연한 〈사막의 라이언Lion of the Desert〉이 바로 오마르 무크타르의 일대기를 다룬 영화다. 이 영웅의 투쟁은 마치 한니발의 재림이라 해도 과언이 아닐 만큼 위대했다.

무크타르가 사막과 산악을 이용한 뛰어난 전술로 현대 병기로 무장한 이탈리아군을 계속 패퇴시키자 이탈리아는 간악하게도 무자비한

오마르 무크타르를 생포한 뒤 기념 촬영 중인 이탈리아 제국주의자들의 모습. 영웅적인 저항가 무크타르의 생애는 이후 〈사막의 라이언〉이라는 영화로 제작되었다. (사진 : public domain)

양민 학살로 맞섰다. 하지만 이것만으로도 저항을 막을 수 없자 사막에 수백 킬로미터에 이르는 철조망을 설치해 강제로 베르베르인 수천 명을 수용해 아사시켜버리는 천인공노할 만행을 저질렀다. 이런 극악한 행동까지 서슴지 않았던 이탈리아군은 결국에는 무크타르를 생포하는 데 성공했다.

　1931년 이탈리아 침략자들은 베르베르인들의 영웅을 공개 처형함으로써 20년에 걸친 전쟁을 종결하고 리비아 전체에 대한 지배권을 확보했다. 마치 제2차 포에니 전쟁에서 아프리카누스Africanus(아프리카를 정복한 사나이)라는 칭호를 얻었던 스키피오의 손자 스피키오 아에밀리아누스Scipio Aemilianus가 제3차 포에니 전쟁에서 카르타고를 불태워 없애고 생존한 모든 카르타고인을 노예로 만들어버림으로써 기나

긴 포에니 전쟁을 종결시킨 것과 같았다.

하지만 이는 어설펐던 제국주의 이탈리아의 마지막 오만이었다. 이후 로마제국의 부활을 주장하며 국민들을 현혹시킨 허풍쟁이 베니토 무솔리니Benito Mussolini와 파시스트들이 통치한 이탈리아는 제2차 세계대전의 주체 세력으로 당당히 전쟁에 뛰어들었다. 그러나 전쟁 내내 단지 독일의 조연으로서 겨우 얼굴만 들이밀고 전사에는 오로지 패배라는 단어만 기록하다가 1943년 연합국에 가장 먼저 항복한 추축국이 되었다.

이탈리아는 단지 로마제국이라는 과거의 달콤했던 영화를 재현하려는 시도만 했을 뿐, 지난 역사에서 타인에게 고통과 피해를 준 최후의 결과가 얼마나 비참했는지에 대한 교훈은 망각했던 것이다. 그들은 로마제국의 신화를 재현하려고 했지만 결과적으로 2,000년 만에 다시 벌인 포에니 전쟁으로 인해 통일 이탈리아의 쇠락이 시작되었다. 역사는 수레바퀴처럼 현재에도 반복을 거듭하며 돌고 있는지도 모른다.

승자들의 논리,
민족자결주의

　지금은 먼지와 같이 흔적도 없이 사라져버렸지만 냉전 시기에 발칸 반도에서는 유고슬라비아라는 꽤 커다란 연방 국가가 있었다. 한때 세계질서를 논할 때 동東이나 서西에 가담하지 않은 아시아와 아프리카 국가들을 주축으로 형성된 국가군이 있었다. 흔히 이를 제3세계 또는 비동맹 그룹이라 불렀다. 유고슬라비아는 이들의 지도국으로 여겨질 만큼 국제적인 위상도 상당히 높았던 국가였다.

　제2차 세계대전 후 사회주의 체제를 채택했음에도 여타의 동유럽 국가들과는 달리 자생적인 파르티잔partisan(유격전을 수행하는 비정규군 요원으로 빨치산 혹은 게릴라와 같은 뜻) 조직의 항거에 의해 나치 독일을 몰아냄으로써 소련의 위성국가로 전락하지 않은 국가가 바로 유고슬라비아였다. 바르샤바조약기구WTO(Warsaw Treaty Organization)나 코메콘 COMECON에 정식으로 가입하지 않았으며 외교적으로도 소련과 거리를 두는 정책을 취하면서 서구와도 상당히 원만한 관계를 유지했다.

　유고슬라비아의 국민들은 인종적으로 대부분 슬라브 계통이지만 민

옛 유고슬라비아와 현재 분리된 국가들을 나타낸 지도. 한때 비동맹 세력을 선도하는 국가였지만 소속 민족 간의 갈등을 조정하지 못하고 내전을 겪으며 완전히 분리되었다.

족적·종교적으로는 상당히 반목이 심한 구성원들로 이루어진 다민족·다종교 연방 국가였다. 요시프 브로즈 티토Josip Broz Tito 같은 카리스마 넘치는 독재자가 통치하던 시기에는 민족 분쟁의 불씨가 드러나지 않았지만 이런 기둥이 사라지자 얼마 못 가서 내부 분열이 가속화되어 끝내 연방이 해체되었다.

그것도 이웃의 체코슬로바키아처럼 평화롭게 분리된 것도 아니고, 그렇다고 소련 연방처럼 어쩔 수 없는 시대 흐름에 따라 외교적인 방법으로 갈라진 것도 아니었다. 격렬한 내전과 인종 청소라는 범죄 행위까지 동원되면서 장장 10여 년에 걸쳐 6개 국가로 분리되어 완전히 해체되었다. 이 내전은 제2차 세계대전 후 유럽에서 발발한 최초의 전쟁이었다.

1945년 이후에 유고슬라비아가 세계적으로 커다란 영향력을 행사하는 주요 국가로 등장하지만 사실 처음 탄생은 제1차 세계대전이 종결되고 난 후인 1919년이었다. 발칸 반도에 위치한 이질적인 작은 국가들이 합쳐 입헌군주제를 채택한 유고슬라비아 왕국이 탄생했다. 이 왕국은 국제질서가 승자의 논리대로만 움직인다는 가장 확실한 증거이기도 했다.

제1차 세계대전 종전 후 미국은 세계질서를 재편한다는 명목으로 민족자결주의를 주창했다. 하지만 이것은 패전국들을 쪼개고 분리시켜 철저히 무력화시키기 위한 명분이었을 뿐이다. 제1차 세계대전 이후 유럽에서 민족자결주의 원칙에 따라 탄생한 대부분의 신생 국가들이 패전국 지역에 세워졌다는 것이 이를 말해준다.

승전국들의 영토는 전쟁 전과 같거나 오히려 더 넓어졌지만 패전국들의 영토나 점령지는 민족자결주의를 구실로 여러 민족으로 찢어서 소규모 국가로 독립을 시켰다. 여기에는 소수 민족들의 독립에 대한 관심보다 패전국들의 힘을 나누어 약화시킴으로써 차후에 발생할 수 있는 전쟁의 싹을 잘라내기 위한 승전국들의 의도가 숨어 있었다. 다시 말해 패전국들을 단속하기 위한 명분을 만들기 위해 민족자결주의를 내세워 피지배 민족의 독립을 지지했던 것이다.

반면에 유고슬라비아 왕국은 승전국인 세르비아가 지역의 헤게모니를 장악하면서 탄생한 국가였다. 이미 전쟁 전부터 민족별로 대립 관계가 극심했던 발칸 반도 지역을 민족국가별로 독립시키지 않고 하나로 모아 왕국을 만들었다는 것은 민족자결주의와는 완전히 반대되는 정책이었다. 이처럼 민족자결주의는 패전국을 다스리는 하나의 도구에 지나지 않았던 것이다.

승전국이었던 영국, 프랑스, 미국, 이탈리아, 일본 등은 오히려 패전국의 식민지를 갈라 먹고 자신들의 영역을 넓히면서 그 지배를 강화하는 등 말로써 외치는 구호와는 정반대의 행보를 이어갔다. 이러한

1999년 나토의 공습을 받는 노비사드Novi Sad. 내전 중 세르비아계가 주도한 인종 청소 행위는 국제적 공분을 불러와 결국 나토의 개입을 촉발시켰다.(사진 : Darko Dozet, GNU Free Documentation License)

국제사회의 역학 관계를 제대로 모르던 식민지 조선의 지식인들은 민족자결주의라는 달콤한 문구에 현혹되어 쉽게 국제사회의 지지를 받아 독립이 이루어질 것이라 믿었던 적도 있었다.

만일 철저한 민족자결주의에 입각해 지금처럼 발칸 반도의 여러 국가들이 그때 독립하고 유고슬라비아의 탄생이 없었다면 20세기 말 연방 해체 당시에 있었던 비극적인 인종 청소도 없었을 것이다. 옛날에도 그랬지만 지금도 아니 앞으로도 국제 관계가 이상적인 방향으로 흐르기를 바라는 것은 망상일 뿐이다. 역사는 단 한 번도 승자의 논리를 벗어나서 기록된 적이 없기 때문이다.

뼈아픈 경험으로 알게 된 생존방법

짧고도 혼란했던 독립

1991년 9월 17일 뉴욕에 있는 국제연합UN(United Nations) 본부 국기 게양대에 태극기가 올라가기 시작했다. 우리나라가 옵서버 자격을 떼고 드디어 정식 회원국이 되었음을 알리는 역사적인 순간이었다. 꾸준히 북방정책을 실시해온 당시 정부의 외교적 업적이 성과를 보이는 순간이기도 했다. 당연히 우리나라에서는 헤드라인을 장식한 톱뉴스가 되었다. 하지만 이날 정식 회원국이 된 나라는 우리나라 외에도 또 있었다. 에스토니아, 라트비아, 리투아니아 세 나라도 유엔에 함께 가입했고 이들 국가의 국기 게양식 행사도 열렸다.

이 세 나라는 각각 면적이 남한의 절반 정도이고 인구가 140만~360만 명에 이르는 소국들로 흔히 이들을 모아 발트 3국이라 부른다. 비록 국토가 작고 국력도 약하지만 대부분 같은 민족들이 국민의 주류를 이루고 있으며 그들 민족 고유의 언어와 문화를 가지고 있다. 서쪽으로는 발트 해를 경계로 스칸디나비아 반도의 국가들과 접하고 동으로는 러시아와 육지로 국경을 맞대고 있다.

이런 지리적인 위치 때문에 역사적으로 주변 강대국들의 간섭이 많았고, 특히 부동항을 얻으려는 러시아의 간섭이 심해 18세기 이후 제정러시아의 지배를 받기도 했다. 이들은 20세기 초에 처음 독립국이 되었는데 얼마 가지 못하고 다시 외세에 점령당한 후 20세기가 끝나가던 시점에 다시 한 번 극적으로 독립을 달성하는 과정을 반복했다. 이러한 과정을 겪으면서 이들의 외교 관계 형성과 처신에도 상당한 변화가 있었다. 이는 민감한 국제 정세 속에 있는 우리에게도 교훈으로 삼을 만한 사례다.

제1차 세계대전 말기인 1918년 3월에 독일과 소련 사이에 체결한 브레스트 – 리토프스크 조약으로 인해 독일은 이들 지역을 포함해 서부 우크라이나까지 이르는 거대한 제정러시아 영토에 대한 권리를 획득했다. 하지만 서부전선에서 전쟁이 격렬하게 진행 중이어서 독일은 이곳에 간섭할 수 없었고, 이런 힘의 공백기를 맞아 발트 3국에서는 독립의 기운이 타올랐다.

그런데 새로운 주인이 될 것 같은 독일이 그해 11월 연합국에 항복하며 패전국이 되었고, 러시아 혁명 이후 새롭게 등장한 소련은 내전의 혼란 와중이었다. 이렇게 좋은 기회를 맞아 1920년 발트 3국이 독립을 선언하자 연합국들은 민족자결주의를 명분으로 전후 패전국과 소련의 힘을 약화시키기 위해 이들의 독립을 승인했다.

하지만 이렇게 어렵게 얻은 호기를 살려서 독립을 이루었음에도 이들 국가들은 일치단결해 국가 발전에 매진하지 못하고 정치적 혼란을 거듭했다. 1926년 리투아니아에서 쿠데타에 이은 군부 독재 정권

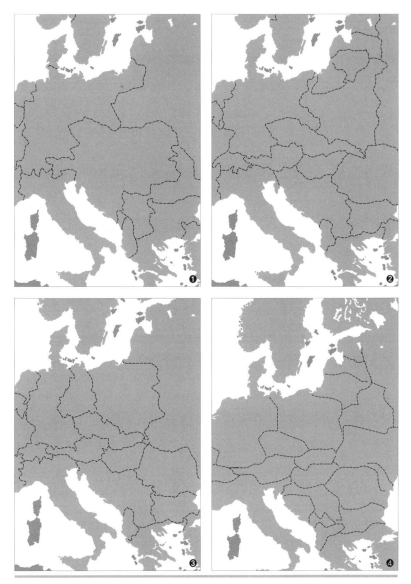

20세기 동안 동유럽의 변화는 실로 대단했다. 국경선의 변화뿐 아니라 수많은 나라가 생겨났다가 사라지고 다시 등장했다. 이 과정에서 발트 3국은 독립과 소멸 그리고 재독립을 반복했다.

❶ 1914년 제1차 세계대전 발발 이전의 지도　❷ 1918년~1939년 사이의 지도
❸ 1945년~1990년 사이의 지도　❹ 1991년 이후의 지도

라트비아의 시인이자 독립 운동가였던 카를리스 우르마니스는 총리에
오른 후 극우파의 쿠데타를 예방하겠다는 명분으로 반대파를 탄압하고
1인 독재 정치를 실시했다. 그가 이끈 라트비아 농민연합은 민족주의 성
향이 강해 이민족을 차별했고 이는 주변국과 마찰을 불러왔다. 이처럼
신생 발트 3국은 정쟁과 외교 마찰로 혼란하지 않은 날이 없었다.(사진 :
public domain)

이, 1934년에는 라트비아에서 카를리스 우르마니스Kārlis Ulmanis 독재
정권이 들어서고 비슷한 시기에 이웃 에스토니아에도 콘스탄틴 페츠
Konstantin Päts 독재 정권이 차례로 수립되었다.

　　당시 이들 국가들은 친서방, 친독, 친소, 중립 등을 표방하는 여러 정
파가 난무하며 그야말로 독립 후 하루도 정치권이 바람 잘 날 없었고
국민들도 사분오열되었다. 국가별로 당시 인구가 150만 명에서 300만

1940년 6월 14일 사전에 독일과 맺은 밀약에 따라 아무런 방해도 받지 않고 라트비아의 수도인 리가Riga에 입성하는 소련군. 어렵게 독립한 지 20년 만에 발트 3국은 소련에 강제 병합되었다.(사진 : public domain)

명 정도에 불과한 약소국이었는데도 어렵게 출범한 나라를 발전시킬 의지나 생각이 부족했던 것이다. 당연히 이런 혼란은 외세의 개입을 불러오는 빌미가 되었다.

혁명의 혼란기에 발트 해를 빼앗겼다고 생각하며 호심탐탐 기회를 엿보던 소련은 이들 국가의 혼란과 제2차 세계대전의 발발에 따른 국제 정세의 급변기를 이용해 1940년 6월 14일 침공을 전격 단행했다. 불과 하루 만에 발트 3국을 석권한 소련은 즉시 괴뢰 정부를 세우고 합병을 결의해 소련 연방에 강제 편입시키면서 이들 3국은 독립한 지 20년 만에 잊힌 국가가 되었다.

다시 찾은 기회

같은 시기에 처음 독립국을 세웠던 이웃 핀란드는 국민들이 일치단결해 독립을 유지하고 이후 발전을 거듭해 초일류 선진국이 되었던 반면, 이들 3국은 소련의 압제 속에서 국가는 물론 민족의 정체성까지 강제로 잃고 숨죽인 세월을 보내야만 했다. 특히 독소전쟁 기간 중 독일 편을 들었다는 이유로 많은 국민이 학살을 당하기도 했다.

잊힌 존재가 될 수 있었던 이들 나라는 20세기 후반 1991년 8월 소련 군부가 일으킨 반동 쿠데타에 실패한 이후 소련이 급속히 해체 단계에 들어가면서 51년 만에 극적으로 다시 독립의 기회를 맞았다. 작은 나라이고 독립의 역사보다 외세 지배의 역사가 훨씬 길었지만 독립을 향한 이들 국민들의 줄기찬 노력이 대 변혁기에 다시 빛을 보게 되어 구소련 연방을 구성한 15개 국가 중 최초로 독립을 이루는 성과를 얻었다.

20세기에 들어서 두 번이나 독립을 이루었기에 그들의 피지배 기간이 길게 느껴지지 않지만 우리의 일제 강점기가 35년이었다는 점을 상기한다면 이들 국가들이 겪었을 고초를 충분히 짐작할 수 있다. 소련 당국의 정책으로 말미암아 원주민과 맞먹는 인근 러시아, 우크라이나, 벨로루시 인들이 유입되었지만 이들은 민족 정체성을 유지했고 결국 이를 바탕으로 재독립의 숙원을 달성했다.

소련 연방 해체 후 러시아를 비롯한 대부분의 구소련 연방 국가들이 일정 기간 독립국가연합CIS(Commonwealth of Independent States)이라는 느슨한 형태의 정치 공동체 관계를 유지할 때도 이들 3국은 여기에 가입하지 않았을 정도로 확실한 독립 의지를 표했다. 그러나 무턱대고 러시아를

1993년 이후 라트비아의 5, 6대 대통령을 연임한 군티스 우르마니스Guntis Ulmanis는 카를리스 우르마니스의 증손자다. 그는 대화를 통해 반대 정파의 협력을 얻어냈고 러시아와 관계를 유연하게 유지하면서 서유럽과 교류를 확대했다. 그 결과 이후 라트비아는 러시아의 동의를 얻어 유럽연합과 나토 회원국이 되었다.(사진 : Saeima, Creative Commons)

배척하지는 않았다. 그들은 새로운 친구를 만드는 것도 중요하지만 비록 관계가 좋지 않았다 하더라도 오래된 인연을 무시하지 않는 지혜를 가지고 있었다.

지난 1920년 독립 시 약소국의 적대적인 외교 관계가 어떤 뼈아픈 결과를 가져오는지 이미 경험했기 때문이었다. 내정 실패에 따른 혼란과 국제 정세를 제대로 파악하지 못해 얼마 못 가 망국을 당했던 경험을 기억하고 있던 발트 3국은 러시아와의 관계를 계속 유지했다. 특히 외교나 국방 분야에 대해서는 항상 러시아를 염두에 두고 차근차근 대서방 교류를 확대해 나갔다. 그 결과 러시아의 동의를 얻어 2004년 4월 나토, 5월 유럽연합에 가입함으로써 국가의 안전을 보장받는 기틀을 마련했다.

한 번의 실패 후 독립이라는 것이 단지 말로만 되는 것이 아니라 내치에 있어 국민들이 단결된 든든한 실력을 갖추고 주변의 협조가 있어야만 유지될 수 있다는 값비싼 교훈을 얻었던 이들 국가는 생존과 국가의 존속을 위해서 주변의 이해를 구하고 집단의 일원이 되는 전략을 구사한 것이다. 그러기 위해 먼저 합의를 바탕으로 내치를 안정화하는 데도 노력을 아끼지 않았다.

우리 역사를 보더라도 국제 정세를 파악 못 하고 내홍을 겪다가 망국을 당했던 경험이 있었다. 역사와 세계질서를 선도하는 초강대국이 아닌 한 솔직히 주변과 할 말 다하면서 당당히 맞서거나, 아니면 극단적으로 모두 무시하고 생존하기는 어렵다. 천신만고 끝에 다시 독립을 쟁취하고 주변과 협력하며 발전을 계속하고 있는 발트 3국의 사례는 우리에게도 좋은 본보기라 할 수 있다.

짧은 독립,
독한 교훈

독립에 대한 열망과 기회

1917년 8월, 제1차 세계대전의 승전국인 프랑스, 영국, 이탈리아, 미국은 폴란드의 건국을 승인했다. 폴란드는 한때 동유럽의 강자로 군림하기도 했으나 18세기 말에 이르러 주변의 프러시아, 오스트리아, 러시아에 의해 완전히 분할 점령되어 사라져버린 나라였다. 이렇게 흔적도 없이 지도상에서 사라진 지 어언 123년 만에 드디어 다시 태어났다.

폴란드가 역사에 다시 등장하게 될 수 있었던 것은 외세의 엄청난 탄압에도 꺼지지 않았던 폴란드인들의 줄기찬 저항 의지와 독립에 대한 끝없는 열망이 있어서 가능한 일이었다. 하지만 1919년에 있었던 3·1운동의 실패에서 알 수 있듯이 냉정한 국제질서에서 단지 열망만 있다고 독립을 쟁취할 수 있는 것은 아니다.

실질적으로 폴란드가 독립 국가를 만들 수 있게 된 가장 큰 이유는 제1차 세계대전의 결과 때문이었다. 당연히 승자의 잣대로 전후 세계 질서가 급속도로 재편되었는데, 궁극적인 목표는 패전국을 철저히 응징해 전쟁의 재발을 막는 것이었다. 이때 명분으로 삼았던 것 중 하나가 앞에서도 언급했던 민족자결주의였고, 이 명분 아래 폴란드도 독립을 쟁취할 수 있는 절호의 기회를 얻었다.

말 그대로 민족 스스로가 독립 국가를 건국하는 것이 타당하다는 의견이었는데, 단 여기서 단서 조항은 '패전국에 속해 있던 피지배 민족들만 독립이 해당된다'는 것이었다. 전쟁 전 오스트리아-헝가리, 터키는 수많은 피지배 민족을 거느린 제국들이었는데 여기에 속한 민족들을 민족자결주의라는 명분으로 독립시켜서 패전국들을 조각조각 나누어 힘을 약화시키고자 했다.

사실 민족자결주의에 따른다면 승전국인 영국, 프랑스, 미국, 일본 등에서 독립을 시켜야 할 피지배 민족들이 훨씬 많았다. 그렇지만 승자들의 손에서 벗어난 독립국은 없었고 그럴듯한 이상은 단지 패전국들을 박살 내기 위해 명분으로만 사용되었을 뿐이다. 다행히도 폴란드는 패전국 독일, 오스트리아 그리고 한때 연합국이었지만 승전국이 아니었던 소련 사이에 있었다.

러시아제국을 공산 혁명으로 타도하고 건국된 소련은 단독으로 동맹국 측과 강화해 전선에서 이탈했고 더구나 반제국주의, 반자본주의 이념을 주창했기에 탄생 이후부터 공공의 적이 되어버린 지경이었다. 때문에 전후 동맹국 측과 러시아 지배 지역에 속해 있었던 수많은 중소 국가의 독립이 가능했다. 이때 혁명의 혼란기에 빠져 있던 소련은 어떠한 행동도 취할 수 없었다.

이들 국가들을 하나하나 살펴보면 핀란드, 에스토니아, 라트비아, 리

2012년 11월 11일 바르샤바의 피우수트스키 광장에서 열린 폴란드 독립기념일 행사. 이처럼 시설 명으로 명명될 만큼 독립 후 폴란드 발전에 많은 영향을 끼친 피우수트스키는 툭하면 주변국과 마찰을 불러와 외환外患을 자초한 인물로 평가받기도 한다.(사진 : Patryk Matyjaszczyk, Creative Commons)

투아니아, 폴란드, 체코슬로바키아, 헝가리, 유고슬라비아 등이었는데 이중에서도 가장 넓은 국토와 인구를 포용하며 탄생한 나라가 바로 폴란드였다. 하지만 감격적인 독립과는 별개로 신생국의 헤게모니를 장악하기 위한 내부 문제가 건국 초기부터 불거져 나왔다. 당연히 이런 모습은 국론의 분열을 가져왔다.

강대국들을 설득해 폴란드 독립을 주도했던 로만 드모프스키Roman Dmowski와 민족주의자들에 의해 구성된 폴란드 민족 위원회KNP(Komitet Narodowy Polski)는 중앙 집권적인 정부가 지배하는 강력한 폴란드 민족 국가를 구상하고 있었던 데 반해, 군국주의적 성향이 강한 유제프 피우수트스키Józef Klemens Piłsudski는 폴란드의 주도하에 수많은 피지배 소수민족들을 포함하는 대大 연방 국가의 건설을 주장했다.

새로운 지배자가 되려던 야심

　결국 무력을 손에 쥐고 있던 피우수트스키가 정부를 양도받아 권력을 행사하게 되었고 그의 뜻대로 폴란드는 신생국답지 않은 넓은 영토와 많은 인구를 아우르는 대국을 향한 첫걸음을 시작했다. 폴란드인들은 바르샤바를 중심으로 하는 물산이 풍부한 동유럽의 평원지대에 대대로 자리 잡고 살고 있었는데, 문제는 이 지역이 지리적으로 딱히 국경을 정하기 힘든 곳이라는 점이었다.

　그렇다 보니 주변의 여러 민족들이 섞여 있었고 쌍방의 합의 없이 명확한 국경을 획정하기도 곤란했다. 그런데 피우수트스키는 폴란드인들이 있는 곳이면 무조건 폴란드의 영토로 간주하고 다른 민족은 피지배 대상으로 보았다. 극우파들은 오랜 식민지 기간에도 불구하고 폴란드인들이 교육과 과학기술은 물론 문화, 예술에 대한 기본적 소양이 풍부하므로 당연히 새로운 지배자가 되어야 한다고 자부했을 만큼 우월의식이 강했다. 거기에 더해 유럽에서 가장 고집이 센 민족이라는 별명이 있을 정도로 기질도 강했다.

　예를 들면 제정러시아 때 무조건 탄압만으로 이런 기질을 갖고 있는 폴란드를 통치하기가 힘들 것으로 판단하고 러시아령인 폴란드를 처음에는 자치 왕국으로 변경시키는 등, 러시아 신민들에게는 허용하지

폴란드 의장대의 호위를 받는 피우수트스키의 동상. 폴란드인들로부터 존경받는 인물로, 상당히 민족우월 의식이 강해 주변 이민족까지 지배하려는 야심을 노골적으로 보이고는 했다.(사진 : Paweł Kabánski, Creative Commons)

않던 정치적 혜택까지 펼쳐가면서 폴란드인들의 환심을 사려고 했을 정도였다.

그러나 두 번이나 침략을 당하고 왕이 직접 나와 항복을 했음에도 청淸을 야만족이라 계속 경멸하며 깔보던 조선처럼 러시아인들에 대해 우월감을 갖고 살아왔던 폴란드인들은 자치권 정도로는 만족하지 않았다. 그들은 1830년, 1863년 등 수차례의 무력 봉기를 감행했고 그 때문에 폴란드라는 이름이 아예 지도에서 사라지고 폴란드인들은 러시아 내의 하층민으로 전락하는 아픔도 수차례 겪어야 했다.

원래부터 자부심이 충만했던 폴란드인들이 제1차 세계대전 후 갑자기 생긴 힘의 공백기에 새롭게 나라를 만들고 거대한 동유럽 평원의 새로운 주인이 되자 한마디로 눈에 보이는 것이 없었다. 그동안 그들을 지배하며 수탈했던 러시아는 완전히 사라져버리고 그 후계자인 소련도 반사회주의 국제 연대에 의해서 따돌림을 당하고 적백내전赤白内戰(10월 혁명 이후에 볼셰비키가 페트로그라드를 장악하자, 옛 러시아제국 영토를 둘러싸고 여러 당파와 교전 세력이 벌인 전투)으로 혼란한 내우외환의 상태였다.

또 다른 지배 국가 독일은 패전국이 되어 연합국이 내민 베르사유 조약 서류에 제대로 된 저항 한 번 못해보고 순순히 서명을 한 뒤 굴욕의 시기로 빠져들었다. 또 원수였던 오스트리아 – 헝가리는 그야말로 산산 조각이 나서 순식간에 알프스 산속의 작은 약소국으로 전락했다. 이처럼 폴란드는 신생 독립국이었지만 당장 그들을 방해할 세력이 없어 보였다.

항상 그렇듯이 긍정적인 자부심이 지나치게 강해져서 오만해지면 문제가 발생한다. 오랜 기간 식민지를 경험하고 그 때문에 고생했던 세월이 길어서였는지 모르겠으나 신생 폴란드는 독립 국가가 수립되면서 순식간에 소수 민족으로 전락한 자국 내 슬라브계와 게르만계 등 비 폴란드인들의 지배자로 행세했다. 하지만 더 큰 문제는 대외 팽창을 적극 시도했다는 점이다.

폴란드가 국가를 건국한 해인 1918년, 체코슬로바키아와 슐레지엔 지역의 소유를 놓고 국경 분쟁을 벌였다. 이는 앞으로 주변국과 계속 이어질 전쟁들의 시작에 불과했다. 폴란드는 쉽게 부러지지 않는다는

폴란드군을 막기 위해 이동 전개 중인 체코슬로바키아 기병대. 폴란드는 슐레지엔에 대한 소유권을 주장하며 독립 이듬해인 1919년 역시 신생국인 체코슬로바키아를 공격해 국지전을 일으켰다.(사진 : public domain)

자부심이 있었지만 문제는 스스로를 지나치게 과대평가했다는 데 있다. 그래서인지 이후부터 툭하면 전쟁을 불사하는 호전적인 모습을 감추지 않았다.

모두를 적으로 만들어버린 도발

독립하자마자 시작한 폴란드의 적극적인 대외 팽창을 나름대로 혼란의 시대를 호기로 삼아 최대한 영토를 확장하려던 시도라고 긍정적으로 평가할 수도 있다. 하지만 신생 독립국이 내실을 다져 국가를 튼튼히 하는 것보다 외부의 팽창을 먼저 선택했다는 것은 상당히 문제가 있는 정책이었다. 결국 폴란드의 이런 모습은 제2차 세계대전이 발발하자 주변 모두를 적으로 만드는 계기가 되었다.

폴란드는 겨우 독립한 신생국이었지만 당시 여건을 고려한다면 부국으로 성장할 수 있는 가능성이 상당히 컸다. 우선 그전 150여 년간 폴란드를 분할 점령했던 독일, 오스트리아, 러시아가 스스로의 생존을 걱정할 정도로 상황이 악화되었기 때문에 폴란드에 정치적·외교적 간섭은 한동안 불가능했다. 또한 폴란드의 영토와 영토 내 산업기반은 제1차 세계대전의 화마에서 비껴나 있었다.

그런데 폴란드가 이런 상황을 이용해 국력을 신장시키기보다 곧바로 영토 확장 경쟁에 뛰어들었다는 것은 그다지 옳은 선택이 아니었다. 앞에서 언급한 체코슬로바키아와의 영토 분쟁도 그렇지만 폴란드는 같은 시기인 1919년부터 1921년까지 혁명의 와중에 혼란스러웠던 소련을 상대로 호기 있게 전쟁을 시작했다. 역시 명분은 폴란드인들이 사는 옛 제정러시아 지역을 되찾겠다는 것이었다.

당장 폴란드의 영토를 확장하는 데 성공했지만 이런 정책은 소련으로 하여금 언젠가 폴란드를 반드시 손봐야겠다고 결심하도록 만들었다. 폴란드는 소련이 계속해 혁명의 혼란 속에서 헤매고 있기를 바랐지만 그것은 착각이었다. 소련은 1920년대 중반에 혼란을 종결하고 오히려 제정러시아를 능가하는 강대국으로 서서히 변모하기 시작했던 것이다.

거기에다가 폴란드는 비슷한 시기에 독립한 인접국인 리투아니아와 1920년 8월부터 10월 사이에 전쟁을 벌였다. 두 나라 사이에 영토 분쟁이 표면적인 이유였지만 근본적인 원인은 정치적인 방법이 아닌 무력으로 리투아니아를 통합해 대 연방을 구상하겠다는 폴란드 위정자들의 욕심이 빚은 결과였다. 16세기에 리투아니아를 합병해 200여 년간 지배했던 과거를 재현하고자 했던 것이다.

1920년 8월 폴란드-소련 전쟁 당시 방어 진지 속에서 경계 중인 폴란드군. 소련의 내정이 혼란했던 시기에 있었던 폴란드의 도발은 소련으로 하여금 복수를 결심하게 하는 계기가 되었다.(사진 : public domain)

이와 더불어 1919년부터 1921년 사이에 국경 지대인 북부 슐레지엔을 사이에 두고 독일과도 충돌을 벌였다. 패전으로 군비의 제한을 받고 있던 독일이었지만 자원 의용군들이 나서서 격렬히 싸웠다. 하지만 폴란드의 공격에 적극적인 저항을 하지 못했고 이때 자존심에 상처를 입은 독일은 폴란드를 반드시 제거해야 할 대상으로 삼게 되었다. 1939년 제2차 세계대전의 시작이 된 폴란드 침공 때 독일 군부가 환호했을 정도였다.

1918년 독립 이후 1920년대 초반까지는 오랫동안 억눌려온 폴란드의 자존심을 거침없이 표출했던 시기였다. 하지만 그만큼 자만심도 함께 커진 시기였다. 폴란드는 한때 그들을 지배했던 주변의 강국들이 겪고 있던 어려움이 영원할 것으로 믿었고 16세기 중동부 유럽을 휘젓던 과거의 영화가 부활되었다고 착각했다. 그들은 이런 좋은 시절이 계속되기를 원했지만 그것은 한낱 꿈에 불과했다.

군국주의적인 파쇼 정권이 극단적인 방향으로 국가를 경영하고 있었지만 훌륭한 잠재 조건에도 불구하고 신생 폴란드는 여전히 약소국이었고 스스로 내실을 충실히 다지지도 못한 상태였다. 그리고 1930년대가 되자 그동안 숨죽이고 있던 독일과 소련이 폴란드의 독립 이전처럼 감히 넘볼 수 없는 강력한 상대가 돼버렸다. 더구나 그들은 폴란드와 우호적으로 지낼 생각은 눈곱만큼도 없었다.

자부심만으로 지키지 못한 나라

앞서 살펴본 것처럼 제1차 세계대전 후 탄생한 폴란드는 계속적인 분쟁으로 영토를 급속히 확대해 순식간에 많은 주변 민족을 거느린 대국이 되었다. 하지만 영토상으로 그랬다는 것뿐이고 내면의 발전은 정체되어 1926년에 이르러서는 피우수트스키가 행한 친위 쿠데타에 의해 급속히 파시스트 국가로 변모하면서 민주주의는 말살되었다. 멋진 독립국에 대한 이상은 10년도 되지 않아 내홍內訌을 겪으며 사라져 갔던 것이다.

내적으로 정치적인 혼란을 불러오고 외적으로 이웃과 대결을 추구하던 정책의 영향 때문에 폴란드는 무한한 성장 잠재력에도 불구하고 실질적인 국력 향상 없이 단지 영토만 큰 농업국으로 정체되었다. 그리고 독립한 지 10년이 지나 1930년대가 시작되자 순식간에 소련과 독일의 위협에 눈치를 볼 수밖에 없는 처지로 바뀌었다. 이들을 상대로 호기롭게 전쟁을 벌이던 시절은 이미 저 멀리 가버린 상태였다.

하늘을 찌를 듯 자신만만했던 신생 폴란드의 자만심은 순식간 종언을 고하고 다시 한 번 강대국의 위협 속에서 살아남기 위해 몸을 낮추어야만 하는 지경에 이르렀다. 한때 자신만만하게 칼을 섰었던 소련과 독일의 위협은 단지 외교적인 수사가 아니었다. 그들은 꼬투리만 잡으면 실제로 행동을 보이려는 만반의 준비를 했고 가시적인 위협도 수시로 보여주었다.

비록 1932년에 소련과, 1934년에 독일과 불가침조약을 체결했으나 그것이 폴란드의 안보를 담보하는 것은 아니었다. 폴란드는 조약의 충실한 이행을 원했지만 소련과 독일은 언제라도 조약을 휴짓조각으로 만들 수 있는 위치였다. 특히 독일은 오스트리아와 체코슬로바키아를 무혈 점령했고 소련도 발트 3국과 폴란드에 대한 연고권을 공공연히 공언할 정도였다.

이제 폴란드가 믿을 구석은 독립의 후견인 역할을 하던 영국과 프랑스였으나 이들 국가들은 폴란드로부터 너무 멀리 있었다. 더구나 이들 국가들은 독일, 이탈리아와의 노골적인 도발에 제대로 된 강력한 대응한 번 하지 못하고 그저 달래며 아슬아슬한 평화를 구걸하기에 바빴다. 한마디로 깡패가 국제 질서를 좌지우지하는 전체주의 득세의 시기였다. 누구나 예견할 만큼 새로운 전쟁이 눈앞에 보였다.

결국 폴란드는 제2차 세계대전의 도화선이 되었다. 단치히와 폴란드 내 독일 민족의 탄압을 핑계 삼아 1939년 9월 1일 나치 독일의 침입이 시작되었다. 이것만도 폴란드에는 벅찬 상황이었는데 사전에 폴란드를 분할하기로 약정했던 소련 또한 동시에 동부에서 밀고 들어오

히틀러가 직접 나와 폴란드로 진격하는 독일군을 격려하는 모습. 대부분의 역사 책에서 1939년 9월 1일에 있었던 독일의 폴란드 침공을 제2차 세계대전 발발 일로 다루고 있다.(사진 : Bundesarchiv, Bild 183 - S55480)

는 최악의 상황을 맞이하면서 폴란드는 한 달도 못되어 독립한 지 불과 20년 만에 패망을 맞는 신세가 되었다.

하지만 이것은 폴란드가 제2차 세계대전 내내 겪어야 할 비극에 비하면 그래도 순간에 불과했다. 폴란드는 국민 중 상당수가 슬라브인들과 유태인들이었는데 이들은 나치의 인종 탄압 대상이었다. 전쟁 내내 학살을 당했고 전선의 등락에 따라 피해가 눈덩이처럼 불어났다. 소련군의 포로가 되었던 폴란드 지도층 2만 2,000여 명이 카틴Katyn 인근의 숲에서 학살당한 비극처럼 소련으로부터도 많은 피해를 입었다. 이 비극은 2007년에 〈폴란드의 비극〉이라는 영화로 만들어지기도 했다.

결국 1945년 해방 당시에 폴란드는 총 600만 명 이상의 인명 피해와 국부의 40퍼센트가 사라지는 물적 피해를 입었다. 노골적으로 확장했

폴란드는 제2차 세계대전 내내 혹독한 독일의 지배를 받았다. 1944년 바르샤바 봉기 당시 독일은 도시의 80퍼센트를 파괴하며 저항 세력을 굴복시켰다. (사진 : M. Swierczynski, public domain)

던 영토도 전후에 많은 지역을 상실했고 인위적으로 국경이 서쪽으로 이동하는 수모까지 당했다. 역사에 만약이라는 것은 없다지만 신생 폴란드가 허황된 대외 팽창 정책보다 주변과의 관계를 원만히 하고 힘을 모아 국력을 키우는 방향으로 나갔다면 결과는 어떠했을까?

물론 독일과 소련을 능가할 정도의 강대국은 아니었을지 모르겠지만 주변을 모두 적성국으로 만들어 힘없게 무너지는 최악의 사태로 만들며 그리 쉽게 침탈을 허용하지는 않았을 것이다. 호기를 긍정적인 방향으로 살리지 못하고 오히려 과대망상에 빠져 결국 20년 만에 패망한 폴란드의 교훈은 시대와 국가를 초월한 반면교사다. 하지만 한편으로는 욕심 많은 독일과 소련 또한 설령 폴란드의 전쟁 도발이 없었다 하더라도 폴란드를 가만히 내버려두지는 않았을지도 모른다.

뭐라고?
해군이라고?

오늘날 합동군의 형태를 취한 국가라 하더라도 각론으로 들어가면 육·해·공 삼군 체제가 있다. 작전을 펼치는 공간에 적합하도록 군을 편제하다 보니 그렇게 된 것이다. 그러나 내륙국의 경우 필요 없는 군이 하나 있는데 바로 해군이다. 당연히 바다가 없다면 해군을 논할 수 없기 때문이다. 종종 호수를 경비하기 위한 수상 전력을 보유하는 경우도 있지만 이는 전통적 의미에서 해군이라 할 수 없다.

스위스 동쪽에 있는 오스트리아도 구조적으로 해군을 보유할 수 없는 알프스 인근의 내륙국이다. 그런데 이 나라가 한때 해군을 운용했던 적이 있었다. 그것도 대양 해군의 상징이라 할 수 있는 거대한 드레드노트Dreadnought 전함도 보유했을 만큼 거대한 규모였다. 이는 다시 말해 오스트리아가 지금과 같은 작은 내륙국이 아니었다는 의미다.

지금이야 그저 잘사는 중소 국가라고 생각하지만, 100년 전만 하더라도 오스트리아는 세계사의 당당한 주역으로 유럽 5대 강국으로 군림하던 대국이었다. 특히 오스트리아를 통치하던 합스부르크Habsburg

Haus 가문은 가톨릭 유럽의 유일 황실이었다. 나폴레옹이 황제에 오를 때 오스트리아 황제를 폐하고 로마 교황을 윽박질러 황제 자리를 선양받는 형식을 취했고 전통 승계의 명분으로 합스부르크 가문의 여자를 아내로 맞이했을 정도였다.

절정기의 합스부르크 가문의 위용은 그야말로 대단했다. 오스트리아와 독일 제후국의 왕위는 물론 스페인, 포르투갈, 헝가리, 시실리, 나폴리, 사르데냐의 왕들이 이 가문 출신들이었다. 제국주의 시대에 들어서면서 오스트리아는 적극적인 대외 팽창에 나섰던 영국이나 프랑스, 러시아 등에 비해 국력이 급속도로 쇠퇴했지만 19세기에는 저 멀리 멕시코의 황위까지 가지고 있었을 정도였다.

멕시코는 1821년 독립 전쟁을 이끈 아구스틴 1세Agustín I를 황제로 옹립해 제정을 실시한 적이 있기는 했지만, 대부분 공화정 체제를 유지하고 자국민에 의한 통치 체계를 유지했다. 그런데 1861년 외세에 의해 제정이 부활하게 된다. 제1차 세계대전 개전 당시 오스트리아－헝가리제국 황제였던 프란츠 요세프Ferenc József의 친동생인 막시밀리아노Maximiliano가 황제가 되면서 제2제정을 개시했다. 그는 오스트리아 해군에서 복무하다가 멕시코 지배를 노리던 프랑스 나폴레옹 3세에 의해 멕시코 황제가 되었다.

제국주의 시대에 들어서면서 적극적인 대외 팽창에 나섰던 영국과 프랑스, 러시아 등에 비해 오스트리아의 국력이 쇠퇴했다고는 하지만 100년 전 제1차 세계대전 발발 당시까지만 해도 강대국의 위치를 점하고 있었다. 당시에는 이민족과의 합종연횡合從連橫을 통한 '오스트리아－헝가리제국'을 구성해 중남부 유럽의 지배자로 군림했다. 이때 이탈리아와 발칸 반도 사이에 있는 아드리아 해Adriatic Sea를 접하고 있

제1차 세계대전 직전 지중해에서 작전을 펼치던 오스트리아-헝가리 해군. 거대한 테게트호프급 전함이 함대를 이끌고 있다.(사진 : public domain)

었다.

당시 오스트리아는 이곳을 통해 지중해에서 활약한 작지만 강력한 해군을 보유했다. 4척의 테게트호프급 전함을 비롯한 10여 척의 장갑 순양함을 운용해 나름대로 충실한 전력이었다. 이처럼 아드리아 해를 제국의 해상 출구로 유지하고자 했던 오스트리아의 정책은 이곳으로 진출하려는 세르비아와의 충돌을 불러왔고 결국 제1차 세계대전 발발 원인 중 하나로 등장했다.

비록 전쟁 중에 강력한 연합국 함대에 막혀 인상적인 활약을 보여 주지는 못했지만 오스트리아 해군은 당시 지중해에서 작전을 펼칠 수 있었던 동맹국의 유일 전력이었다. 1965년 제작된 뮤지컬 대작인 〈사운드 오브 뮤직The Sound Of Music)에서도 이러한 내용을 엿볼 수 있다. 주인공 폰 트랩은 나치로부터 현역으로 복귀하라는 압력을 받는데 그는 오스트리아 예비역 해군 대령이었다.

제1차 세계대전의 패전과 전후 민족자결주의에 입각한 국제질서 재편의 결과 합스부르크 가문이 지배하던 오스트리아는 제국 내 피지배 민족들의 독립을 허용하고 오늘날 같은 내륙 산악국으로 찌그러지는 운명을 맞이하게 된다. 그 후 나치의 침탈과 제2차 세계대전에 따른 분단, 그리고 영세 중립을 조건으로 간신히 독립했던 오스트리아를 보면 강대국의 몰락도 한순간이라는 것을 알 수 있다.

평화,
그 투쟁의 역사

각종 군비 관련 자료를 보면 스위스의 최근 총 병력은 12만 명에 즉시 동원이 가능한 예비군이 약 10만 명 정도라고 나온다. 거기에다가 최강의 전차로 평가받는 레오파드 2 같은 최신예 무기로 충실히 무장하고 있다. 인구 800만 명, 우리나라의 반 정도 되는 작은 국토에 그것도 주변에 위협을 줄 만한 잠재 적국도 많지 않은 나라가 이렇게 큰 규모의 군비를 갖추었다는 사실이 놀랍지 않은가?

그나마 대규모 감군 이전인 1990년대 말까지 유지하던 현역 30만 명, 예비군 30만 명에 비하면 많이 축소된 숫자다. 이웃한 독일, 프랑스, 이탈리아, 영국 같은 강대국이 약 30만 명 내외 규모의 군대를 보유하고, 준전시 상태인 이스라엘이 15만 명 정도의 현역을 보유하고 있는 것과 비교한다면 결코 밀리지 않는 전력이다. 막연히 연상하는 평화 이미지가 큰 영세 중립국과 이런 모습은 언뜻 이해하기 힘든 부분이다.

하지만 스위스의 평화는 절대 거저 얻어진 것이 아니다. 영세 중립은 다자간의 국제 조약에 의해서 외교적으로 인정받는 것이지만, 그렇다고 침략을 받을 때 반드시 국제사회가 달려와 도와준다고 가능한 것도 아니다. 양차 세계대전 당시 '우리는 중립국이니 침략하지 말라!'고 아무리 소리쳐도 소용없었던 베네룩스 3국의 예만 보아도 스스로의 중립을 유지할 수 있는 능력이 있어야만 자신들의 평화를 지킬 수 있다.

단지 현재 시점에서 볼 때 주변에 적대 세력이 없어 보이는 것뿐이지 사실 스위스는 주변 강대국들로부터의 침탈을 피하기 힘든 지정학적 위치에 놓여 있어서 역사적으로 보면 수시로 침탈을 당해왔다. 스위스인들은 역사가 준 교훈을 잊지 않고 중립과 평화를 지키기 위한 노력을 게을리하지 않았다. 다음은 바로 이러한 노력을 보여주는 스위스 국민의 기록이다.

■ 1315년 모르가르텐 전투 Battle of Morgarten

스위스의 4개 주(칸톤)가 연합해 오스트리아로부터 독립을 선언하자 이를 막으려 출병한 오스트리아의 레오폴드 1세 Leopold I의 대군을 모르가르텐 계곡 인근의 애게리 Ägeri 호수에 수장시킨 전투다. 스위스 역사상 최초의 승리였고 이후 무장을 통한 적극적 자위 정책이 시작되었다.

■ 1386년 젬파흐 전투 Battle of Sempach

4개 주(칸톤)가 자치권을 획득하자 이에 고무된 주변 지역이 스위스 연방에 합세하려 했고 이를 막으려는 오스트리아와 다시 충돌이 벌어졌다. 연방의 대승으로 전투는 종결되었고 그 결과 오늘날의 스위스

낭시 전투에서 패한 부르고뉴 공작 샤를Charles의 시신을 수습하는 장면을 묘사한 그림.(사진 : public domain)

국토가 거의 완성되었다. 스위스 독립의 기념비적 전투로 알려져 있다.

■ 1477년 낭시 전투Battle of Nancy

프랑스는 오스트리아와 더불어 스위스의 독립을 방해하던 세력이었다. 프랑스 지역에 자리 잡은 부르고뉴 왕국Duché de Bourgogne이 스위스를 합병시키려고 침략을 개시하면서 2년간에 걸친 전쟁을 벌였는데 스위스는 낭시에서 침략군을 전멸시켰다.

■ 17세기 30년 전쟁

30년 전쟁은 신성로마제국을 중심으로 신교와 구교 간에 벌어진 당대의 세계대전이었다. 당시 스위스 또한 신교와 구교로 나뉘어져 있었지만 이 거대한 전쟁에 휩쓸리지 않고자 대외 중립을 표명하고 군대를 국경으로 보내어 철통 경비를 하면서 전화가 스위스 내부로 밀려오는 것을 차단했다. 이때부터 무장 중립의 전통을 세우게 되었다.

■ 1847년 기욤 앙리 뒤프르Guillaume Henri Dufour의 통일

기욤 앙리 뒤프르는 나폴레옹 시대 몰락 후 스위스의 통일을 이룩한 군사 영도자다. 그는 전투 중 단 한 번의 패배 없이 외세인 오스트리아와 프로이센 세력을 무력으로 축출해 분열된 스위스를 재통일하고 독립을 수호했다.

■ 1870년 보불전쟁

보불전쟁이 발발하자 스위스는 무력의 대부분을 프랑스－독일－스위스 국경에 집중 배치해 외세의 침탈에 대비했다. 실제로 파리가 독일에 포위되자 프랑스는 스위스를 통과해 독일의 배후를 치고자 했지만 자국의 영토가 전쟁터가 되는 것을 피하려는 스위스의 강력한 반대에 눌려 실패했고, 그 결과 스위스는 중립을 지켜냈다.

■ 제1차 세계대전

보불전쟁 당시처럼 전쟁에 말려들어가지 않도록 병력을 프랑스－독일－스위스 국경 일대에 배치해 중립을 지켜냈다. 같은 시기에 영세 중립을 표방했지만 제대로 국방력을 키우지 못해 독일의 침략으로 국토가 쑥대밭이 되어버린 벨기에와 극명히 대비되는 결과를 가져왔다.

훈련 중인 스위스군 기계화 보병의 모습. 스위스는 영세 중립국이지만 무장을 통해서 자국의 중립을 수호하고 있다. (사진 : public domain)

■ 제2차 세계대전

히틀러가 동맹국 이탈리아로 가는 최단 통로를 확보하기 위해 스위스를 접수할 생각을 하자 스위스 국민들은 앙리 기장Henri Guisan 장군의 영도하에 똘똘 뭉쳐 최악의 경우 터널과 도로를 파괴하면서 강력하게 저항하겠다는 의지를 보여 히틀러의 침략 욕구를 포기하게 만들었다. 덕분에 사방이 추축국에 포위되었음에도 끝까지 독립을 유지할 수 있었다.

위에서 열거한 전투나 에피소드는 오늘날까지도 단단한 자위 무장을 통해 중립을 지켜온 스위스의 수많은 투쟁 중 극히 일부다. 스위스는 자국을 침략한 외세에 끝까지 저항했고 대부분 승리를 거두어 스위스의 무장 중립을 인정하게끔 만들 수밖에 없는 투쟁을 벌여왔다. 오늘날도 무장 중립 정책은 계속되고 있다.

평화는 결코 거저 얻을 수 있는 것이 아니라 준비된 힘이 있어야 지킬 수 있는 것이다. 고려에 대한 거란의 침략 야욕을 결정적으로 포기하게 만든 것은 서희의 입이 아니라 강감찬의 힘이었다. 물론 서희의 입은 힘으로도 대적할 수도 있다는 자신감이 내포되었기 때문에 가능한 것이었지만, 결국 힘을 통해 항구적인 평화를 얻어내었다.

병자호란 때처럼 힘도 없으면서 모화사상慕華思想에 물들어 입으로만 평화를 원한다고 해보았자 그 결과가 어떠한지는 역사가 알려주고 있다. 평화를 지키기 위해 중립을 표명하면서도 철저한 무장을 통해 스스로를 지켜온 스위스의 노력은 앞으로 우리가 어떻게 나가야 할지를 알려주는 좋은 본보기다.

· · · · ★ · · · ·

제4장

진정한 승자도 완전한 패자도 없는 전쟁
- 서부전선에서의 실책들

· · · · ★ · · · ·

30만 명이 목격한 최후

바다에서의 기묘한 전쟁

1938년 나치가 체코슬로바키아의 수데텐란트Sudetenland를 요구하며 유럽을 전쟁의 공포로 몰아넣었을 때 영국과 프랑스는 약소국의 주권을 무시하고 독일의 요구를 수용했다. 그들은 전쟁을 막았다고 자화자찬했지만 불과 1년도 되지 않은 1939년 9월 1일 독일이 폴란드를 전격 침공하며 전쟁을 일으키자 그때서야 잘못된 결정이었다는 사실을 깨달았다. 그동안 깡패를 달래기에만 급급했던 영국과 프랑스는 마침내 침략자에게 선전포고를 했다. 이때가 제2차 세계대전이라는 참화를 막을 수 있는 결정적 순간이었다. 하지만 연합군은 끝내 아무런 행동도 취하지 않았다. '이제부터 전쟁이다'라고 외치기는 했으나 정작 군사적 행동을 하지 않는 이상한 모습을 보였고 그것은 독일 측에 큰 도움이 되었다. 이때부터 1940년 5월 독불전쟁이 개시될 때까지의 기간을 흔히 가짜 전쟁Phony War이라고 한다.

독일 해군의 포켓 전함인 그라프 슈페 제독함. 독일 해군이 베르사유 조약의 제한 범위에 맞춰 장갑을 줄이기는 했지만 화력은 강화시켜 공격력을 극대화한 중순양함으로 11인치 주포主砲 6문을 보유하고 있다.(사진 : Bundesarchiv, DVM 10 Bild‐23‐63‐06)

국경을 마주한 프랑스와 독일이 육지에서 싸우지 않는다고 바다에서 적군과 마주쳤을 때 그냥 소리로만 "너 맞고 싶냐?" 하면서 으르렁거리기만 할 수도 없는 노릇이었다. 일부러 피해 다녔던 것은 아니었지만 선전포고가 이뤄진 이상 양측 해군의 전투함이 바다 위에서 마주치면 당연히 싸워야 했다. 그런데 정작 독일 해군은 제2차 세계대전 개전 당시에는 전쟁 준비가 되어 있지 않았다.

왜냐하면 독일은 베르사유 조약과 연합국의 감시로 인해 오랜 기간 해군력을 발전시킬 수 없었기 때문이었다. 20세기 초에 독일은 공개적으로 영국 해군에 도전을 선언하고 세계 2위 수준의 강력한 해군을 보유한 적도 있었지만 제1차 세계대전에서 패전한 후 순식간에 연안 해군으로 몰락하면서 이런 격차를 단숨에 만회하기 힘들었다.

비록 히틀러가 조약을 파기하고 재군비에 나섰지만 함정 건조에 많은 시간과 자본이 요구되는 해군력은 단기간에 확충할 수 없었다. 1930년대 중반에 해군력 증강을 위해 수립한 Z계획이 그나마 차질 없이 진행되어도 1945년에나 영국 해군을 상대로 겨우 전쟁을 펼칠 만한 최소한의 전력을 구축할 수 있던 상황이었다.

독일 잠수함대의 활약이 뛰어나기는 했지만 이것만으로 바다를 장악할 수는 없는 노릇이었다. 제해권 확보를 위해서는 튼튼한 수상함 전력이 필요한데 독일은 수상 전력이 절대적으로 모자랐다. 더구나 세계 최강의 영국 해군 함정들이 우글거리는 인근 해역에서 작전을 펼치는 것은 너무나 위험했다. 하지만 섬나라 영국에 해양 수송로는 그야말로 생명선이므로 어찌되었든 전쟁이 벌어진 이상 무조건 독일은 이를 차단해야 했다.

영국은 전통적으로 바다라는 보호막을 발판으로 외침으로부터 스스로를 보호하는 능력을 극대화시켜 온 나라였다. 하지만 엄밀히 말해 외부와 통하는 바닷길이 차단된다면 고립되어 말라죽을 수밖에 없는 구조이기도 했다. 당시의 독일 해군력으로는 영국으로 향하는 모든 바닷길을 막을 수는 없었지만 노력 여하에 따라 상당히 제한할 수는 있었다.

독일은 영국 군함이 적어서 상대적으로 안전한 원양으로 나가 영국으로 향하는 상선을 공격하는 작전을 세웠다. 독일 해군의 아드미랄그라프 슈페Admiral Graf Spee 제독함(이하 슈페함)도 그러한 작전을 수행하는 포켓 전함이었다. 슈페함은 대서양에서 영국으로 가는 길목에 숨어 있다가 상선들을 공격해 영국의 보급로를 차단함과 동시에 연합국 해군이 상선들을 보호하기 위해서 전력을 분산시키도록 교란 작전을 수행했다.

슈페함은 1939년 11월 말까지 주로 남대서양 일대에서 치고 빠지는 전법을 구사했다. 영국 해군이 막강하기는 했지만 그렇다고 모든 상선단을 완벽하게 호위할 수 없는 노릇이었다. 슈페함은 클레멘테Clemente, 뉴튼비치Newton Beach, 드렉스타Drek Star, 타이로어Tylor 등 10여 척의 상선을 수장시키며 영국에 피해를 입히는 데 성공했다. 그런데 비록 비무장 상선들을 격침시키는 일을 했지만 슈페함의 함장 한스 랑스도르프 Hans Langsdorff 제독은 나치즘에 물들지 않은 진정한 군인으로 평가받는 인물이었다. 슈페함은 수송선을 격침시키기 전에 무슨 이유로 귀선을 격침시켜야 하는지 경고 방송을 수차례 하고 선원들이 안전하게 탈출할 수 있는 시간을 준 후 격침시켰다. 그리고 구조한 선원들을 민간 포로로 취급하여 주변 항구에 가서 즉시 석방하는 등 대우도 잘 해주었다.

여담으로 히틀러가 해군에 대해 무지했고 전력이 워낙 뒤처져서 처음부터 큰 기대를 하지 않았던 관계로 독일 해군은 3군 가운데 정치적으로 오염이 가장 덜했던 것으로 알려진다. 따라서 프로이센 해군 이래로 자부심을 그대로 유지할 수 있었고 교전에 임했을 때도 이런 전통을 유지했다. 하지만 아무리 그렇다고 하더라도 슈페함에 피해를 당한 영국의 입장에서 그것은 전혀 별개의 문제였다.

대서양 멀리서 들려오는 자국 상선들의 연이은 격침 소식에 열을 받은 영국은 대규모 함대를 긴급 편성하여 슈페함을 쫓기 시작했다. 그런데 1939년 12월 13일, 복수심에 불타 남대서양 라플라타 강 하구를 항해하던 영국 함대 3척을 공교롭게도 슈페함이 먼저 발견했다. 랑스도르프 함장은 은밀히 접근하여 기습 포격을 가하도록 명령했다.

제독의 결심

자료마다 차이는 있지만 랑스도르프가 어떤 이유에서 선제공격을 했는지는 여전히 의문으로 남는다. 독일의 이러한 선제공격이 결코 현명한 판단이 아니었기 때문이다. 당시 슈페함은 화력이 강화된 포켓전함이기는 했지만 방어력은 취약했으므로 영국 함대로부터 포격을 받으면 불리할 수밖에 없었다. 따라서 초전에 기습적으로 일격을 가해 상대를 제압하면 승산은 있겠지만 슈페함이 영국 함대에 비해 수적으로 1 대 3이라는 절대 열세인 상황이었다.

설령 한 척을 먼저 제압한다고 해도 나머지 함들로부터 반격을 받을 것은 불문가지이므로 승리를 장담하기 어려웠다. 적함을 침몰시키

라플라타 해전을 지휘한 한스 랑스도르프 제독의 장례식. 나치즘에 물들지 않았던 군인으로 그의 장례식에는 교전국에서도 조문을 왔다.(사진 : public domain)

는 것도 물론 필요하지만 당장 한 척의 군함도 아쉬웠던 독일 입장에서 자국의 함선을 보존하는 것이 훨씬 중요했다. 그렇기 때문에 군함을 맞교환할 수도 있는 상황에서 전투를 벌인다는 것은 독일 해군 전체로 볼 때 득이 되지 않는 일이었다.

독일 해군이 처음 수립한 계획대로 영국 해군을 피해 도망 다니면서 계속 상선을 공격하는 것이 현명한 전술이었고 당연히 그렇게 해야 했다. 경우에 따라서 영국 해군과 일전을 벌일 필요도 있겠지만 그때 당시의 상황은 결코 그런 경우가 아니었다. 하지만 무슨 이유에서인지 랑스도르프는 슈페함만으로 3척 규모의 영국 함대를 공격했다. 상선만 공격해온 것이 그의 자존심을 건드렸다는 주장도 있지만 그것은 이유가 될 수 없다.

어쨌든 수적 불리함에도 불구하고 슈페함의 선제공격으로 전투가 개시되었고 기습적으로 피격을 당한 영국 순양함 엑시터HMS Exeter가 타격을 입고 퇴각할 수밖에 없었다. 이것만 놓고 본다면 기습은 성공적이었지만 그것이 이 전투의 끝이 아니었다. 곧바로 함께 항진하던 순양함 아킬레스HMS Achilles와 애이직스HMS Ajax의 호된 반격이 개시되었다. 이러한 대응은 영국 해군답게 당황하지 않고 신속히 이루어졌다.

사실 이때도 퇴각하기에 결코 늦은 것은 아니었다. 신속히 뱃머리를 돌려 전투 공역을 빠져나가는 것이 슈페함이 선택할 수 있는 전술이었음에도 무슨 이유에서인지 무모할 정도로 맞대응에 나섰다. 아킬레스와 애이직스는 속도를 내어 양측으로 산개하면서 슈페함의 공격을 분산시키며 양측에서 공격을 가했고, 이틈을 타서 위기에 빠진 엑시터가 안전지대로 물러났다. 상황은 역전되어 슈페함에 급속히 불리하게 돌아갔다.

특히 슈페함의 취약한 장갑이 취약했던 포탄을 주고받는 타격전에서 상당히 불리한 요소로 작용했다. 포켓 전함의 약점이 드러나는 순간이었다. 불리한 가운데서 이들과 호각의 접전을 벌인 슈페함은 영국 순양함들에 적지 않은 피해를 입혔으나 이 전투로 무려 20여 발의 명중탄을 연이어 얻어맞고 37명이 전사하는 피해를 입었다.

더 이상의 교전은 무리였고 슈페함은 어쩔 수 없이 교전 지역 인근에 있던 우루과이의 몬테비데오 항으로 급히 철수했다. 12월 14일 몬테비데오 항에 입항한 슈페함은 부상자 이송과 수리를 시작했다. 당시에는 교전 중 긴급한 상황이 발생한 군함이 중립국에 피난은 가능하나 24시간 이상 머무를 수 없다는 조약이 있었기 때문에 슈페함은 다시 공해로 나설 수밖에 없었다.

비록 우루과이 주재 독일 대사의 노력으로 시간을 72시간으로 연장을 하기는 했으나 그 이상은 어려웠다. 우루과이 입장에서는 영국 또한 무시할 수 없는 나라였기 때문이었다. 더욱이 항구 밖 공해상에는 이를 갈고 있던 영국 함정들이 하나둘 집결하여 슈페함 맞을 준비를 하고 있었다. 하지만 당시 집결한 영국 해군은 슈페함을 잡을 만한 화력을 가지지는 못했고 후속 전함들이 열심히 달려오고 던 중이었다.

그러나 영국은 주변의 모든 해군력이 몬테비데오 앞에 이미 집결되었다는 마타도어성 거짓 정보를 흘려 슈페함이 공해로 빠져나올 수 없게 잡아두는 전술을 사용했다. 실제로는 슈페함과 주먹을 섞었던 영국 함대들도 많은 피해를 입어 최후의 일격을 가하는 데 힘겨운 상황이라 후속 함대를 목 빠지게 기다리고 있었다. 만일 이때 랑스도르프가 전황을 제대로 파악했다면 탈출할 수 있었을지도 모른다.

이렇게 시간을 벌어두고 전력을 확충하려는 영국의 작전에 속아 절

자침을 선택한 후 폭발하여 서서히 침몰 중인 슈페함. 부하들의 무의미한 희생을 막기 위한 고육지책이었다. (사진 : public domain)

망적인 상황으로 판단한 랑스도르프는 중대한 결정을 내리고 본국에 전문을 보냈다. 1936년 12월 17일 독일과 영국 해군의 대결을 구경하기 위해 무려 30만 명의 우루과이 국민들이 주변에 집결했고 이들이 보는 가운데 랑스도르프는 독일 상선에 700여 명의 승무원과 물자를 인계한 후 슈페함을 몰고 앞바다로 서서히 출항했다.

그러나 30만 명의 관객들이 본 것은 건곤일척의 해전이 아니라 굉음을 내면서 자침하는 슈페함의 최후였다. 그로부터 나흘 후, 나치를 내심 경멸했던 랑스도르프는 프로이센 때부터 전해 내려오는 독일제국 해군기로 몸을 감싼 채 권총을 쏴 자살했다. 워낙 전통 무인으로 알려진 그였기 때문일까 몬테비데오 현지 장례식에는 슈페함을 포위했던 연합군 함장들까지 조문했다.

인류 역사상 최다 관중들이 지켜보았던 슈페함의 자침은 참 군인이 지휘했던 용감한 전투함의 비참한 최후였다. 비록 거짓 정보에 속아 공해로 나가서 영국 군함들과 최후의 결전을 벌이지 않아 관람객들의 맥을 빠지게 만들었지만, 부하들의 쓸데없는 죽음을 막기 위해 내렸던 용단과 목숨을 걸고 배와 운명을 같이한 랑스도르프의 행적은 적군의 지휘관들에게도 귀감이 되는 사례로 세계 해군사에 전해지고 있다.

철옹성,
마지노선의 허실

방어가 최고라는 믿음

1939년 10월 6일, 코크 일대에서 간헐적 저항을 펼치던 폴란드군 잔존 부대가 항복하면서 독일의 침공전은 한 달 만에 막을 내렸다. 이제 세계는 독일의 다음 목표가 프랑스가 될 것임을 명확히 알고 있었다. 제1차 세계대전 종전 후 베르사유 조약이라는 가혹한 멍에를 씌워 독일을 패전국의 나락으로 몰아넣는 데 가장 앞장을 선 프랑스에 대한 독일의 원한이 컸기 때문이다.

독일의 폴란드 침공 직후인 1939년 9월에 프랑스가 독일에 선전포고를 했으므로 이들은 이미 교전 상태였지만 가능한 한 실전은 최대한 삼가고 있었다. 가장 큰 이유는 지난 전쟁 당시 서부전선에서 겪었던 참혹한 경험 때문이었다. 양측 모두 1914년 기준으로 20~30세 남성 가운데 무려 70퍼센트가 죽거나 다치는 악몽을 겪었다.

여러 이유가 있었지만 워낙 비슷한 전력으로 팽팽히 맞서다 보니 벌어진 결과였다. 1940년 5월을 기준으로 상황은 그때와 비슷했는데, 프랑스는 세계 최강으로 평가되는 강력한 육군을 보유했고 여기에 더해 세계 최강의 해군을 보유한 영국이 힘을 보태고 있었다. 하지만 쉽게 승리를 장담하지 못할 만큼 독일도 강했다. 서로의 전력에 대해 잘 알고 있는 처지라 전면전 시 예상되는 엄청난 피해는 불 보듯 뻔했기 때문에 몸을 사리고들 있었던 것이다.

독일 군부는 히틀러의 닦달에도 불구하고 아홉 차례나 프랑스 침공을 이런 저런 이유로 기피했다. 연합군도 먼저 공격할 생각은 추호도 없었지만 그래도 독일의 공세가 있다면 현 상태를 고수할 자신은 있었다. 이처럼 양측 모두 공격을 주저했지만 연합군이 그나마 방어에 자신을 갖은 가장 큰 이유는 바로 독일과 프랑스 국경을 따라 건설된 마지노선Maginot Line 때문이었다. 하지만 결론적으로 마지노선은 독일군이 대승을 거둔 이유가 되었다.

제1차 세계대전, 특히 4년간 쉼 없이 벌어진 지옥의 서부전선은 이후 군사 전략에 커다란 영향을 끼쳤다. 1914년 9월 마른Marne에서 회심의 일격을 가한 프랑스의 반격으로 독일의 진격이 멈추었을 때만 해도 전선의 정체는 단지 일시적인 것이라 생각했다. 그러나 일단 한번 진격이 멈추자 그 자리에 참호를 파기 시작했고 시일이 지날수록 참호는 더욱 깊고 단단해졌다. 그리고 어느덧 양측 참호 사이는 끔찍한 살육의 장으로 바뀌었다.

참호를 뛰어나와 앞으로 내달린 수많은 병사들이 적국에서 난사하는 기관총탄과 포격에 사라져가기를 반복했다. 불과 몇백 미터를 전진하기 위해 수년 동안 몇백만 명이 죽거나 다치는 일상이 반복되었지만 전쟁 상황은 계속 제자리에 머물렀다. 이를 극복하려 전차 같은 새

참호에 몸을 숨기고 전방을 관측하는 프랑스 병사들의 모습. 이런 대치 끝에 승리한 프랑스는 방어가 최고라고 생각하게 되었다.(사진 : Agence Rol, public domain)

로운 무기가 등장했지만 대세를 바꾸는 데는 소용이 없었다. 그렇게 나폴레옹 전쟁 이후 계속되어온 공격 제일주의가 종언을 고했다.

이제 프랑스의 군사사상은 상대가 아무리 거세게 공격을 가해도 이를 막아낼 수 있으면 결국 승리한다는 '방어 제일주의'가 되었다. 이에 따라 전후 그들이 선택한 기본 국방 정책은 거대한 장벽으로 국경을 완전히 차단하는 것이었다. 그들은 적의 공격으로부터 아군을 최대한 안전하게 보호할 수 있도록 방어막을 더욱 깊게 파고 이를 단단히 하면 차후에도 승리를 얻게 된다고 맹신했다.

이런 구상을 처음 제안한 인물은 프랑스군 총사령관이었던 조제프 조프르Joseph Joffre였고 페탱을 비롯한 많은 이들이 이에 동조했다. 반면 장차전은 기갑부대와 공군이 주역이 될 것이므로 고착화된 구조물이 필요 없다고 주장한 이들도 있었는데 샤를 드골Charles de Gaulle과 이후 수상이 되는 폴 레노Paul Reynaud가 그랬다. 하지만 끔찍한 경험을 겪었던 프랑스에서 이들의 의견은 소수로 취급되었고 국방장관 앙드레 마지노André Maginot의 주도로 1927년부터 건설이 시작되었다.

베르됭Verdun 전투 당시에 혈전의 무대였던 두오몽Douaumont 요새처럼 국경 인근 주요 거점에 요새를 축성하는 것은 오래전부터 있었던 일이었지만 마지노선은 차원이 달랐다. 자급자족이 가능한 작은 도시처럼 외부와 단절되더라도 장기간 항전을 지속할 수 있는 거대한 요새를 주요 서섬마다 만들고 이를 지하로 연결하는 것인데, 지형지물로 인해 일부 끊긴 부분도 있지만 스위스에서 북해까지 장장 750킬로미터가 이어질 예정이었다.

엄청난 건설비 때문에 큰 부담이 가는 대규모 역사였지만 지난 전쟁에서 한 세대가 사라지다시피 한 고통을 겪었던 프랑스에서 그다지 반대는 없었다. 나치의 등장과 더불어 정세가 심상치 않게 돌아가자 건설에 더욱 박차를 가했고, 1936년 프랑스와 독일이 직접 맞닿은 국경 일대에 350킬로미터의 방어선을 먼저 완공했다. 독립적으로 작전을 펼칠 수 있는 요새 142개와 포대 352개, 그리고 5,000여 개가 넘는 벙커를 촘촘히 설치했다.

엄청난 반전

암반을 뚫고 만들어진 요새는 그곳에 상주하고 있는 병력들의 안전을 지킬 수 있게 어지간한 포격이나 폭격을 이겨낼 수 있을 정도로 든든하게 축성했고 대구경 포를 비롯한 다양한 무기를 곳곳에 배치했다. 마지노선 전방의 독일이 대규모 기동로로 이용할 수 있는 곳곳에는 대전차 장애물을 비롯한 각종 방어시설을 설치하여 원거리에서부터 적을 순차적으로 차단할 수 있게 했다.

이곳으로 진격을 한다는 것은 독일 입장에서는 자살 행위와 다름 없었다. 이후 사상 최대의 거포인 구경 800밀리미터 구스타프Schwerer Gustav나 구경 600밀리미터의 칼Karl-Gerät 자주박격포 같은 괴물이 등장

알자스 지방의 쇤넨부르크Schoenenbourg 요새 출입구. 대부분의 시설은 지하에 구축되어 있다.(사진 : John C. Watkins V, public domain)

하게 된 이유도, 그리고 앞서 언급한 것처럼 히틀러의 닦달에도 불구하고 독일 군부가 프랑스 침공전을 극도로 꺼렸던 이유도 바로 이것 때문이었다. 당연히 프랑스 국민들은 마지노선이 독일의 외침으로부터 안전하게 프랑스를 지켜줄 것이라고 믿었다.

마지노선에는 전투 공간뿐 아니라 대규모 병력이 상주하여 생활할 수 있는 기반 시설이 완벽히 구비되어 있었다. 특히 전력, 급수, 배수, 공조, 통신 및 요새 간 이동 시설은 당대 최고의 기술이 집약되었다. 이를 위해 당시 화폐 기준으로 160억 프랑이라는 어마어마한 자금이 투입되었는데 이 때문에 공군력을 비롯한 여타 전력의 확충에 실패하여 전쟁에 패하게 되었다는 평가까지 나올 정도였다.

그런데 원래 예정선의 중간이라 할 수 있는 룩셈부르크에서 마지노선은 단절되었다. 제1차 세계대전 당시에 같은 편이었던 프랑스와 벨기에 사이의 국경에 굳이 요새를 구축할 필요가 없다는 생각도 있었지만 가장 큰 이유는 바로 비용이었다. 사실 당시는 정치적 혼란기에다가 대공황 여파로 경제 상황도 좋지 않아 축성에 내적 어려움이 많던 시기였다. 결국 프랑스와 벨기에 사이는 진지 같은 비교적 단순한 방어선만 구축했다.

그런데 마지노선에 의한 프랑스 – 독일 국경의 단절과, 프랑스 – 벨기에 국경 사이의 공간은 전쟁이 재발된다면 독일이 진격할 루트가 이미 정해져 있음을 뜻하는 것이었다. 독일은 제1차 세계대전 당시처럼 독일 – 프랑스 국경을 피해 북부의 벨기에를 통과해서 프랑스로 진격해야 했다. 따라서 프랑스는 주력을 벨기에 앞에 집중 배치하고 있다가 독일의 공격이 개시되면 벨기에로 진격하여 막아낼 전략을 수립해놓고 있었다.

독일의 기동전에 프랑스 일부 지역에서 간헐적인 저항이 있었지만 무의미했고 결국 항복할 수밖에 없었다.(사진 : Bundesarchiv)

하지만 정작 독일은 프랑스의 예상과는 달리 1940년 5월 10일 마지노선의 북쪽 끝인 아르덴Ardennes 고원 지대로 대규모 기갑부대를 통과시켜 연합군 주력을 일거에 포위하는 엄청난 기동전을 선보였다. 100만 명의 연합군 주력이 꼼짝 없이 쓰러질 때, 포위망 밖의 마지노선에 주둔해 있던 80만 명의 프랑스 제2집단군은 아무 역할도 하지 못했다. 고정된 진지를 포기하고 밖으로 나가 아군을 도울 수 없었던 것이다.

마지노선 정면에 위치한 독일 C집단군은 간헐적인 위협을 가하는 행동 이외에 계속 제자리에 머물고 있었기에 프랑스 제2집단군도 이를 의식해 계속 그대로 있어야 했다. 약 한 달 후인 1940년 6월 11일에 후방의 파리가 함락되던 순간에도 마찬가지였다. 앞쪽의 독일 C집단군의 동태만 지켜보고 있다가 결국 뒤에서 나타난 독일 A집단군에 의해 프랑스 제2집단군은 그저 그런 무의미한 저항만을 하다가 결국에는 항복할 수밖에 없었다.

한마디로 악몽 같은 참호전이 재발되더라도 완벽하게 자국의 병사들을 보호할 수 있다면 최종 승자가 된다는 고루한 교리에 집착해 나타난 어이없는 결과였다. 이 때문에 마지노선은 지상 최대의 무용지물로 비웃음의 대상이 되었다. 물론 마지노선 자체가 뚫린 것은 아니었지만, 이를 회피하여 승부수를 띄운 독일의 전략 때문에 이처럼 정작 중요한 순간에는 아무런 역할도 하지 못했던 것이다.

그런데 '오늘 국제유가가 마지노선으로 여겨지던 배럴당 ○○달러를 넘어 섰다', '여야는 올해 말을 마지노선으로 정하고 원내 통과를 완료하기로 합의했다'라는 예처럼 더 이상 양보하기 힘든, 또는 최후의 보루로 반드시 고수해야 할 목표임을 의미하는 단어로 마지노선이 많이 쓰인다. 하지만 지금까지 언급한 마지노선의 황당한 역사를 반추한다면 이는 잘못된 표현이라 할 수 있다.

실제로 마지노선은 최후의 보루가 아니라 적을 가장 앞에서 방어하는 최전선의 요새였다. 그러나 뚫릴 수 없다는, 또는 뚫려서는 곤란하다는 의미로 종종 사용되는 단어와는 달리 막상 전쟁이 발발했을 때 나라를 구하지 못하고 허무하게 종말을 맞이했다. 때문에 마지노선은 정작 필요할 때 자기 역할을 못한 경우를 의미하는 단어가 되어야 하는 것이 더 적절하지 않을까?

됭케르크의
미스터리

히틀러의 명령

1940년 5월 24일, 히틀러는 프랑스 샤르빌Charleville에 위치한 독일 A 집단군 사령부를 직접 방문하여 사령관 게르트 폰 룬트슈테트Karl Rudolf Gerd von Rundstedt에게 영불 연합군에 대한 공격을 중지하라는 기상천외한 명령을 내렸다. 당시 프랑스를 침공한 독일은 불과 보름 만에 총 30만여 명에 달하는 연합군 주력을 몰아붙여 영국 – 프랑스 해협 인근 북부 프랑스의 작은 도시인 됭케르크Dunkerque에 가둔 상태였다.

연합군은 도망갈 곳이 없었던 독 안에 든 쥐 신세였고, 이제 독일은 최후의 일격만 가하면 전쟁사에 보기 드문 엄청난 대승을 거둘 수 있는 감격스러운 순간이었다. 그런데 놀랍게도 승리를 목전에 두었던 바로 그 순간, 히틀러가 직접 나서서 공격을 멈추라는 명령을 내렸다. 이러한 히틀러의 한마디는 당연히 지휘부를 커다란 혼란에 빠뜨렸고 모두를 경악하게 만들었다.

제1차 세계대전에서 패했던 치욕을 한시도 잊지 않고 이날이 오기를 학수고대했던 독일 군부에 이는 그야말로 청천벽력 같은 명령이었다. 기갑부대를 몰고 진격에 앞장섰던 일선 장군들은 물론 육군 최고사령부OKH나 국방군 최고사령부OKW 같은 최고 지휘부의 요원들까지도 한목소리로 히틀러에게 반대 의견을 피력했다.

하지만 히틀러는 결정을 번복하지 않았고 3일이 지난 5월 27일에 재공격 명령이 하달될 때까지 독일의 맹공은 멈추게 되었다. 그런데 평소에 히틀러를 탐탁지 않게 생각하던 많은 장군들은 비록 불만이 컸음에도 명령을 따랐던 반면, 전쟁이 끝날 때까지 돌쇠처럼 히틀러에게 맹종하던 친위대의 요제프 디트리히Josepp Dietrich는 유일하게 총통의 명령을 어기는 아이러니를 연출했다.

그는 '친위 히틀러 경호연대LSSAH'를 계속 진격시켰다. 이렇게 튀는 행동이 총통에게 잘 보일 수 있는 절호의 기회라고 생각했기 때문이었다. 일개 연대의 단독적인 진격만으로 전선에 커다란 변화를 일으킬 수는 없었지만 그는 웜하우트Wormhoudt 전투에서 항복한 연합군 포로를 학살하는 악행을 범하여 친위대 최초의 전쟁 범죄 행위를 전사에 기록했다.

어쨌든 히틀러가 내린 공격 중지 명령은 됭케르크에 고립되어 최후를 눈앞에 두고 있던 30만 명의 연합군에게 천금 같은 시간을 벌어주었다. 이런 천우신조를 이용해 연합군은 도버 해협을 안전하게 건넜고, 6월 4일까지 영국으로 철수하는 데 성공했다. 승기를 잡고 있던 독일은 물론이거니와 풍전등화의 위기에 놓여 있던 연합군 스스로도 놀랄 만한 엄청난 반전을 이룬 그 유명한 '다이나모 작전Operation Dynamo'이었다.

도버 항 입항을 기다리는 됭케르크에서 철수한 영국군. 비록 간신히 몸만 빠져 나온 상태지만 얼굴에는 살았다는 안도감이 보인다.(사진 : Malindine E. G.(Lt), Puttnam L. A.(Lt), public domain)

후일 독일 측에서 이 정도의 대병력이 안전하게 철수하도록 방임했던 결과에 대해 두고두고 통탄하는 목소리가 쏟아졌다. 그리고 이렇게 영국으로 피신한 연합군 자원은 4년 후 노르망디로 다시 쏟아져 들어와 독일의 목에 비수를 겨누는 힘이 되었다. 전사를 보면 '왜 히틀러는 적들을 몰살할 수 있는 확실한 때에 공격 명령을 중지해 스스로 기회를 놓쳐버렸나?' 하는 물음표가 항상 따라다닌다.

이처럼 상식적으로 이해가 되지 않는 히틀러의 미스터리가 왜 벌어졌는지, 그리고 이와 관련하여 연합군이 어떻게 사지에서 안전하게 벗어날 수 있었는지는 전쟁사에 있어 상당히 흥미로운 부분이다. 물론 명령을 내린 당사자인 히틀러가 정확히 이 부분에 대해 설명한 내용이 없기 때문에 앞으로의 분석이 정답이 될 수는 없겠지만 제2차 세계대전의 가장 미스터리했던 순간을 이해하는 데에는 많은 도움이 될 것이다.

스스로도 놀란 진격 속도

1940년 5월 10일, 독일군 120개 사단은 진격을 시작했다. 이때 연합군 주력을 유인하는 역할을 담당한 독일 B집단군의 역할이 상당히 중요했다. 이들이 연합군을 기만하여 최대한 안으로 끌어들이면 주공인 A집단군이 마지노선 북부를 우회하여 치고 들어갈 예정이었다. 이를 위해 A집단군 선봉을 담당할 사상 최초의 야전군급 기갑부대인 '클라이스트 기갑집단'이 조직되었다.

이들이 침공로로 선택한 곳은 아르덴 삼림지대였다. 산악지대로 주공을, 그것도 기갑부대를 통과시킨다는 계획이 처음 제시되었을 때 독일 내에서도 반대 의견이 많았을 만큼 기상천외한 작전이었다. 연합군도 이곳을 방어선에서 제외시켜 놓았을 정도였는데, 독일은 이곳으로 집단화된 대규모 기갑부대를 신속히 통과시킨 후 천혜의 방어선인 뫼

아르덴 삼림지대를 통과 중인 독일군 4호 전차. 허를 찌른 독일의 작전에 연합군 주력은 순식간 고립되었다. 진격 속도가 너무 빨라 독일군 내에서도 우려했을 정도였다.(사진 : Bundesarchiv, Bild 146 - 1981 - 070 - 15, Creative Commons)

즈Meuse 강을 도하하는 데 성공했다.

이러한 독일의 전략에 철저히 속아 앞에 파놓은 함정으로 빠져들어 가던 연합군 주력은 후방의 전략 거점 스당Sedan이 독일군 수중에 떨어지자 순식간 배후가 절단되어 포위당할 위기에 처했다. 이러한 독일의 전략은 이른바 '낫질작전(지헬슈니트Sichelschnitt)'이었는데, 제38군단장이었던 에리히 폰 만슈타인Erich von Manstein이 A집단군 참모장 시절에 입안한 작전으로 처음에는 최고 수뇌부가 기각을 했지만 히틀러가 전격 채택하면서 실행되었다.

독일군의 진격 속도는 전혀 예상 밖이었는데 히틀러도 이를 '기적'이라 표현할 정도로 빨랐다. 특히 5월 15일에 선봉 부대인 제15, 41, 19장갑군단의 3개 기갑부대가 20년 전에 무려 50만 명의 피를 쏟아

붓고도 넘지 못했던 솜Somme 북쪽을 순식간에 돌파하며 작전은 절정에 달했다. 그런데 독일 스스로도 놀란 이런 맹렬한 진격은 오히려 연합군의 역 포위가 있을지도 모른다는 우려를 들게 만들었다.

전선 남부의 독일 C집단군이 마지노선 안에 틀어박혀 있는 100여만 명의 프랑스 남부 집단군을 견제하고 있었다. 하지만 만약 이들이 밖으로 나와 북진하고 동시에 포위당할 위기인 영-프랑스 연합군이 오히려 뒤로 돌아 남하해 전선을 연결할 수도 있었다. 그만큼 A집단군의 돌파로는 길게 늘어져 측면이 노출된 상태였기 때문에 독일은 후위대가 쫓아오지 못할 정도로 빠르게 공격하고 있는 선봉 부대의 경이적인 속도를 마냥 기뻐할 수만은 없었다.

5월 17일 샤를 드골의 프랑스 제4기갑사단이 남측에서 갑자기 나타나 우려가 현실화되는 것이 아닌가 하는 걱정이 들기도 했다. 나중에 예상보다 작은 규모의 반격이었음이 밝혀졌지만 이처럼 독일군의 놀라운 진격을 독일 군부 내에서도 무조건 반길 수도 없어서 항상 뒤를 경계해야 했다. 상황이 이렇다 보니 당연히 독일군 지휘부 간에 격렬한 논쟁이 유발되었다. 무조건 진격하자는 제19장갑군단장 하인츠 구데리안Heinz Wilhelm Guderian과 역 포위를 염려했던 에발트 폰 클라이스트Ewald von Kleist의 충돌이 대표적이었다. 이후 사가史家들은 구데리안의 판단이 옳다고 판정을 내리지만, 당시 앞을 쉽게 내다볼 수 없는 전황 한가운데 서 있었던 클라이스트의 판단 또한 결코 오판이라고 단정할 수는 없다. 히틀러도 부대 간의 단절이 없는 안전한 진격을 수시로 지시했다.

하지만 이러한 독일의 진격은 됭케르크의 포위망이 완성되기 훨씬 이전의 일이니 히틀러의 공격 중지 명령과 직접적으로 관련이 있어 보이지는 않는다. 그럼에도 항상 포위망 밖에 있던 연합군의 반격을 염두에 둘 수밖에 없었던 당시의 상황을 충분히 짐작할 수 있는 예다. 이후 히틀러가 연합군을 됭케르크에 몰아넣고도 진격을 중지시킨 이유 중 하나가 되기에 충분하다.

마른의 악몽

대성공이 눈앞에 보였음에도 독일군 수뇌부는 잊을 수 없는 뼈아픈 기억을 떠올렸는데, 바로 26년 전 겪었던 '마른Marne 전투'였다. 프랑스가 수도를 보르도로 옮겨야 했을 만큼 제1차 세계대전 초기의 전황은 독일군에 전적으로 유리했다. 그렇게 승승장구하던 독일이 참호전의 늪에 빠져 결국 패전했던 것은 마른의 기적이라 불리는 단 한 번의 결정적인 프랑스의 반격에 의해서였다. 이 때문에 훗날 베르됭 전투나 솜 전투보다 규모가 작았음에도 전쟁사에서 마른 전투가 차지하는 의의는 상당히 크다. 전쟁 개시 후 계속 독일에 밀린 프랑스가 결정적인 기회를 놓치지 않고 적시에 반격함으로써 역사의 분수령을 만들었지만, 사실 이런 빌미는 독일 스스로가 제공한 것이다. 당시 독일은 계속 진격해도 되는 상황에서 부대 간에 정보가 단절되어 전황을 제대로 파악하지 못했던 것이다.

이런 역사를 독일의 군 지도부는 두고두고 악몽으로 기억하고 일방적인 진격 중에도 부지불식간 출몰할 수 있는 연합군의 반격을 항상 염두에 두었다. 불과 한 세대 전에 눈앞의 전과에 너무 고무되어 다음 대책을 게을리한 대가가 어떠했는지 한시도 잊지 않고 더더욱 신중을

1914년 9월 마른 전투 당시 돌격하는 프랑스 보병. 허점을 찌른 프랑스군의 역습은 독일의 기도를 완전히 좌절시키면서 전쟁의 향방을 바꾸었다. 이는 두고두고 독일에 트라우마로 남았다.(사진 : Agence Rol, public domain)

기했다. 이런 역사를 몸소 최전선에서 겪어본 히틀러 또한 마찬가지였을지 모른다.

당시 독일은 면面을 완전히 장악하지 못한 채 선線으로만 전선을 돌파하고 있어서 의외의 변수에 대해 더욱 조심할 수밖에 없었다. 사실 어느 전쟁 지휘부가 빠른 승리를 원하지 않겠는가. 하지만 작은 우려라도 있다면 이를 해소하고 다음 단계로 가는 것이 맞다. 그렇다면 히틀러의 결정은 어쩌면 당연한 것이었고 이런 측면에서 생각한다면 그의 공격 중지 명령은 신중함의 결과였다고 볼 수 있다.

항복을 받는 것이 유리하다

이와 더불어 됭케르크의 미스터리와 관련하여 많이 언급되는 또 다른 주장이 '항복 유도설'이다. 쥐도 막다른 골목에 몰리면 고양이를 문다는 말이 있는데, 아마도 히틀러는 이 점도 걱정했는지 모른다. 고양이를 물어도 쥐가 이기기는 힘들겠지만 고양이는 상처를 입을 수 있다. 20개 사단 규모의 연합군을 됭케르크 해변으로 밀어붙여 포위를 했지만 그 이상의 압박은 오히려 격렬한 최후의 저항을 불러올 가능성이 컸다.

그러한 상황은 독일군의 출혈도 강요당할 가능성이 충분히 예견되므로 당연히 이 정도에서 총을 쏘지 않고 항복을 받는 것이 훨씬 유리했다. 당시 포위된 적에게 살포한 항복 권유 전단을 보더라도 그러한 독일의 의지를 충분히 알 수 있다. 사실 이는 당시만의 특별한 상황이 아니라 전쟁 중에 흔히 벌어질 수 있는 지극히 일반적인 사례라 할 수 있다.

항복을 권유했다면 적어도 최후통첩 전까지 상대에게 생각할 수 있는 여유를 주는 것이 전쟁에서 적을 대하는 도리 중 하나다. 이처럼 독일은 불필요한 출혈을 막고 항복을 유도하기 위해 공격을 멈추었을 가능성도 있다. 그렇다면 히틀러의 공격 중지 명령은 충분히 이해가 된다. 더구나 당시까지 독일은 단지 프랑스의 5퍼센트만 점령한 상태여서 전쟁은 아직도 한참 남아 있는 것으로 판단되던 상황이었다.

프랑스는 이 전투를 끝으로 전의를 급속히 상실하고 얼마 후에 항복하게 되지만, 당시 됭케르크 포위망 밖에는 200여만 명의 프랑스군이 계속 남아 있어서 포위망 안의 연합군 30만 명을 소탕한다고 해도 종전을 의미하는 것이라고는 할 수 없었다. 따라서 독일도 다음의 전투를 염두에 두고 전력을 최대한 보존할 수 있는 길을 찾아야 했고, 그것은 전쟁을 지휘하는 자라면 당연한 대응이었다.

프랑스에 대한 두려움

제2차 세계대전 당시 이탈리아군과 더불어 최고의 약체로 첫손 꼽는 군대는 프랑스군이었다. 패배만 거듭하다 패전국이 된 이탈리아와 달리 프랑스는 종전 후에 독일을 분할한 4대 승전국의 지위를 얻었지만 이는 사실 어부지리에 가까웠다.

프랑스는 유럽 최강의 육군 대국이었음에도 손 한 번 제대로 써보지 못하고 불과 한 달 만에 독일에 항복했고 이 참담한 결과 때문에 프랑스군이 약체라는 인식이 각인된 듯하다.

물론 프랑스가 나폴레옹 전쟁 이후 제대로 이겨본 적이 없지만 이와 관련하여 오해하고 있는 부분이 있다. 프랑스가 유일하게 어렵게 생각했던 상대가 바로 독일이었다. 보불전쟁에서 프랑스는 비록 패했지만 승전국 프로이센도 비슷한 피해를 입었다. 제1차 세계대전으로 입은 피해가 워낙 컸기 때문에 일방적으로 이긴 전쟁이라고 보기는 힘들지만 그렇다손 치더라도 프랑스는 엄연히 승자였다.

연합군의 도움으로 근근이 독일을 막아냈지만 프랑스는 한 세대의 70퍼센트를 희생하며 끝까지 저항했다. 이처럼 독일과 프랑스 간의 전쟁은 프랑스가 약했다기보다는 독일이 더 강했다고 보는 것이 타당하다. 독일은 비스마르크Otto Eduard Leopold von Bismarck에 의해 이룬 1871년 통일 이후 대표적인 군사 강국이라 해도 무방하고, 그런 독일만이 프랑스를 패배시키거나 엄청난 곤혹을 안겨준 것이다. 평계 같지만 프랑스는 그래도 패할 만한 상대에게 패했던 것이다.

이렇게 우세하게 전쟁을 이끌어왔던 독일도 프랑스와의 일전은 항상 망설였다. 히틀러가 프랑스에 대한 침공 명령을 내린 것은 1939년

보불전쟁 당시 돌격하는 프로이센군을 묘사한 에른스트 치머의 그림. 수시로 전쟁을 벌이고 승리하기도 했지만 독일 입장에서 프랑스는 여전히 두려운 상대였다. (사진 : Ernst Zimmer, public domain)

폴란드전 승리 직후였는데, 독일 군부에서는 독일이 프랑스를 제압하기에 아직 준비가 되지 않았다는 이유로 가장 반발이 심했다. 섣부른 프랑스 침공은 나라를 말아먹을 것이라고 판단하고 쿠데타 모의까지 했을 정도였다.

이렇듯 두려워했던 프랑스를 초기에 예상 이상으로 몰아붙였으니 오히려 '이거 우리가 프랑스한테 속고 있는 것 아니야?' 하고 두 번 세 번 확인하고 조심했을 것이다. 이제 소탕만 남은 연합군에 대한 공격 중지 명령을 내린 히틀러도 프랑스의 무서움을 알고 있었기에 일단 주춤했을 가능성도 충분하다. 실제로는 7주 만에 프랑스를 정복하긴 했지만 그렇게 쉽게 굴복시킬 수 있을 것이라 여기지 않았던 것이다.

미국이나 소련 같은 슈퍼파워도 국지전에서 망신을 당했기 때문에 이를 프랑스군의 허약함으로 단정하면 곤란하다. 오히려 6·25전쟁 당시인 1951년 2월 중공군의 4차 공세로 국군 8사단이 일거에 붕괴되고 있을 때 전선의 연결 고리인 지평리를 5배가 넘는 중공군의 공격으로부터 사수한 주역 중 하나가 바로 프랑스 대대였다. 그만큼 프랑스는 경험이 많고 뛰어난 전투력을 보유한 군사 강국이다.

여담이지만 이처럼 독일도 상대하기 껄끄러워 한 프랑스를, 우리와는 구한말 강화도에서 소규모 전투를 해본 것 외에는 총칼을 섞어본 적이 없는데 이처럼 전쟁 초반에 어이없이 패했다고 해서 너무 우습게 여기는 것은 아닌지 모르겠다. 우리 역사를 살펴봐도 빛나는 승리도 있었지만 창피할 정도로 허접한 패배도 많았다. 상대를 우습게 알아서 승리했던 경우는 역사 속에 그리 많이 등장하지 않는다.

하지만 많은 사람이 특정한 결과만 놓고 상대를 쉽게 단정 짓는 우를 의외로 쉽게 범하는 것 같다. 많이 알려진 나라지만 프랑스는 우리와는 거리적으로도 멀리 있고 물리적인 거리만큼 제대로 알지 못하는 나라다. 비록 프랑스가 세계는 물론 독일도 놀랄 만큼 어이 없이 굴복은 했지만, 그 이면에는 됭케르크의 미스터리처럼 프랑스를 두려워한 독일의 조심성도 함께 들여다볼 수 있어야 한다.

영국 공군의 살신성인

히틀러는 역사에 굵고 뚜렷한 한 획을 그은 인물이긴 하다. 하지만 그가 현인이 아닌 이유는 광인에다가 주변에 모리배들도 많았기 때문이다. 특히 히틀러의 환심을 사기 위해 혈안이 되었던 독일 공군 총사령관 괴링은 됭케르크의 미스터리를 만드는 데 크게 일조한 인물이기도 했다. 그는 연합군이 포위망에 갇히자 공군의 폭격만으로 포위된 적들을 섬멸할 수 있다고 호언장담했다.

연합군이 포위망에 갇히고 독일의 승리가 확실시되자 괴링은 전공을 육군에 빼앗길까봐 초조해하면서 포위망에 갇힌 연합군을 청소해 버리겠다고 나섰던 것이다. 이 이야기의 진위 여부에 대해 의견이 분분한 편이지만 어쨌든 히틀러의 명령으로 육군의 진격은 멈추었고 대신 독일 공군이 전면에 나섰다. 연일 이어지는 당대 최강 루프트바페 Luftwaffe의 공습으로 말미암아 됭케르크에 고립된 연합군은 큰 피해를 입었다.

그런데 독일이 한 가지 간과하고 있던 점이 있었는데 영국 공군 또한 가까운 데에 있다는 사실이었다. 영국 전투기들은 해협을 건너와 고립된 아군을 공격하는 독일의 폭격기들을 요격했는데 뒤에서 달려드는 독일 전투기의 요격을 회피하지 않고 오로지 임무에만 충실했다.

격추된 스핏화이어Spitfire 잔해에서 기념 촬영을 하는 독일군. 이처럼 탈출을 돕기 위해 영국 공군은 하늘에서 살신성인 같은 엄호 작전을 펼쳤다.(사진 : Bundesarchiv)

한마디로 내 목숨을 적에게 내놓고 벌인 극단적인 전투였고 이 같은 살신성인의 노력으로 많은 병사들이 탈출할 수 있었다.

영국 공군의 활약은 독일의 예상을 뛰어넘을 만큼 대단했다. 결국 공군만으로 연합군의 소탕이 불가능하다는 사실이 드러나면서 지상군이 다시 나설 수밖에 없었다. 사실 제공권의 확보 없이 전쟁을 이기기 힘들지만 전쟁은 공군만으로 이길 수도 없다. 괴링의 허풍을 너무 믿은 히틀러가 그 달콤한 말에 혹하여 진격을 멈추었던 것은 아니었는지도 모르겠다.

넘을 수 없는 벽

이와 더불어 그동안 간과되었던 것이 해군력의 차이다. 포위된 적을 요리하는 것은 순전히 공격자의 선택에 달려 있지만 포위된 적이 해상으로 나갈 방법이 남아 있다면 그것은 100퍼센트 완벽한 포위로 볼 수는 없다. 만일 오늘날 미국 같은 나라가 육지와 바다를 함께 봉쇄한다면 이것은 완벽한 포위이며 포위된 적들은 더 이상 탈출구가 없음을 알고 조기에 항복할 수도 있을 것이다. 그러나 당시 독일 해군에는 이런 능력이 없었다.

됭케르크에서 독일 육군이 포위를 했다고는 하나 바다는 세계 최강의 영국 해군이 장악하고 있었다. 30여만 명의 연합군이 탈출하는 동안 바다에서 독일 해군이 할 수 있는 일이란 사실 아무것도 없었다. 조그만 목선까지 탈출 작전에 동원했다는 사실은 영국의 눈물겨운 분투를 보여주는 예이기도 하지만 이는 이런 선박조차 바다에서 요격하기 힘들었을 만큼 독일 해군의 상황이 열악했다는 증거이기도 하다.

　이처럼 독일군이 연일 맹공을 가했음에도 불구하고 연합군 대부분이 안전하게 해협을 건너 영국으로 탈출하는 데 일등공신은 바로 영국 해군이었다. 당대 최강이라는 독일 공군으로도 저지하기 힘들 만큼 바다 위의 영국 해군은 강력했다. 만일 이러한 상황에서 독일 지상군이 무턱대고 됭케르크의 해안가로 계속 진격했다면 영국 해군의 포격에 많은 피해를 입었을 가능성도 농후하다.

　1944년 노르망디 상륙 후 캉 전투에서 독일군이 연합군 해군의 포격에 상당한 피해를 입었던 사실만으로도 충분히 유추가 가능하다. 6·25전쟁에서 흥남 철수도 강력한 미 해군이 탄막으로 중공군의 진격을 막은 후에 이룬 결과였는데 사실 됭케르크 철수도 이와 비슷한 측면이 있다. 이처럼 영국 해군의 엄청난 능력은 독일 육군의 진격을 망설이게 했을 가능성이 컸다.

당연히 그도 승리를 원했다

　비록 히틀러가 5월 24일부터 3일간 진격을 멈춘 것에 대해 그동안 많은 이야기가 있어 왔지만 이에 대한 확실한 답은 없다. 물론 이 3일간의 공백이 연합군의 철수에 큰 도움을 준 것은 사실이지만, 그렇다고 30만 명의 대병력이 거의 피해를 입지 않고 안전하게 철수할 수 있었던 결정적 이유도 아니다. 어쩌면 이 부분은 그동안 인구에 회자되면서 과장돼온 측면도 있다. 왜냐하면 됭케르크에서의 해상 철수 작전은 5월 26일 시작되어 6월 5일 종료되었는데, 히틀러의 명령으로 멈추었던 독일의 진격이 5월 27일 다시 시작되었으니 정작 연합군이 혜택을 보았던 시간은 단지 하루뿐이었다. 물론 급박한 상황에서 하루라는 시간이 30만 명의 대병력이 안전하게 탈출하기에 결코 충분하다고 볼 수 있는 시간은 아니다.

따라서 히틀러의 공격 중지 명령이 없었어도 많은 연합군이 탈출했을 것이라는 추론이 충분히 가능하다. 후일 처칠이 회고록에서 '5만 명 정도 구출해내면 다행'이라고 했을 만큼 절망적인 상황에서 영국 원정군 23만 명, 프랑스군 8만 명, 그리고 1만 점의 장비를 무사히 탈출시켰기에 '이것은 기적이라고밖에 말할 수 없다'고 기술했지만, 사실 자화자찬에 가깝다.

영국의 필사적인 활약은 독일의 진격을 충분히 상쇄할 만큼 영웅적이었지만 사실 그런 능력은 충분히 있었다. 오히려 영국은 세계 최강의 해군을 보유했고 프랑스는 육군 대국이어서 전쟁 개시 전 독일보다 우위에 있었다. 패배한 연합국은 독일군의 능력을 과대평가했지만 반면 자신들이 가지고 있던 능력을 과소평가해 이런 결과를 기적으로 본 것이라 할 수 있다.

후일 30만 명의 대병력이 안전하게 철수한 결과에 대해서 두고두고 통탄하는 소리가 독일 측에서 나왔지만 설령 당시 진격을 멈추지 않았다고 해도 지금까지 설명한 이유들 때문에 독일은 고립된 연합군을 절대로 섬멸하지는 못했을 것이다. 이를 뒷받침하는 결정적인 사건이 바로 다음에 벌어졌기 때문이다. 열흘 후에 이와 맞먹는 거대한 해상 탈출 작전이 부르타뉴Bretagne 반도 끝에서 다시 한 번 재현되었던 것이다.

부르타뉴까지 밀려간 20여만 명의 연합군이 6월 14일 셀부르

본진이 철수하는 동안 해안 방어선을 지키다 마지막에 포로가 된 영국군 잔여 병력. 설령 히틀러의 미스터리한 명령이 없었다손 치더라도 이 같은 연합군의 끈질긴 저항 때문에 탈출을 완벽히 저지하기는 불가능했을 것이다.(사진 : public domain)

Cherbourg와 브레스트Brest를 통해 해상 철수를 시작하여 6월 25일까지 영국으로 안전하게 빠져나가는 데 성공했다. 이른바 아리엘 작전Operation Ariel이었는데 이때는 프랑스가 항복하기 일보 직전이어서 됭케르크에서처럼 연합군의 반격을 고민하고 말고 할 필요도 없던 시점이었다. 그런 압도적인 상황임에도 독일군은 연합군의 탈출을 차단하지 못했다.

결국 이것은 됭케르크의 철수 당시에 미스터리했던 히틀러의 공격 중지 명령이 결코 중요한 역할을 차지하지 못했다는 증거다. 그렇다 보니 일부 자료에는 히틀러가 영국과의 전략적 동맹관계를 고려하여 일부러 진격을 멈춘 것 아니냐는 분석을 내놓기도 한다. 하지만 진격을 멈춘 직후 영국에 대해 정치적인 협상을 제안하지 않았기 때문에 이 또한 그다지 신빙성이 없다.

결국 처음에 썼던 것처럼 히틀러가 자기 입으로 이야기한 것이 없으므로 정답이 없다. 하지만 분명한 것은 히틀러가 최후의 일격을 준비 중이던 자신의 군대에 극적인 정지 명령을 내린 것은 결코 자비나 관용이 아니라 승리를 달성하기 위한 방편 중 하나였다는 사실이다. 왜냐하면 그 당시 전쟁을 시작하는 데 히틀러만큼 적극적인 인물도 없었기 때문이다.

한심하고
허접한

이탈리아, 참전을 선언하다

1940년 6월 10일, 느닷없이 이탈리아가 당시 독일과 한창 전쟁을 벌이고 있던 프랑스와 영국에 선전 포고를 했다. 이탈리아는 동맹인 독일을 돕기 위해서 참전하는 것이라는 그럴듯한 명분을 내세웠지만 전혀 생각지도 못한 상대로부터 침략을 당한 프랑스는 물론이고 정작 도움을 받게 된 독일도 이탈리아의 참전에 상당히 불쾌했다.

독일은 한 달 동안 전사에 길이 남을 만한 전격전을 선보이며 영국군을 대륙에서 내쫓고 프랑스군을 궤멸시켜 이제 항복을 받아내기만 하면 되는 느긋한 입장이었다. 그런데 이탈리아는 그동안 독일과 연합국의 전쟁을 남의 일처럼 밖에서 쳐다만 보고 있다가 전쟁이 독일의 완승으로 끝날 것이 확실한 시점에서 참전을 선언한 것이다. 한마디로 차려놓은 밥상에 숟가락을 얹는 것처럼 얍삽하게 전리품을 챙기려는 야비한 행동이었다.

그런데 이처럼 동맹국의 도움도 기분 나쁘게 여길 정도의 상황이었지만 불과 한 달 전인 5월 10일, 독일이 전격적으로 프랑스를 침공하기 바로 직전까지도 독일의 군부는 두려움에 떨고 있었다. 오래전부터 전쟁을 준비하고는 있었지만, 당대 육군 강국 프랑스와 해군 최강국 영국의 연합군을 상대로 하는 전쟁이 결코 쉽지 않을 것임을 예상했기 때문이다. 물론 베르사유 조약으로 독일을 굴욕의 구렁텅이로 몰아넣은 프랑스에 복수의 칼을 휘두르고 싶었지만 실제로 치러야 할 전쟁은 그와 전혀 별개의 문제였다.

히틀러는 1939년 10월 폴란드 전역이 완료된 직후 곧바로 프랑스 침공전을 준비하라는 명령을 내렸다. 하지만 군부는 준비 부족 등을 이유로 대면서 무려 9번이나 작전을 연기했을 만큼 소극적이었다. 객관적으로 독일군의 전력이 프랑스를 압도하는 상황이 아니었기 때문에 그런 것인데, 히틀러의 요구가 너무 집요하자 나라를 말아먹을 행위라고 반발하며 일각에서는 은밀히 쿠데타 모의까지 꾸몄을 정도였다.

그런데 엄밀히 말하자면 군부의 반대에도 불구하고 정작 적극적으로 전쟁을 주도한 히틀러도 마찬가지였다. 폴란드를 침공했을 때 프랑스와 영국의 참전을 우려하여 그동안 불가촉 대상으로 여기던 소련과 비밀리에 조약을 맺고 전쟁을 벌였을 정도였다. 다행히도 폴란드를 구원하겠다고 공언한 프랑스가 적극적으로 움직이지는 않았지만 그만큼 히틀러도 독일 군부 못지않게 프랑스를 두려워했다.

따라서 히틀러가 프랑스와 전쟁을 결심했을 때 내심 그를 도와 적극적으로 함께 싸워줄 우방을 절실히 원했다. 1940년 당시까지 독일 편이라 할 수 있는 나라는 이탈리아밖에 없었는데 정작 그때는 군사 행동을 함께 할 만큼 공고한 관계는 아니었다. 얍삽한 무솔리니는 자기

프랑스에 대한 선전포고를 한 직후인 1940년 6월 18일 뮌헨을 방문한 무솔리니를 맞이하는 히틀러. 동맹의 참전은 즐거운 일이지만 차려놓은 밥상에 숟가락을 올리는 것과 같았던 당시 이탈리아의 행동이 독일 입장에서는 그다지 달갑지만은 않았다. (사진 : Eva Braun, public domain)

가 히틀러보다 영향력이 큰 인물로 착각하고 있었고 오히려 독일의 팽창에 조급증을 드러냈을 만큼 시기심도 컸다.

프랑스를 협공하기에 아주 좋은 위치인 스페인도 독일에 우호적이었지만 동맹이라 하기에는 어정쩡한 태도를 취하고 있었다. 스페인 내전 당시에 프랑코는 히틀러로부터 많은 도움을 받았지만 전쟁을 끝낸 지 얼마 되지 않아 또다시 전쟁에 나서기는 물리적으로 곤란했다. 이탈리아와 스페인이 함께 프랑스 침공 작전을 펼친다면 당연히 독일에 유리했겠지만 히틀러는 이러한 기대를 단념해야 했다.

결국 독일은 철저하게 준비를 마치고 단독으로 프랑스 침공을 개시했다. 침략을 당한 프랑스와 영국은 물론이거니와 침공을 개시한 독일조차도 놀랄 만큼 전황은 예상을 벗어나 독일에 유리하게 진행되었다. 바로 이때 이탈리아군의 허접함을 여지없이 보여주는 황당한 사건이 벌어진 것이다.

그렇게 시작한 굴욕의 역사

물론 이탈리아도 자신들의 판단이 모두로부터 비난을 받을 만한 비겁한 행위라는 점을 잘 알고 있었다. 하지만 국익을 챙기는 데 체면이나 비난은 그다음의 문제였고 좋은 상황이 왔을 때 어떻게든 조금이라도 전리품을 취해보려고 했다. 어쩌면 제국주의 시대의 잔영이 남아 있던 당시 열강들의 이러한 이기적인 행위는 당연한 처사일 수도 있다.

그런데 정작 전쟁을 선언한 이탈리아는 아무런 준비도 되어 있지 않은 상태였다. 독일이 도움이 절실히 필요해 지원을 요청했을 때는 먼 산만 바라보던 무솔리니가 히틀러의 대승이 확실해 보이자 질투에 눈이 멀어 조급하게 전쟁을 결정하면서 벌어진 일이었다. 그렇다 보니 선전포고를 하고 나서 군사적 행동을 곧바로 벌일 수 없었고 정작 이때부터 전쟁을 준비하는 촌극이 벌어졌다.

하지만 설령 그렇더라도 작전을 제대로 구사만 한다면 프랑스의 뒤통수를 치는 데 그리 문제는 없어 보였다. 프랑스는 지난 한 달 동안 300만 명을 자랑하던 전력의 반 이상이 이미 소멸되었을 만큼 기력이 쇠해 있어서 프랑스 – 이탈리아 국경에 충분한 병력을 배치시킬 수 없었다. 프랑스는 응급 편성한 8만 명의 알프스군 예하 6개 사단만으로

1942년 프랑스에 주둔한 이탈리아군의 모습. 뒤늦게 참전한 대가로 1943년까지 이탈리아는 국경 인근의 프랑스 영토를 점령했다. 전과에 비한다면 너무나 과분한 전리품이었다.(사진 : Bundesarchiv, Bild 101II‒MW‒6268‒06A / Nafsger, Creative Commons)

이탈리아의 공세를 막아내야 했을 만큼 약화된 상황이었다.

반면 국경을 넘어 프랑스로 진격할 이탈리아군은 약 10배에 달하는 엄청난 규모였다. 제1군과 제4군으로 편제되었던 이탈리아 서부 집단군은 무려 70만 명의 병력으로 32개 사단과 지원 부대로 프랑스군을 완전히 압도하고 있었다. 비록 앞서 언급한 것처럼 무작정 선전포고부터 했기 때문에 서부 집단군이 준비를 완료하기까지 열흘의 시간이 더 필요했지만 크게 문제가 될 것으로 보이지는 않았다. 왜냐하면 썩은 고목에 도끼질을 하는 것과 마찬가지 상황이었기 때문이다.

그러나 곧 이탈리아의 한심함이 본격적으로 시작되었다. 대책도 없이 선전포고부터 먼저 한 덕분에 물자를 수송하던 이탈리아의 상선들이 영국 해군에 나포되기 시작했다. 그것도 자신의 앞바다라 할 수 있는 지중해 연안에서 벌어진 일이었는데 이탈리아 해군에는 이를 저지할 방법이 없다시피 했다. 결국 이탈리아군은 우여곡절 끝에 6월 21일에서야 간신히 준비를 마치고 공세를 개시했다.

하지만 이탈리아군은 국경을 넘자마자 프랑스군의 강력한 저항에 부딪혔다. 흔히 제2차 세계대전 당시 허접 군대의 대명사라면 이탈리아군과 프랑스군이 손꼽히지만 사실 프랑스군은 전략의 실패로 말미암아 단 한 번에 허무하게 무너진 케이스였다. 그럼에도 허접하다고 평가를 받은 프랑스군이, 그것도 독일에 밀려 항복하기 직전의 프랑스였지만 이탈리아만큼은 이길 자신이 있었다.

이탈리아는 10배나 많은 전력을 투입했음에도 돌파는커녕 프랑스의 반격에 얻어터지며 국경 근처에서 우왕좌왕하며 맴돌기만 했다. 이러한 한심한 이탈리아군의 모습을 본 프랑스군은 사기가 올라 국경을 넘어 이탈리아 본토로 진공할 계획을 세우기까지 했다. 그러나 이런 대담한 작전은 단지 계획으로만 그쳤다. 왜냐하면 다음날인 1940년 6월 22일 프랑스가 독일에 항복했기 때문이다.

독일을 돕겠다는 명분으로 이탈리아는 호기 있게 전쟁에 뛰어들었지만 정작 독일이 이탈리아를 구원한 형국이었다. 이를 시작으로 이후 연이은 패배를 기록한 이탈리아는 독일에 끌려다니며 제2차 세계대전에 조연으로 얼굴을 간신히 들이미는 존재로 추락했다. 이처럼 오명으로 남게 된 이탈리아의 프랑스 침공은 분수를 모르는 이의 황당한 시도가 어떤 결과를 초래하는지 보여준 사례다.

비극의 공수작전

독일, 발칸을 제압하다

자기 분수를 제대로 몰랐던 무솔리니는 알바니아와 에디오피아의 점령에도 만족하지 않고 대외 침략을 더욱 재촉했다. 로마제국의 부활을 노래하며 제2의 카이사르가 될 것으로 착각한 이 과대망상증 환자는 북아프리카와 발칸 반도로 진출을 시도하다 강력한 저항에 걸려 어처구니없이 터지고 망신을 당했다.

그럼에도 불구하고 이 얼간이가 믿는 구석이 있었는데 그것은 바로 독일의 콧수염 친구였다. 전 세계에서 무솔리니의 유일한 친구나 다름없는 독일의 히틀러는 무지막지한 힘을 가지고 있어서 전쟁 개시 불과 1년 만에 유럽을 거의 자신의 영역으로 만들었다. 그는 프랑스를 단 7주 만에 무릎 꿇렸고 영국군을 서유럽에서 몰아냈다.

마땅한 친구가 없어서인지 히틀러는 미덥지 않은 무솔리니를 제법 잘 도와주었다. 전략적으로 보았을 때 이는 독일에 커다란 부담이 되기도 해서 득보다 실이 많았던 거래였다.

전쟁 초기에 종종 놀라운 전쟁 지휘 능력을 선보인 히틀러도 모자란 구석이 있어서 무솔리니가 우는 소리만 하면 도와주려고 달려들었다. 독일도 여러 군데 벌여놓은 것이 많아 제 코가 석 자였지만 엄밀히 말해 무솔리니 외에는 그다지 마음을 터놓고 지낼 상대도 없었기 때문이었다.

북아프리카에서 이탈리아가 영국에 엄청나게 깨지고 있을 때 독일이 번개같이 뛰어들어 이들을 구원했다. 사실 처음에 히틀러가 아프리카 원정군을 파견할 때까지만 해도 그 정도까지의 승리는 예상하지 않았고 적당히 생색만 낼 생각이었다. 하지만 에르빈 롬멜Erwin Rommel이 이끄는 독일 원정군은 놀랄 만한 대승을 연이어 이끌어냈다.

그러자 1940년 11월에 있었던 그리스 침공전에서 망신을 당한 이탈

그리스 침공 중 격파된 이탈리아군의 전투 차량 위에서 승자의 포즈를 취하고 있는 그리스군. 제2차 세계대전 내내 이탈리아군은 허접 군대의 대명사였다.(사진 : public domain)

리아는 자신들의 굴욕을 복수해달라고 독일에 부탁했다. 물론 독일은 부탁을 거절하지 않고 이탈리아를 대신해서 1941년 발칸 반도로 진격해 들어갔다. 비록 이탈리아를 대신하기는 했지만 사실 히틀러도 나름대로 꿍꿍이가 있었다.

첫째, 루마니아의 유전 때문이었다. 계속해서 전쟁을 수행하려면 석유가 절실히 필요한데 해상을 봉쇄당한 독일 상황에서 루마니아의 석유 자원은 당연히 이유 불문하고 확보해야 할 전략 물자였다. 당시 루마니아가 독일 편이기는 했지만 앞으로도 계속 그리리라는 보장이 없었다. 따라서 전략적인 접근로를 미리 확보해놓자는 게 히틀러의 생각이었다.

하지만 무엇보다도 가장 큰 이유는 소련 때문이었다. 히틀러만큼 잔인한 독재자였던 라이벌 스탈린이 통치하는 소련은 히틀러가 일생을 바쳐서라도 반드시 처단해야 할 악의 제국이었다. 그렇다고 히틀러의 제3제국이 선의 제국이라는 말은 아니지만 이 둘은 이념적으로 결코 가까이 할 수 없는 상극이었다.

공개적으로 대놓고 수시로 언급할 만큼 공산주의 종주국 소련은 나치 독일이 반드시 격멸해야 할 불구대천지 원수였다. 비록 겉으로는 1939년에 밀약을 맺어 폴란드를 사이좋게 갈라먹은 사이지만 그것은 필요에 의한 불가피한 선택이었다. 어쨌든 이 소련과 일전을 겨루기 위해서 독일은 사전에 발칸 반도를 먼저 제압할 필요가 있었다.

발칸 반도를 독일의 수중에 두지 않고 소련으로 진격한다면 독일은 효과적으로 활용할 수 있는 대 소련 진격로를 사전에 확보할 수 없었다. 더구나 범게르만주의와 범슬라브주의 대립이 제1차 세계대전의 원인 중 하나였을 만큼 민족 간의 갈등이 첨예한 발칸 반도를 사전에 제압해야 마음 놓고 소련과 일전을 벌일 수 있었다.

히틀러는 발칸 반도의 국가들에 대하여 강온양면책을 구사했다. 헝가리, 루마니아, 불가리아는 현실적으로 독일의 힘을 이용하고자 자발적으로 혹은 독일의 힘에 눌려 반강제적으로 추축국의 일원이 되었다. 특히 헝가리와 루마니아는 많은 자국군을 동원하여 소련 침공전에 주도적으로 앞장서기까지 했을 정도였다.

그런데 협박이나 회유에도 불구하고 범슬라브주의의 온상이었던 세르비아를 계승한 유고슬라비아와 그리스 정교의 본산인 그리스가 반기를 들고 나섰다. 폴란드 때도 그랬지만 협박으로 굴복하지 않으면 히틀러는 두말없이 무력을 동원했다. 당시 히틀러는 전쟁이라는 수단을 망설이지 않고 꺼내들 만큼 자신감이 충만한 상태였다.

불가리아가 1941년 3월에 추축국에 가담하자 그다음 달 독일은 그리스와 유고슬라비아를 전격적으로 침공했다. 여담으로 지금도 유럽에서 고래심줄 같은 성격을 가진 민족으로 폴란드인과 세르비아인, 그리스인을 손꼽는데, 이렇게 고개를 숙이지 않는 이들의 옹고집이 히틀러에게 무참히 도륙을 당한 이유 중 하나였다.

운명의 섬

유럽에서 전쟁이 발발하고 난 1939년 이후 항상 그래왔던 것처럼 독일 침공군은 유고슬라비아와 그리스로 쇄도하면서 전쟁을 자기 뜻대로 빠르게 진행했다. 굽히지 않는 자존심 하나만을 믿고 결사항전을 외쳤던 이들 국가들이 폴란드나 프랑스의 뒤를 따르는 데 그리 오랜

독일은 유고슬라비아를 전광석화와 같이 점령해서 항복을 받았다. 독일은 이탈리아를 대신해 발칸 반도를 석권했는데 소련 침공을 위해 사전에 평정할 필요도 있었기 때문이다. (사진 : Bundesarchiv, Bild 146 - 1975 - 036 - 24 / Gofferjé, Leander, Creative Commons)

시간이 걸리지 않았다.

사실 1942년 이전 독일군은 날이 갈수록 강해지던 군대였다. 폴란드 공략 시에는 소련과 연합해 전쟁을 벌였음에도 두 달 가까운 시간이 걸렸다. 하지만 이듬해 유럽 최강의 육군이라 자타가 공인하던 프랑스와 세계 최강의 해군을 보유한 영국 연합군을 무너뜨리는 데 불과 7주가 필요했을 뿐이었다.

발칸 반도 공략은 더욱 빨랐다. 순식간 유럽의 최강자로 등극했다는 자부심에 더해 그동안의 군사적 경험이 어우러진 결과였다. 독일 침공 후 불과 한 달도 지나지 않은 5월 초, 34만여 명이 포로로 잡히는 망신을 당한 후에야 유고슬라비아는 건국된 지 20년 만에 역사의 뒤편으로 사라졌다.

크레타 섬은 발칸 반도와 중동, 아프리카를 연결하는 요지다. 영국 원정대와 그리스군이 항전의 의지를 불태우며 버티고는 있었지만, 독일은 하늘을 통해 이들을 충분히 제압할 자신이 있었다.

독일과 타협하지 않았을 만큼 자존심이 강해 전쟁을 주도한 세르비아에는 독일의 사주를 받는 괴뢰 정부가 들어섰다. 그리고 세르비아와 적대관계에 있던 크로아티아가 친 나치 정부를 수립하여 독립하면서 유고슬라비아는 순식간 사분오열되어 해체되었다.

더불어 제대로 한 번 싸워보지도 못한 그리스도 22만여 명이 생포된채 종말을 맞이했다. 발칸 반도는 명실공히 독일의 앞마당이 되었다. 그런데 이러한 전광석화와 같은 독일의 진격 속에서도 유일하게 살아남은 곳이 있었는데 바로 크레타Creta 섬이었다. 크레타는 고대 미키네 문명의 전설과 유적을 간직한 신神들의 고향으로 에게 해에 있는 그리스의 가장 큰 섬이다. 때문에 반드시 바다를 건너서야 점령이 가능한 곳이었다. 이곳에는 독일의 진격을 저지하기 위해 파견된 영국 원정대가 있었고 이들은 막강한 영국 해군의 지원을 받고 있었다. 순식간 그리스 본토를 정복한 독일군 탱크들도 이곳으로 당장 달려가서 점령할 방법이 없었다. 1년 전 영국 – 프랑스 해협에서 진격을 멈춘 프랑스 침공전과 비슷한 상황이었다.

마치 강화도로 피난 가서 세계 최강의 제국을 건설하고 있던 당대 최강국 몽골에 맞서 장기간 항전한 고려와 같은 모습이었다. 바다에 가로막혀 영국 본토 공략을 좌절했던 독일 입장에서는 또다시 강력한 해군을 버팀목 삼아 섬에서 항전의 의지를 불태우는 영국군과 그리스군 잔당이 눈엣가시로 보일 수밖에 없었다.

영국도 본토가 연일 독일의 맹폭격에 시달리면서도 이 작은 섬에 신경을 써야만 했던 이유가 있었다. 크레타 섬은 발칸 반도에서 소아시아반도, 팔레스타인 및 북아프리카로 이어지는 에게 해의 징검다리 역

북아프리카 사막을 가로 질러 진격하는 독일 아프리카 군단. 이들이 예상 외의 선전을 펼치며 이집트에 주둔한 영국군을 위협하자 크레타 섬의 중요성이 더욱 부각되었다.(사진 : Bundesarchiv, Bild 101I – 783 – 0149 – 24 / Valtingojer, Creative Commons)

할을 하는 위치에 있었기 때문이다. 작은 섬이지만 전략적으로 차지하는 위치가 무척이나 중요했다.

만일 이곳이 독일에 제압당한다면 독일은 제1차 세계대전 당시 동맹국이었던 터키와 자연스럽게 연결되고 이를 발판으로 중동으로 진출할 가능성도 있었다. 그렇다면 시리아나 팔레스타인 방향으로 진출한 독일군이 그다음에 아르메니아를 거쳐 소련의 보물창고인 코카서스로 진격할 수도 있었다.

반대로 팔레스타인 방향으로 남진한다면 그렇지 않아도 북아프리카에서 롬멜 아프리카 군단에 연일 고전을 면치 못하고 있던 이집트 주둔 영국군의 배후가 절단될 가능성도 컸다. 이렇게 된다면 지중해가 독일 수중에 자연스럽게 넘어가는 것이었다. 거의 혼자 나치를 상대하고 있던 영국으로서는 악몽 같은 시나리오였다.

비록 영국이 제해권을 가지고는 있었지만 지중해 연안이 모두 독일의 수중에 떨어진다면 영국 해군도 어쩔 수 없이 작전 반경을 좁힐 수밖에 없다. 영국의 입장에서 크레타 섬과 이탈리아 반도 남부에 있는 말타Malta는 지중해의 패권을 위해서 반드시 사수해야 할 전략 거점이었고 그 지역의 이점은 독일 또한 잘 알고 있었다.

해군력의 열세 때문에 영국 본토 상륙에 대한 생각을 접은 독일이었지만 크레타 섬은 자신이 있었는데 바로 하늘 때문이었다. 독일은 하늘을 통해 영국을 정복하는 데 실패했지만 크레타 섬은 충분히 가능하다고 생각했다. 강력한 공군력 외에도 크레타 섬을 점령할 수 있다고 생각하는 또 한 가지 비장의 전력이 독일에 있었기 때문이다.

정예 중의 정예

하늘을 통한 크레타 섬을 침공할 선봉은 루프트바페를 상징하던 Bf 109 메서슈미트Messerschmitt 전투기도, 공중 포대 역할을 담당하던 Ju 87 슈투카Stuka 급강하 폭격기도 아니었다. 그것은 독일 공군의 또 하나 자랑인 팔슈름야거Fallschirmjäger였다. 세계 최초로 실전에 투입된 공수부대라는 빛나는 영예를 가지고 있던 팔슈름야거는 최고의 부대라고 스스로 자평하고 있던 정예 중의 정예였다.

항공기의 발달 이후 하늘을 통해 전선 배후를 급습하는 공중 강습에 대한 이론을 생각한 것은 사실 독일이 처음은 아니었다. 의외지만 최초로 공수부대를 육성한 나라는 이탈리아다. 자료가 많이 남아 있지 않지만 처음으로 항공기가 전선에 투입된 20세기 초 이탈리아에 초보적인 형태의 공수부대가 있었다. 하지만 1~2명의 병력을 시험 삼아 전선 배후에 투입하는 정도여서 그다지 의미 있는 성과를 보이지는 못한 것으로 알려져 있다. 사실 1920년 이전에는 분대 정도 규모의 사람이 탈 수 있는 비행기도 없었고 그렇다 보니 하늘을 통한 부대 단위의 공수를 생각한다는 것 자체가 어려워 많은 나라들은 이에 대한 관심이 없었다.

1930년대 들어 항공산업이 발전하고 많은 사람을 태울 수 있게 되면서 상황은 서서히 바뀌었다. 이러한 변화에 발맞춰 대규모의 공수를 최초로 실현한 나라는 소련이었다. 소련은 1932년 세계 최초로 공수여단을 만들었고 1935년에는 키에프에서 6,000명의 대규모 병력이 집단 강하하는 인상적인 시범을 선보였다.

소련군은 저공에서 저속으로 비행하는 수송기의 문을 열고 주익까지 기어 나와서 강하하는 방식을 선보였는데, 지금 기준으로 본다면 상당히 위험한 방법이었다. 비행기가 대공포에 피격될 위험이 컸고 설령 그렇지 않다 하더라도 비행기 외부에 오랫동안 노출돼야 할 강하 병들이 사고를 당할 위험이 너무 컸다.

하지만 이런 부족함은 참고해야 할 것이 전무했기 때문에 벌어진 일이었다. 사실 오늘날의 강하 기법도 이러한 여러 시행착오를 거치며 정착된 것이다. 이 강하 시범에는 세계 각국의 많은 군 관계자들이 초청을 받아 참관했는데, 독일군을 대표해 참석한 이가 쿠르트 슈트덴트 Kurt Student 였다.

그는 비록 어수룩하고 부족한 점은 많았지만 소련군의 집단 강하 시범에 강렬한 인상을 넘어 새로운 전쟁 기법을 발견하는 감동을 받았다고 전해진다. 독일로 귀환한 슈트덴트는 곧바로 공수부대의 필요성을 군부에 역설하여 팔슈름야거 창설의 주인공이 되었고 전쟁 말기까지 그가 창설한 부대를 진두지휘했다.

현대에 와서도 마찬가지지만 적의 배후에 강하하여 작전을 펼치거나 거점을 미리 장악하여 아군 주력이 도착할 때까지 현지를 고수하는 임무를 수행하는 공수부대는 일당백의 뛰어난 전투력을 필요로 한다. 이를 위해 평시에 상상을 뛰어넘는 훈련 과정을 거친 공수부대는 정예라는 자부심이 강하며 팔슈름야거 또한 마찬가지였다.

특히 1940년 벨기에의 에방에말 Evan-emal 요새를 순식간에 무력화시킨 작전은 팔슈름야거의 전투력을 입증한 사례였다. 프랑스 침공에서 독일 전격전의 최대 장애물로 평가되던 요새를 제압하면서 독일군 주력의 진격 통로를 확보했던 당시 작전은 정예화된 공수부대의 필요성을 전 세계에 각인시켰을 정도였다.

1935년 키에프에서 대규모 공수강하 시범을 보이는 소련군. 이를 참관한 슈트덴트는 큰 감명을 받고 팔슈름야거 창설의 주역이 되었다.(1935년 촬영된 구 소련의 체제 선전 사진)

1940년 5월 난공불락으로 평가받던 에방에말 요새를 공략한 직후의 팔슈름야거. 이 작전 성공 이후 자타가 공인하는 독일군 최정예 부대로 인정받았다.(사진 : Bundesarchiv, Billd 146‒1971‒011‒27 / Büttner, Creative Commons)

이렇게 정예라는 자부심이 가득하고 찬란한 전과를 올렸던 독일의 독수리 팔슈름야거가 크레타 섬 침공의 선봉으로 예정되었다. 그런데 막상 공중 강습을 통한 크레타 섬 침공을 계획했지만 방어막을 형성하고 있는 2만여 명의 영국군을 일거에 소탕하기 위해서는 그 전까지 누구도 실시해본 적이 없는 대규모 작전이 요구되었다.

적어도 섬에 주둔하고 있는 연합군과 대등한 규모의 병력을 일거에 집중 투입해야 했다. 그런데 문제는 이 정도의 대규모 병력을 공중 강습으로 투하했던 경험은 당시까지 독일은 물론 지구상의 어느 나라도 없다는 점이었다. 사실 현재도 사단급 정도의 병력과 장비를 일거에 공수할 수 있는 능력을 가진 나라는 미국이나 러시아 정도뿐이다.

독일은 아무도 해본 적이 없으니 당연히 참조할 선례도 전혀 없는 거대한 공수작전을 벌여야 했다. 자부심이 끓어넘치는 상태였지만 용기만으로 모든 것을 완벽하게 할 수는 없는 노릇이었다. 이제 크레타 섬은 군 역사에 있어 새로운 시험장이 되었다.

원대한 작전 그러나

독일의 작전 개요는 다음과 같았다. 팔슈름야거를 공수 낙하시켜 크레타 섬의 주요 거점, 특히 공항을 확보한 다음 주력 후속 부대를 항공편으로 속전속결 전개하여 최대한 빠른 시일 내 완전 점령하는 것이었다. 사실 작전의 주요 목표는 지극히 단순하고 그렇게 하는 것이 원칙이지만 이를 달성하기 위한 세부 계획은 치밀해야 했다. 특히 선발대 선정은 매우 중요했다.

선발대는 독일 최초의 팔슈름야거 사단인 제7공수사단이었다. 3개 공수 연대로 구성된 총 8,000여 명의 최정예 제7공수사단은 크레타 섬의 주요 거점인 말레메Maleme, 차니아Chania, 리딤노Rethymno, 헤라클리온Heraklion으로 각각 나뉘어 공수 낙하하기로 예정되었다.

이들은 공수 낙하 후 비행장과 목 지점을 신속히 확보한 후, 후속하여 항공편으로 들어올 제5산악사단이 안전하게 투입될 수 있도록 교두보를 최대한 고수해야 했다. 반면 독일의 침공을 방어할 연합군은 영국 제14여단, 영연방 뉴질랜드사단, 영연방 제19호주여단, 그리고 약간의 그리스군을 포함한 총 2만 5,000여 명으로 구성되어 있었다.

단지 병력면에서만 본다면 이들 부대는 충분히 독일 침공군을 방어할 만했다. 더구나 아무리 독일군이 난다 긴다 해도 구조적으로 병력이 축차 투입될 수밖에 없기 때문에 훨씬 유리했다. 하지만 그들은 지금까지 전 유럽을 순식간에 석권하며 보여준 천하무적 독일군의 전투력에 대해 막연한 공포심을 가지고 있었다.

더구나 크레타 섬으로 오기 전에 이들은 아프리카에서 추축국 군대와 싸웠던 경험이 있었다. 이탈리아 정도는 가지고 놀았을 정도였지만 롬멜이 지휘하던 독일군은 전혀 다르다는 것을 잘 알고 있었다. 비록 막강한 영국 해군이 보급로를 확보해주었지만 작은 크레타 섬만 놓고 본다면 독일의 공군력은 영국군이 우위를 누리던 해군력의 이점을 상쇄시켰다.

그런 점에서 이번 작전의 핵심은 초전에 기습적으로 공수 투입될 제7공수사단이 얼마나 빨리 교두보를 확보하고 후속 주력이 투입될 때까지 영국군의 저항을 물리치는가에 달려 있었다. 아무리 영국군이 독일군에 대해 두려움이 있다고 해도 저항을 포기하고 순순히 항복할 그런 나약한 군대가 아님을 독일도 잘 알고 있었다.

그런데 문제는 독일이 시도하려는 이러한 원대한 작전을 위한 참고 자료가 아무것도 없다는 점이었다. 그 이전에 어느 누구도 해보지 못한 사단급의 부대를 공중 강습할 예정이었는데 결론적으로 이로 인해 생각지 못한 여러 시행착오가 발생했고 이러한 준비 부족은 아름다운 크레타 섬을 피로 얼룩지게 만드는 단초가 되었다.

독일은 제7공수사단을 수송하기 위해 제11항공군의 Ju 52 수송기 530기와 DFS 230 글라이더 70기를 동원하기로 예정했지만, 그리스의 비행장들이 좁아서 이들을 동시에 이륙시킬 능력이 되지 않았다. 수비군을 즉시 제압하기 위해 되도록이면 많은 병력을 동시에 투입해야 했는데 출발부터 그럴 여건이 되지 못했던 것이다.

이러한 제한으로 인해 독일군은 작게 쪼개져 순서대로 축차 투입될 수밖에 없었다. 그런데 이번에는 경무장의 공수부대가 소수로 나뉘어져 차례대로 투입되면 방어군에 제압당할 위험이 크다는 것이 문제였다. 아무리 팔슈름야거의 전투력이 뛰어나다 하더라도 적진 한가운데 소수의 제대로 나뉘어 뛰어드는 전술은 누가 보더라도 몹시 위험한 작전이었다.

되도록이면 처음에는 방어군의 사거리 밖에 착지해야 하는 것이 맞는데, 크기가 작고 연합군이 요소요소에 촘촘히 배치된 크레타 섬은 구조상 어쩔 수 없이 방어 부대의 머리 위로 뛰어내려야 했다. 한마디로 최초 투입 단계에서부터 대규모의 희생을 전제하지 않고는 작전을 펼칠 수 없는 상황이었다. 더구나 당시의 기술로는 심야에 기습적인 대규모 강습을 할 수 없었다. 이러한 여러 가지 이유들로 인해 제7공수사단은 벌건 대낮에 적의 배후도 아닌 방어군이 촘촘히 들어선 좁은 섬 한가운데서 작전을 실행해야 하는 위험을 감수해야 했다. 하지만 무엇보다 가장 큰 문제는 기습 효과를 달성할 수 없었다는 점이다. 당시 독일이 자랑하던 암호 체계가 뚫려 영국은 이미 독일이 언제, 어떠한 방법으로, 어디로 공격할지를 꿰뚫고 있었다. 반면 독일은 그동안의 성과에 자만했는지 팔슈름야거가 도착한 곳이 불구덩이 속이라는 참담한 사실을 전혀 모르고 있었다.

피로 물든 꽃잎들

1941년 5월 20일 아침 7시 독일이 점령한 그리스의 각 비행장에서 수백 기의 Ju-52 수송기가 일제히 시동을 걸었다. 지금까지 그 누구도 시도해보지 못한 공중 강습이라는 방법으로 크레타 섬을 점령하려는 작전이 시작된 것이고 그 선봉은 정예 팔슈름야거가 담당했다.

그런데 독일은 기습이라고 생각하고 있었지만 영국은 이미 이들을 환영할 준비를 완료하고 있었다. 어차피 공수부대원을 태운 대규모의 수송기들이 크레타 섬 상공에 나타나면 영국군들도 독일의 침공을 알겠지만, 전혀 모르고 있다가 당하는 것과 사전에 철저히 대응할 준비를 완료하고 있는 것은 천양지차라 할 수 있다.

게다가 독일은 치명적인 실수를 또 범했다. 공수 병력이 안전하게 착지하기 위해서는 목표 지점에 대한 사전 정지 작업이 필요한데 이를 게을리했던 것이다. 이것은 공수작전 여부를 떠나 아군이 적진 한가운데 투입되기 전에 반드시 거쳐야 할 상식이었다. 전선을 마주하고 있는 육지에서도 돌격전에 대대적인 포격은 당연한 것이다.

크레타 섬의 상공은 100여 기의 Ju-52가 뿌리는 하얀 꽃잎으로 뒤덮였다. 하지만 많은 공수부대원이 땅에 도착하기도 전에 주검으로 변했다. (사진 : New Zealand Official, public domain)

그런데 독일은 공수작전 3시간 전에 폭격기도 아닌 Me 110 전투기 14기에 의한 2차례의 형식적인 폭격만 했다. 노르망디 상륙작전 Normandy Invasion 당시 연합군의 대대적인 사전 폭격에도 불구하고 상륙군이 큰 타격을 입었던 사실을 상기한다면 이 준비가 얼마나 소홀했는지 알 수 있다.

제7공수사단 제1파를 운송한 제11항공군의 수송기들이 아침 8시경 크레타 섬의 차니아 상공에 도착해 팔슈름야거들을 하늘에 마구 토해내기 시작했다. 드디어 사상 최대의 공수작전이 개시된 것이다. 자부심으로 가득 찬 정예 팔슈름야거 대원들의 낙하산이 창공에 하나하나 펴지면서 크레타 섬의 상공은 일순간에 하얀 꽃잎으로 뒤덮였다.

하지만 이들을 맞이한 것은 섬 곳곳에 매복하고 있던 연합군들이 하

착지 전에 사살된 팔슈름야거 대원. 수송기에서 뛰어내린 공수대원들의 운명은 연합군들이 어떻게 영접하느냐에 전적으로 달려 있었다.(Bundesarchiv, Bild 101I-166-0527-22 / Weixler, Franz Peter / CC-BY-SA, Creative Commons)

늘을 향해 조준하고 있는 총구들이었다. 그들은 침공군이 언제 어디로 올 것인지 정확히 알고 모든 태세를 마치고 기다리고 있었다. 때문에 순식간 하늘을 뒤덮으며 강하하고 있던 팔슈름야거의 모습에 결코 당황하지 않았고 사정거리 이내로 내려오기를 침착히 기다리고 있었다.

천천히 낙하하는 팔슈름야거들이 사거리에 진입하자 일제히 연합군의 화기들이 불을 뿜어대기 시작했다. 수많은 총알이 아무 방어 준비도 못하고 강하하고 있는 공수부대원들을 관통했다. 사방에서 외마디 비명과 함께 땅에 발을 딛기도 전에 차례차례 죽어나가기 시작했다. 공수부대원들이 할 수 있는 일이라고는 아무것도 없었다. 단지 땅에 도달할 때까지 총알이 자신에게서 빗나가기만을 기도하는 수밖에 없었다. 더구나 당시 팔슈름야거들이 사용한 낙하산은 한 번 펴지면 그것으로 끝이었다. 방향 전환을 할 수도 없어 속수무책 그냥 떨어져 내리는 수밖에 없었다. 설령 방향을 바꿀 수 있다손 치더라도 총알을 피하기에는 역부족이었다. 그들이 할 수 있는 것은 아무것도 없었던 것이다. 더구나 바다로 떨어진 대원들 중 수많은 이들이 낙하산을 분리하지 못해 몸에 엉켜 헤엄쳐 나오지 못하고 익사했다. 천우신조로 총알과 바다를 피해 간신히 착지에 성공한 부대원들도 대형을 갖추기 전에 숲 속에서 삽시간에 날아드는 총알들을 피할 수 없었고 마침내는 그들 또한 죽음의 행진에 동참했다. 단지 죽음의 순간이 조금 늦게 다가왔다는 차이뿐이었다. 그들은 생명을 다하고 떨어지는 꽃잎처럼, 힘없는 불꽃처럼 스러져갔다.

낙하작전은 부대원들이 넓게 흩어져 착지할 수밖에 없으므로 신속히 대형을 갖추어야 생존이 보장된다. 팔슈름야거들은 낙하 직후 교전이 벌어지면 가까이 있는 대원들끼리 제대를 급편해 전투에 임했다. 내무반에서의 제대와 실전에서의 제대가 다르므로 당연히 훈련도 달리 받았다. 하지만 전투 대형을 제대로 갖출 틈도 없이 그들은 죽어나간 것이다.

크레타 섬의 첫날 모습은 그동안 팔슈름야거들이 반복하며 훈련을 받았던 예상 상황에서 크게 벗어났다. 한마디로 그다음이 생각나지 않는 위급한 순간이었다. 구사일생으로 착지에 성공하고 간신히 매복에 성공한 대원들이라 하더라도 그다음 단계로 취할 수 있는 행동이 아무것도 없었다. 그들에게는 중화기는커녕 가장 기본적인 소총도 없었기 때문이었다.

무덤이 되어가는 섬

군인이 무기 없이 작전을 벌인다는 게 상상이 가는가? 그런데 상식으로는 도저히 이해가 가지 않지만 초기 팔슈름야거들은 무기를 휴대하지 않고 낙하했다. 당시에는 낙하 도중 낙하산에 무기가 걸려 추락사고가 날 것을 염려해 대원들과 별개로 별도의 컨테이너에 화기를 담아서 낙하시키는 전술을 구사했다.

그만큼 공수작전과 관련한 사전 지식이나 노하우가 부족했다. 다른 한편으로는 당시의 무기나 낙하산을 비롯한 여러 장비들도 현대와 비교해보면 부족한 점이 많았다. 예를 들면 낙하산조차도 방향을 바꿀 수 없어 속수무책으로 공격을 당하는 경우가 많았을 정도였다. 엄밀히 말해 몰랐던 것이 아니라 당시 상황으로서는 그것이 최선의 방법이었다.

때문에 착지한 후 대원들이 제일 먼저 할 일은 함께 투하된 컨테이너를 찾아 재빨리 무장을 하고 대형을 갖추어 작전에 나서는 것이었다. 하지만 작전 첫날의 크레타 섬 상황은 컨테이너를 찾기보다는 사방에서 퍼붓는 총알을 피해 몸을 숨기는 것이 급선무였다.

발톱이 없는 독수리들은 컨테이너가 수십 미터 앞에 뻔히 보여도 단지 쳐다볼 수밖에 없는 경우가 많았다. 아무리 훈련을 많이 받고 일당백의 전투력이 있다고 자화자찬하는 정예 팔슈름야거들이라 해도 총 없이는 적과 싸울 수가 없다. 죽지 않고 착지했다면 되도록 구석에 숨어 있는 것이 그들이 유일하게 할 수 있는 일이었다.

만일 가까운데서 수색하는 연합군을 만났다면 항복하거나 돌을 던지는 것 외에는 방법이 없었다. 특수부대원들이 난사하는 총알을 피해가며 맨손으로 수많은 적을 일거에 제압하는 것은 〈람보Rambo〉 같은

초기의 팔슈름야거들은 안전을 고려해 총기를
휴대하지 않고 낙하했다.
(사진 : Bundesarchiv_Bild_101I – 584 – 2154 –
06A, Creative Commons)

영화에서나 가능한 일이다. 그런데 이러한 참담한 비극은 이제 겨우
시작에 불과했다.

제1파가 속수무책으로 당하면서 궤멸되고 있을 때, 전장의 암울한
상황을 제대로 파악하지 못하고 있던 독일 지휘부는 계속해서 제2파,
제3파를 축차적으로 공수하고 있었던 것이다. 당연히 이들도 제1파가
그랬던 것처럼 제대로 펴보지도 못하고 하늘을 붉게 물든 꽃잎이 되
어 차례차례 사라져가기 시작했다.

호위기도 없이 비무장으로 저고도로 느리게 다가오는 수송기들 또
한 대공포의 손쉬운 표적이 되었다. 그런데도 독일은 이들을 호위하고
지상의 대공포를 제압할 공격기들이 함께 작전을 펼치지 않았다. 판단
실수도 있었지만 병력을 공수할 수송기의 출격이 우선이다 보니 구조
적으로 전투기나 공격기들이 이륙할 수 없었던 것이다.

당연히 수많은 공수대원들이 강하도 못해 보고 비행기와 함께 사라

느린 Ju 52 수송기들은 쉽게 표적이 되어 사라졌다. 이들 일부는 최근에도 인양되고 있다.
(사진 : Arthur Conry, Creative Commons)

져갔다. 피격을 면한 수송기에서 뛰어내려 연합군 머리 위로 천천히 낙하하는 팔슈름야거들은 단지 사격연습용 표적일 뿐이었고 이 사격에서 벗어나 간신히 착지에 성공한 대원들도 비무장이었기 때문에 소탕하기 쉬운 먹잇감일 뿐이었다.

이처럼 독일군 최고의 정예병들은 아무런 대책도 없이 외마디 비명과 함께 사라져갔다. 간신히 무기를 회수하고 대형을 정비한 일부 부대원들이 간간히 반격에 나서기는 했지만 압도적인 전력을 바탕으로 중화기를 난사하는 연합군에 쉽게 제압당할 뿐이었다. 크레타 섬은 팔슈름야거들의 무덤으로 변해갔다.

자신만만하게 작전을 주도한 아테네에 있는 독일 지휘부의 무전기로 들어오는 소식은 오로지 피해 상황과 살려달라는 절규뿐이었다. 전혀 예상 밖의 상황에 그들도 혼란스러웠다. 적이 어떻게 대비를 했는지 궁금하거나 놀랄 만한 시간적 여유도 없을 만큼 크레타 섬의 상황은 급박했다.

부정확한 정보로 섬의 세 곳에 뛰어내린 병력들은 애초에 목표로 했던 비행장 확보는커녕 불바다에 내팽개쳐진 고립무원의 팔슈름야거들은 사살하기 쉬운 사격 표적이 되어 그냥 죽어갈 수밖에 없었다. 슈트덴트는 크레타 점령이 참담한 실패로 끝날 것 같다는 생각을 가지기 시작했다.

후속하여 비행기를 타고 크레타 섬으로 진입할 예정이었던 제5산악사단 선발대와 이후 크레타 섬 평전 후 배를 이용해 도착할 예정이었던 중무장한 후속 부대들은 비행기나 배도 못 타보고 작전을 종결해야 할지도 몰랐다. 그런데 바로 그때 연합군 측의 작은 실수가 전세를 반전시키는 결과를 가져왔다.

피의 대가

크레타 섬의 요충지를 굳건히 방어하며 선전하고 있던 연합군이 방어선을 재구축하고자 말레메 공항이 내려다보이는 107고지에서 후퇴를 했다. 이것은 연합군이 이길 가능성이 컸던 크레타 전투의 전세를 스스로 뒤집는 엄청난 결과를 초래했다. 한마디로 전투의 향방을 일거에 바꿔버린 치명적인 오판이었다.

수비군이 2만 5,000여 명의 병력이었던 데 반해 그때까지 크레타 섬에 낙하한 팔슈름야거는 단지 8,000명뿐이었고 대부분 엄청난 피해를 입고 있던 입장이었다. 일방적으로 이기고 있던 상황이었는데도 불구하고 공항을 제압당할 수 있는 최고의 거점을 스스로 포기한 연합군

전면의 위기에 몰렸던 팔슈름야거들은 우연히 요충지를 차지하면서 반격의 계기를 만들었다.(사진
: Bundesarchiv, Bild 101I‒166‒0508‒31 / Weixler, Franz Peter, Creative Commons)

의 행태는 사실 미스터리할 정도다.

반면 독일의 제7공수사단 잔여 병력은 연합군이 철수하면서 무주공
산이 된 107고지를 기진맥진한 상태에서 얼떨결에 접수하긴 했지만
그곳이 얼마나 중요한 지점인지 정확히 알고 있었다. 107고지를 통해
공항만 장악한다면 그들을 지원할 제5산악사단이 즉시 들어올 수 있
기 때문이었다. 그리고 작전 시 장악할 목표 지점이기도 했다.

전멸 위기에 처했던 팔슈름야거들은 마지막 목숨을 걸고 107고지를
지켜내고자 했다. 그들에게는 107고지가 마지막 남은 유일한 생명줄
이었다. 이곳을 팔슈름야거가 장악하자 연합군은 말레메 공항에서 물
러나야 했다. 뒤늦게라도 107고지의 중요성을 알았다면 다시 장악하
기 위해 공격을 해야 했는데 영국군은 이마저도 포기했다.

말레메 공항을 장악했다는 소식이 독일 지휘부에 전달되자 곧바로 병력을 투입하기 시작했다. 지원군을 실은 수송기들이 공항을 통해 속속 도착하면서 전멸 위기까지 몰렸던 팔슈름야거들을 구출하기 시작했다. 전세도 서서히 반전되기 시작해서 연합군이 증강되는 독일군을 막기 위해 포격을 가했지만 때는 이미 늦었다.

독일군은 5월 22일 대부분의 크레타 섬을 장악했고, 승기를 잃은 연합군은 해상을 통해 이집트로 철수를 시도했다. 그러나 제공권 장악에 실패한 이들은 대부분 독일의 포로가 되었다. 한순간 잘못된 판단을 한 실수로 연합군은 다 이긴 전투에서 어이없이 패했고 독일은 목표한 크레타 섬을 차지했다. 그러나 승리를 거두기는 했지만 독일에도 손실이 너무나 큰 전투였다.

독일이 나흘간 작은 섬을 공략하는 데 본 피해가 전사자 1,915명, 실종 1,759명, 그리고 부상자 1,632명이나 되었다. 이번 피해의 대부분은 히틀러가 애지중지 여기던 독일의 최정예 팔슈름야거들이었다. 양성하는 데 많은 시간과 비용이 드는 귀중한 자원인데 너무 쉽게 소모해 버렸다. 바로 직전에 있었던 발칸 반도 전투와 비교하면 어느 정도 엄청난 규모의 피해인지 여실히 알 수 있다. 독일은 한 달 동안 유고슬라비아, 그리스를 점령하면서 전사 2,500명, 실종 3,000명, 부상 6,000명의 피해를 입었을 뿐이었다. 1975년까지도 시신이 발굴되었을 정도로 수많은 무명 병사가 이 작은 섬에서 죽어갔다.

발굴된 주검들이 독일군이든 연합군이든 그것이 중요한 것은 아니었다. 다만 제대로 된 계획을 세우지 못한 지휘부의 잘못된 판단으로 인해 수많은 병사가 불구덩이인 줄도 모르고 뛰어들어가 몸을 태웠던 것이다. 크레타 섬 침공전은 실제로 섬은 점령했으나 실패한 작전

전투 종결 후 조성된 팔슈름야거 전사자 무덤. 예상 외의 피해에 놀란 히틀러는 이후 대규모 공수작전을 금했다.(사진 : Bundesarchiv, Bild 141 – 0848, Creative Commons)

이었다.

　피해 상황에 놀란 히틀러의 격노는 대단한 것이어서 이후로는 이러한 대규모 공수작전을 금했을 정도였다. 이를 기화로 팔슈름야거들은 무솔리니 구출작전처럼 극소수의 특공작전 외에는 공중을 통한 침투를 되도록 삼가면서 일반 보병부대화가 되는 계기가 되었다. 이제 날개를 꺾은 팔슈름야거는 더 이상 공수부대라고 하기 어려웠다.

　반면 독일의 대규모 공수작전에 깊은 감명을 받은 연합군은 독일의 실패 원인을 심층 분석하여 대규모의 공수부대를 양성했다. 결국 참담한 패배를 통해 귀중한 대규모 공중 강습에 관한 노하우를 습득한 연합군은 4년 후 노르망디에서 사상 최대의 대규모 공수작전을 성공시키면서 독일의 패망을 재촉하는 데 일익을 담당했다.

　같은 사건을 놓고 한쪽에서는 다시는 시도조차 하지 않았던 반면 다른 한쪽에서는 교훈으로 삼아 발전시킨 것이다. 그런데 시간이 갈수록 낙하산을 이용한 대규모 공중 강습은 더 이상 실시하기 힘든 작전이 된 것은 맞다. 공수에 따른 장점보다 위험이 훨씬 커졌기 때문이다.

무엇을 얻었나?

크레타 섬 전투에 관한 자료들을 볼 때마다 항상 떠오르는 의문이 있다. '도대체 뭘 믿고 저렇게 무모한 작전을 펼칠 수 있었나?' 하는 점이다. 결과적으로 크레타 섬을 점령하긴 했지만 뭐 하나 제대로 한 것도 없이 피만 부른 아마추어 같은 작전이었다. 당연히 두고두고 교훈으로 삼을 만한 잔혹한 기록이 되고 말았다.

공수작전에 관한 체계적인 노하우가 쌓여 있는 지금의 시각으로만 보면 당시의 시도가 황당하다고 생각할 수도 있다. 그러나 그 당시의 장비나 노하우를 고려한다면 지금의 기준으로 당시 작전을 단정할 수는 없을 것 같다. 가장 최신이라는 현재의 것도 미래의 기준에서 본다면 어이없는 것일 수 있기 때문이다.

하지만 침투하는 방법만 전례가 없었다 뿐이지 동서고금을 통틀어 기습적으로 상대방의 허를 찔러야 한다는 만고불변의 진리를 독일은 완전히 무시했다. 이처럼 기본을 무시한 작전이 완벽히 성공할 것이라고 믿었다면 당연히 오산이다. 아니 만용이라 할 수 있다.

독일은 1941년 5월 크레타 섬 침공 전까지 패배를 모르는 무적의 군대였다. 온 유럽과 북아프리카는 순식간에 독일의 군홧발에 짓밟혔고 감히 대적할 상대가 없어 보였다. 당시 실패로 막을 내리고 있던 영국 해협 전투를 독일 측에서는 때리다 지친 것으로 생각했을 뿐이지 결코 패배라고 인정하지 않았다. 한마디로 자만이었다.

그래서였는지 독일이 크레타 섬에서 보여준 어이없는 작전 과정은 적을 너무 우습게 여겼던 만용의 극치였다. 우선 공격을 위해 투입이 예정된 병력 규모가 연합군보다 작았다. 그동안의 승리에 도취되어 있던 독일군은 언제부터인가 어떠한 상대도 쉽게 굴복시킬 수 있을 것이라는 믿음이 공고화되었던 것이다.

대규모 공수를 통한 기습 공격은 상당히 창의적인 전법이었지만 여기에 대한 세밀한 작전계획과 충분한 사전 연습이 없었다. 단지 '우리가 투하하면 적들은 놀라서 항복하고 지금까지 그랬던 것처럼 우리는 쉽게 승리하겠지' 정도였다. 그렇다 보니 영국군의 극렬한 저항에 부딪히자 마땅한 대처 방법도 내지 못하고 당황할 수밖에 없었다.

하물며 시나리오대로 제작하는 영화도 수차례의 NG와 수정을 거쳐 작품이 완성되는데, 목숨을 걸어야 하는 거대한 실전의 작전에 대한 사전 준비가 너무 부실했다. 승리를 위해서는 때로는 희생을 감수하고 물러섬 없는 전진을 펼쳐야 하기도 하지만, 아군의 피해를 최소화하면서 승리를 쟁취하는 것도 작전 수립의 중요 철칙인데 이를 무시했다.

단지 전례가 없다는 이유만으로 제1차 세계대전의 참호전처럼 귀중한 목숨을 소모품처럼 낭비하는 작전은 결코 바람직하지 않다. 또한 적군을 최대한 많이 살상하고 승리를 거머쥐는 것도 성공적인 승리는 아니다. 오히려 참고로 삼을 만한 사례가 없다면 신중에 신중을 기하여 계획을 수립해서 피해를 최소화시켜야 했다.

하지만 철저하게 이를 무시하고 과정보다 승리라는 목적 달성에만 모든 계획을 집중시켰다. 작전 입안자는 결코 그럴 의도가 없었겠지만

크레타 섬에서 구사일생으로 탈출에 성공한 영국군. 하지만 독일도 피해가 너무 컸기 때문에 크레타 섬 전투에서는 승자가 없다고 봐야 한다.(사진 : public domain)

결국 그렇게 되었다. 결론적으로 목적을 이루었지만 과정에서 참담한 실패를 본 독일의 크레타 섬 침공전은 만용이 얼마나 참담한 결과를 가져오는지를 여실히 보여주는 반면교사다.

　그런데 이런 바보들의 행진은 독일에만 국한된 것도 아니다. 승자가 될 수 있었던 영국도 뭐 하나 제대로 한 것이 없었다. 분명히 공격을 가할 상대에 대해 충분히 알고 있었지만 비무장 상태로 낙하하는 독일군을 저격했던 것을 제외한다면 스스로 무덤을 파고 제대로 된 저항도 못해보고 도망 다니기에 급급했다.

　항복하던 바로 그 시점까지도 독일 침공군의 전력이 압도적이지 않앉는데 지레 겁먹고 찾아서 패배자의 길을 갔던 것이다. 상대의 계획을 사전에 확실하게 파악하고 있었고 또 대응 전력도 충분했음에도 이처럼 패배한 사례는 찾아보기 어렵다. 한마디로 크레타 섬 방어에 나선 영국군은 한심함의 극치였다.

1941년의 크레타 섬의 전투는 지나친 자만에 빠져 있던 강력한 침공군과 전투 의지가 박약하고 허우대만 큰 수비군과의 어이없는 살육전이었다. 서류상으로는 독일의 승리라고 할 수 있으나 진정한 승자는 없고 패배한 이들만 남은 전투였다. 그런데 안타깝게도 이러한 사례는 이후 인류 역사에 여러 번 재현된다. 어쩌면 역사 속의 아픔이나 실패에서 제대로 교훈을 되새기지 못하는 것도 인간의 한 특징이 아닐까.

제5장

영화보다
더 영화 같은
전쟁
- 서부전선의 스캔들

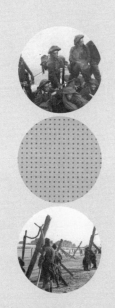

나치 2인자의
단독 비행

모두를 경악시킨 포로

프랑스를 굴복시킨 독일의 다음 상대는 영국이었다. 약간의 형식적인 외교 공방이 오고 간 후 독일은 지체 없이 침공을 단행했다. 해군력이 약한 독일의 선봉은 세계 최강의 공군, 즉 루프트바페였다. 이후 영국과 독일은 이른바 '해협의 결투'라고 불리는 사상 최대의 공중전을 펼쳤다. 영국은 독일의 예상을 뒤엎고 격렬하게 저항했고 1년에 가까운 싸움은 점차 소강상태로 접어들었다.

그러던 1941년 5월 10일, 독일 공군의 메서슈미트 Bf 110 전투기 한 기가 북해를 가로질러 그레이트 브리튼Great Britain 섬 북부의 스코틀랜드 수도인 글래스고우Glasgow 인근까지 침투한 일이 있었다. 특이한 것은 이 전투기의 조종사는 적대 행위도 하지 않았으며, 영국 공군의 요격도 없는데 낙하산으로 탈출한 점이다. 전투기는 밭에 추락했고 조종사는 착륙지 근처에 있던 농부의 신고로 군부대에 체포되었다.

영국 전쟁 박물관IWM에 전시 중인 문제의 Bf 110 전투기 동체 일부. 이를 조종하고 순순히 체포된 인물이 다름 아닌 격렬하게 전쟁 중이던 나치 독일의 2인자 헤스였다.(사진 : DanielHP, Creative Commons)

포로가 된 조종사는 조사 과정 중 처음부터 글래스고우 귀족인 해밀턴 공작Douglas Douglas-Hamilton과의 면담을 요구했고 그 외의 질문 사항에 대해서는 답변을 일절 거부했다. 여타 독일군 피격 조종사들과 차이가 나는 행동을 보이던 포로의 요구에 군 수사 당국은 해밀턴 공작과의 면담을 주선했다. 당국의 요청으로 조사에 협조하기 위해 불려온 해밀턴 공작은 이 포로를 보는 순간 숨이 멎는 충격을 받았다.

해밀턴 공작은 이 포로와 1936년 독일 베를린 올림픽에서 처음 만난 이후 개인적으로 교분을 쌓은 사이였기 때문이다. 그런데 단지 그것만으로 놀란 것은 아니었다. 그 포로는 바로 나치의 2인자로 거론되던 루돌프 헤스Rudolf Walter Richard Hess였던 것이다. 치열하게 전쟁을 벌이고 있던 당시에 교전국 권력 핵심 중의 핵심 인물이 영국 한가운데 갑자기 등장한 것이다.

헤스는 '최초의 히틀러 신봉자'라고 불릴 만큼 히틀러의 최측근이었다. 제1차 세계대전 당시에는 서로의 존재를 몰랐지만 히틀러와 같은 부대에서 잠시 복무했던 인연이 있었다. 이후 전투기 조종사로 활약하다가 1918년 소위로 종전을 맞이했다. 종전 후 대학생이 된 그는 1924년 뮌헨 쿠데타 후 투옥되었을 때 히틀러와 한방을 쓰면서 히틀러의 자서전인《나의 투쟁》의 집필 작업을 도왔다.

당시 헤스는 여자 친구에게 보낸 편지에 '히틀러에 대한 나의 마음은 사랑 이상'이라고 적었을 정도로 히틀러의 사상에 크게 감명을 받게 되었다. 히틀러 또한 "헤스는 당의 대리인이며, 만약 나에게 일이 생기면 그가 나를 승계한다"라고 말했을 만큼 신뢰를 보내던 사이였다. 한마디로 히틀러와 더불어 나치 정권을 탄생시키는 데 가장 핵심적인 역할을 담당한 인물이라 해도 과언이 아니었다.

비록 영국으로 단독 비행을 한 당시에는 괴링, 괴벨스 그리고 슈페어 같은 주변 인물들의 득세로 인해 헤스가 나치 정권 초기만큼 중추적인 인물은 아니었다는 주장도 있다. 하지만 현재 통용되는 대부분의 사전, 책자, 문헌에서도 헤스를 '총통 대리'라고 나올 만큼 나치의 핵심 인물임은 부인할 수 없다.

그러한 중요 인물이 갑자기 혈혈단신으로, 그것도 전쟁 중에 영국으로 날아왔으니 해밀턴 공작뿐 아니라 영국 전체가 발칵 뒤집어질 수밖에 없었다. 그런데 뒤집힌 것은 영국만이 아니었다. 독일도 놀라기는 마찬가지였다. 히틀러는 전혀 생각지도 못했던 그의 비밀스런 영국행을 가리켜 '정신 이상자의 배신행위'로 격렬히 몰아붙였다. 적어도 그의 영국행은 히틀러의 의중과 상관없이 이루어진 것이었다.

생각지도 못한 주장

헤스는 즉시 영국 최고 조사기관으로 이첩되어 엄중하게 심문을 받았다. 이때 그는 "독일과 영국이 전쟁을 끝낼 것을 영국 국왕에게 진언하고자 찾아왔다"고 주장했다. 당시 수사 기록에 다음과 같은 진술 내용이 기록되어 있다.

"자식을 잃고 통곡하는 어머니들 모습이 떠오르지 않는가? 독일과 영국 어머니들의 앞에 놓여 있는 자식들의 관들이 보이지 않는가? 나는 전쟁을 중지할 것을 요청하기 위해 왔다."

한마디로 종전을 하자는 제의를 한 것이다. 헤스가 그런 제의를 할 만한 위치에 있는 사람인 것은 분명히 맞는데, 문제는 이런 주장이 히틀러의 지시에 의한 것이 아니라 그의 단독적인 판단에 따른 행위였다는 점이다. 종전 후의 여러 자료를 살펴보면 헤스의 단독 강화 교섭 사건에 대해 히틀러가 어떠한 사전 보고도 받지 못했고 그런 만큼 충격도 컸다.

그런데 의문스러운 점은 헤스가 자신을 배신했다고는 생각하지 않은 점이다. 그렇다면 헤스는 히틀러의 심복답게 어느 정도 총통의 의중을 꿰뚫고 있었던 것일까? 사실 여러 글을 살펴보면 히틀러는 처음부터 영국과의 대결을 피하기 원했고, 오히려 범게르만주의에 바탕을 두고 인종적으로 가까운 영국을 동맹국으로 삼고 싶어 했다는 주장도 있다.

1714년 독일계인 조지 1세Gerge I의 등극 이후 영국 왕실은 독일과 떼어놓고 이야기하기 힘들 만큼 가까운 관계였다. 미스터리로 회자되는 됭케르크에 고립된 영국군을 향해 독일이 진격을 멈추었던 일, 참모들의 진언에도 불구하고 영국에 대한 개전 시기를 늦추어 영국이 군비 확충에 나설 수 있는 결정적인 시간을 주었던 일 등이 모두 히틀러가 직접 결정했기에 벌어진 일이었다. 그만큼 히틀러는 영국과의 개전을 신중하게 생각한 것이 사실이다.

오히려 궁극적인 제거 대상인 소련과의 전쟁에 영국을 동맹국으로 끌어들이고자 노력했다는 이야기도 전해지고는 한다. 아마도 이런 히틀러의 의중을 내심 알고 있었던 헤스가 괴링 등 여러 경쟁자들과 충성 경쟁에서 서서히 뒤처짐을 느끼자 총통의 환심을 사고자 독단적으로 사건을 벌였다는 주장이 설득력이 있다. 그러나 분명한 것은 히틀러의 지시에 의한 행위가 아니었다는 점이다.

하지만 곧이어 1942년 6월 독소전쟁이 개시되어 독일의 영국에 대한 압박이 줄어들고 자연스럽게 소련과 영국이 동맹관계에 놓이게 되자, 헤스의 단독 비행이 영국과 소련을 이간시키려는 히틀러의 음모라고 판단했다. 결국 헤스는 종전 때까지 감옥에 갇혀야 하는 운명이 되었다. 물론 독소전쟁이 발발하지 않았다고 영국과 독일이 단독 강화할 가능성은 그다지 크지 않았다.

전후 뉘른베르크에서 열린 전범재판에서 종신형을 선고받은 헤스는 독일의 스판다우에 있는 감옥에서 연합국의 감시 속에서 1987년 8월 17일까지 여생을 보내다가 93세 되던 해에 자살하여 파란만장한 생을 마감했다. 한때 고령이라는 이유를 들어 석방 가능성이 검토되기도 했지만 죽어서야 감옥에서 나올 수 있었다. 그는 가장 오랫동안 생존했던 나치 최고위층이기도 했다.

전후 뉘른베르크 재판 당시 괴링(왼쪽), 되니츠Karl Dönitz(가운데)와 함께 재판을 받는 헤스. 괴링과 헤스는 히틀러의 후계자임을 자처한 나치의 2인자들이었다. 독일 해군 총사령관이었던 되니츠는 히틀러 사후 대통령에 올라 독일의 무조건 항복을 결정한 인물이다.(사진 : U. S. Army Signal Corps, public domain)

헤스는 뉘른베르크 재판정에서 종신형을 언도받기 직전에 한 최후 진술에서 "나는 하나도 이뤄놓은 것이 없다. 나는 양국 국민을 전쟁에서 구하지 못했다. 그러나 노력했으므로 행복하다"라고 말했다. 그의 영국행은 거대한 전쟁 중에 있었던 전혀 생각지도 못한 충격적인 사건으로 회자되고 있다. 과연 그는 전쟁을 막기 위해 단독 비행을 했던 것일까?

무모한 도전

영국, 두려움에 떨다

해가 바뀌어 1942년이 되었음에도 영국의 현실은 암담했다. 비록 독소전쟁의 개전으로 인하여 영국 해협 전투 때처럼 독일의 대대적인 불벼락이 줄어들고, 독일군의 상륙 위협도 상당 부분 제거되었지만, 전 세계 곳곳에서 벌어진 여러 전장에서 영국의 참담함은 갈수록 더해 회생될 기미조차 보이질 않고 있었다.

그냥 브리튼 섬에 틀어 박혀 있는 것이 최선의 방어책이었지만, 문제는 이런 식의 방어 이점은 반대로 걸림돌이 되기도 했다. 왜냐하면 영국은 생존에 필요한 상당 부분의 물자를 해상을 통해 외부에서 공급받고 있었는데, 비록 막강한 영국 해군이 생명선을 수호하는 데 적극 나서고 있다고는 해도 늑대 같은 독일의 U-보트들에 의해 공격당하기 일쑤기 때문이었다.

영국 본토 밖을 살펴보면 크레타 섬에서 쫓겨난 뒤로 독일과 전선을 마주하고 있는 유일한 장소인 북아프리카에서는 영국 원정군이 독일의 주력도 아닌 별동대 수준의 독일 아프리카 군단에 일방적으로 몰려다니기 바빴고, 아시아에서는 회심의 Z기동 함대가 침몰되면서 말레이 반도가 일본에 접수되고 버마와 인도까지 위협을 받는 지경에까지 이르게 되었다.

군이 다행이라면 독일 지상군의 대부분은 러시아 평원에서 북극곰과 건곤일척의 혈투 중이었고, 일본의 진주만 기습으로 그동안 우호적이기는 했지만 중립국이었던 미국이 영국 편으로 참전하게 되었다는 사실이었다. 하지만 당시 소련은 독일의 일방적인 공격에 패배가 예견될 만큼 위기 상황이었고, 미국은 전쟁을 선언했지만 아무런 준비도되어 있지 않은 상태였다.

그나마 우위인 해군으로 하여금 본토를 바다에서부터 방어하는 것외에는 이런 상황에서 영국이 할 일이라고는 딱히 없었다. 가끔가다장거리 폭격기들을 독일 영공으로 날려 보내 폭탄을 떨어뜨리고 오기는 했지만, 이것은 독일을 타격해 전략·전술적으로 효과를 얻기 위해서라기보다는 '우리도 독일의 중심부를 공격한다' 정도의 정치적인 선전 행위에 가까운 군사작전이었을 뿐이었다.

군사적으로 효과도 하나도 없고 잘못하면 자국의 귀중한 조종사들과 폭격기들을 소모시킬 수 있는 이러한 무모한 폭격작전을 벌인 가장 큰 이유는 그만큼 영국 국민들의 사기가 한없이 추락했기 때문이었다. 비록 허접한 이탈리아군을 상대로 북아프리카에서 반짝 승리를거두기는 했지만, 1939년 이후 추축국의 공세에 영국은 일방적으로밀려다니고 있었다.

이러한 패배의 연속은 자국민들에게 엄청난 절망감을 안겨주었다.

독일군의 폭격으로 폐허가 된 버밍햄 시가지. 영국 본토가 연일 독일의 공격을 받고 아프리카, 지중해 일대에서 패배가 이어지자 영국 국민의 사기는 말이 아니었다. 반전을 위한 획기적인 시도가 필요했다.(사진 : the United Kingdom Government, public domain)

특히 1940~1941년 사이에 일어난 영국 본토 항공전은 11세기 윌리엄 정복왕 이래 처음으로 섬나라 영국이 대륙으로부터 점령당할 것이라는 예상을 들게 할 정도로 호된 타격이었다. 그만큼 영국 국민들이 느낀 위기의식과 패배감은 큰 것이었다. 때문에 영국 위정자들에게는 이런 어려움을 반전시킬 계기가 필요했다.

이때 원래 같이 할 수는 없는 사이였지만 나치라는 공동의 적 때문에 자연스럽게 동맹관계가 된 소련은 영국 측에 유럽에 제2전선을 만들어달라고 애원했다. 나치의 대부분을 거의 혼자 상대하고 있던 소련은 체제 멸망까지 예견될 정도로 호된 1941년을 보내고 있었다. 그해 겨울 전선이 정체되었지만 1942년도 전망이 좋아 보이지는 않았기 때문에 소련은 독일의 전력을 어떻게든 분산시킬 필요가 있었다.

적진에 상륙을 결심하다

불굴의 신념으로 영국의 전시 상황을 영도하던 처칠은 소련의 계속된 제2전선 구축 요구에 부응하면서, 사기가 떨어진 영국 국민들에게 용기를 불어넣어 주기 위한 특단의 대책을 고심하고 있었다. 그러던 1942년 3월, 영국군 연합작전국 국장으로 부임한 루이스 마운트배튼Louis Mountbatten(현 엘리자베스 2세 영국 여왕의 시삼촌)이 처칠을 찾아와 기습 상륙작전을 제안했다.

처칠의 신임이 두터웠던 마운트배튼의 제안 내용은 독일이 점령한 유럽 지역에 소규모의 영국군을 상륙시켜 독일군의 배후를 기습해 혼란스럽게 만든 후 신속히 귀환시키자는 안이었다. 그는 언젠가 연합군이 유럽 대륙을 해방시키기 위해서 결국 대규모 상륙작전이 필요한데 여기에 관한 노하우를 축적하기 위해서라도 이러한 도전은 시도해봐야 한다고 생각했다.

장기적으로 볼 때 영국은 유럽 대륙에 근거지를 확보해야 하는데, 이를 위해서 선봉 부대가 기습적으로 상륙해 후속 통로로 사용 가능한 항구를 온전히 점령한 후 후속 보급과 지원이 가능한 교두보를 안전하게 확보하는 것이 가장 큰 선결과제였다. 따라서 장차 있을 수도 있는 대규모 상륙작전을 대비해서라도 상륙군, 해군 및 공군이 유기적으로 작전을 펼칠 수 있는 지휘체계, 전투체계, 보급체계 등에 대한 실험적 작전이 필요했다.

그렇다면 궁극적으로 상륙작전이 예견되는 지역과 관련이 있는 곳을 목표로 삼아야 했고, 당연히 영국 본토와 가까운 도버 해협 연안의 프랑스 북부 해안가가 작전 지역으로 떠오르게 되었다. 그런데 비록

마지막 인도 총독이기도 했던 마운트
배튼의 말년 모습. 뛰어나다고 할 수는
없지만 앞장서서 전쟁에 참전하며 의
무를 다한 귀족으로 처칠의 큰 신뢰를
받았다.(사진 : Allan warren, Creative
Commons)

의지는 있었지만 막상 이런 구상을 시험하기에는 앞서 기술한 것처럼
당시 상황이 그리 좋지 않았다. 1942년 초까지만 해도 나치는 전 유럽
을 석권하던 극성기였고, 그러한 독일이 점령하고 있던 프랑스 북부
해안은 그야말로 철옹성이었다.

따라서 이러한 적진 한가운데나 다름없는 점령지역에 아무리 소규
모라 하더라도 단지 시험 삼아 부대를 상륙시키자는 제안에 대해 반
대 의견이 많은 것은 당연했다. 하지만 상륙작전에 대한 의지가 컸던
마운트배튼은 오히려 최초 구상했던 코만도 부대보다 규모가 훨씬 큰
사단급 부대의 대규모 기습 상륙작전을 검토했고 이를 처칠에게 보고
했다.

마운트배튼은 경무장한 소규모 부대 대신 기갑장비를 갖춘 사단급

작전 지역으로 선정된 디에프 성의 최근 모습. 디에프 성에서 알 수 있듯이 오래전부터 해안가 인근에 마을이 있었다. (사진 : Ennepetaler86, Creative Commons)

부대의 상륙작전을 직접 시현해봄으로써 장차전에 관한 경험을 쌓고, 영국－프랑스 해협의 독일군 방어태세에 대한 구체적 정보를 획득함과 동시에 적진 한가운데인 유럽 대륙에서 독일군을 타격하는 모습을 대내에 보여줘 영국 국민에게는 용기를, 소련에는 생색을 낼 수 있을 것으로 생각했다. 처칠 또한 이러한 생각에 동의했다.

1942년 4월 4일 마운트배튼은 참모부에 세부 작전안을 짜서 보고할 것을 지시했고, 1942년 5월 영국－프랑스 해협 연안의 프랑스 항구도시 디에프Dieppe가 목표 지점으로 결정되었다. 디에프는 영국 본토와 직선거리로 80여 킬로미터 정도여서 전투기가 엄호할 수 있었고 일출

디에프 해안을 경계 중인 독일군. 당시 독일군 주력 대부분이 동부전선에서 격전 중이어서 이곳에는 주로 2선급 부대가 배치되어 있었지만 교전 경험은 캐나다군보다 많았다.(사진 : Bundesarchiv, Bild 101I - 291 - 1213 - 34 / Müller, Karl, Creative Commons)

전에 침입해 작전을 실시할 수 있을 것으로 평가되었다. 또한 원래 휴양지이자 작은 항구가 있어서 상륙 환경이 좋았고 추후 연계가 편리할 것으로 평가된 지역이었다.

참모부는 특수 임무를 수행할 코만도 부대가 사전에 침투하여 외곽인 바랑즈빌Varengeville과 베느발라Berneval에 설치된 해안 포대를 파괴하면 주력 침공부대가 푸르빌Pourville과 푸이Puys로 나뉘어 디에프 해안에 상륙해 항구에 정박한 독일군 함정을 파괴하고 서쪽으로 진격해 현지에 주둔 중인 독일군 거점을 초토화시킨 후 해가 뜨고 조수가 밀려오기 전에 유유히 퇴각한다는 세부계획을 수립하여 보고했다.

과거에서 교훈을 얻지 못하다

하지만 이러한 너무나 낙관적인 작전 안은 영국 군부 내에서도 격렬히 반대가 있었고 미국과 새로 구성한 연합군 총참모부에서도 너무 황당한 작전이라고 승인을 거부했다. 그러나 작전을 주도한 마운트배튼과 이를 후원한 처칠은 작전안대로 강행하기로 결정했다. 자신 만만했던 마운트배튼은 잘 몰라서 그러려니 하겠지만 처칠은 예전의 경험에서 전혀 교훈을 얻지 못했다는 것이 황당하다.

처칠은 영국의 해군장관이었던 제1차 세계대전 당시에 오스만투르크 제국의 전략 요충지인 갈리폴리Gallipoli를 점령하겠다면서 제대로 준비도 안 갖춘 상태로 상륙작전을 감행시켰던 적이 있었다. 그러나 엄청난 사상자와 더불어 역사에 길이 남을 참패를 당했고 본인도 책임을 지고 사임한 뼈아픈 경험이 있었음에도 어찌 된 일인지 처칠은 그때를 제대로 기억하지 못했던 것 같다.

비록 해군력이 강한 영국은 안전하게 상륙군을 바다로 이동시켜 해안가에 올려놓을 힘은 있었지만, 막상 해안가에 설치된 독일의 견고한 방어막은 우습게 생각하는 데 문제가 있었다. 상륙 이후의 전투는 육지에서 벌어지는데 영국은 사전 포격이나 폭격 등으로 독일의 방어망을 무력화시킬 준비가 미흡했다. 바바로사 작전 이후 독일의 주력은 대부분 동부전선에 투입되어 있었지만, 그렇다고 프랑스에 주둔해 있던 독일군이 그리 만만한 상대는 아니었다.

1942년 디에프는 독일 제302사단 예하의 2,500여 명으로 구성된 제571연대가 방어하고 있었다. 훈련 상태 및 무장도 충실한 편이었고, 상륙 예상 지점을 감제할 수 있는 주요 지점마다 요새화된 방어진지를 구축해 소수임에도 상륙군보다 훨씬 유리한 조건이었다. 하지만 무엇보다 독일군의 강점은 계속된 전쟁으로 실전 전투 경험이 풍부하다는 점이었다.

이에 비하면 상륙작전의 주공으로 결정된 캐나다 제2보병 사단은 실전 경험이 전무 한 부대였다. 이 부대는 1939년 독일이 폴란드를 침공한 직후 영국이 독일에 대해 선전포고를 하면서 교전 상대가 되자, 캐나다가 영연방의 본국인 영국을 지원하기 위해서 자원병을 모집하여 긴급하게 대서양을 건너 이동 전개시킨 부대였다.

하지만 막상 영국이 1940년 변변히 싸워보지도 못하고 대륙으로부터 쫓겨나면서 브리튼 섬에 갇혀버리자, 대양을 건너 자신만만하게 영국으로 이동한 캐나다군은 2년간 교전 한 번 하지 못하고 총기 수입만 열심히 하고 있었다. 이처럼 대기 기간이 길어지자 자원병으로 구성된 캐나다 병사들은 전쟁의 무서움은 망각하고 언제쯤이나 실전에 투입되어 폼 나게 총을 쏘아볼 것인지 그때만 학수고대하고 있던 상황이었다.

5,000여 명의 캐나다 제2사단 외에 1,000여 명의 영국 코만도 부대를 주축으로 약간의 미군과 프랑스군을 요새화된 적의 방어진지를 정면으로 공격하는 무모한 작전에 투입하기로 결정했다. 연합군 총참모부나 영국군 일각에서 계획이 어설프다고 격렬히 반대했지만 마운트배튼을 비롯한 작전 입안자들은 독일의 방어군보다 병력이 많고 기습만 성공한다면 승리가 가능할 것이라고 안이하게 생각했다.

하지만 역사에서 항상 보아왔듯이 자신감이 넘쳐 자만심으로 충만해져서는 일의 앞뒤를 제대로 가리지도 않고 무모하게 뛰어들었던 자들의 결과가 좋았던 적은 없었다. 더구나 제2차 세계대전이 발발하고

1940년 10월 1일 브리티시 콜럼비아 주에서 동원된 캐나다군이 뉴웨스트민스터 시내를 행진하고 있다. 모국인 영국이 전쟁을 벌일 경우 반드시 참전했던 캐나다는 디에프 상륙작전에도 참가 부대로 낙점되었다. 하지만 실전 전투 경험이 부족했다. (사진 : Claude Dettloff, public domain)

바로 그때까지 영국이 독일을 이겨본 적이 한 번도 없었다. 됭케르크에서, 발칸에서, 북아프리카에서 도망 다니기만 했던 영국은 이러한 무모한 상륙을 벌이기로 결정했고 성공할 것이라고 생각하고 있었다.

호랑이 굴에 뛰어든 하룻강아지

기상 사정 등 여러 가지 이유로 몇 차례의 연기 끝에 1942년 8월 19일 새벽이 되자 6,000여 명으로 구성된 상륙 병력을 분산시켜 실은 영국 함대가 디에프를 향해 사우스 햄프턴 항을 떠났다. 1940년 6월 독일에 쫓겨 됭케르크에서 피눈물을 뿌리며 도망쳐 나온 지 2년 만에 드디어 연합군은 주빌리 작전Opration Jubilee으로 명명한 상륙전을 통해 다시 유럽 대륙으로 진군을 개시했다.

6척의 화력 지원 구축함을 포함한 230여 척으로 구성된 함대는 야음을 틈타 동트기 전에 해변 가까이 접근했고, 그때까지 독일은 눈치채지 못한 것 같았다. 제일 먼저 디에프 항 외곽에 위치한 해안 포대를 무력화시키라는 임무를 부여받은 제3, 4코만도 부대가 해안가 양익으로 상륙 침투해 해안 포대를 향해 진격을 개시하면서 작전이 시작되었다.

먼동이 터오던 04시 50분경, 제4코만도 부대는 좌익 측면인 바랑즈빌에서 독일군 눈에 띄지 않고 은밀히 상륙해 가파른 절벽을 기어올라 6대의 포대를 차례대로 파괴한 후, 계획대로 오전 07시 30분경 퇴각하는 데 성공했다. 하지만 이 성공은 이 작전에서 연합군이 거둔 유일한 전과였다. 멋진 출발이었지만 그것은 암울한 디에프 해변의 비극

주빌리 작전에서 연합군 측에서 유일하게 전과를 올린 제4코만도 부대원들.(사진 : Lt. J. H. Spender J. H., public domain)

이 시작되었음을 의미하는 것이기도 했다.

　거의 같은 시각에 디에프 서쪽으로 상륙한 캐나다 새스캐치완 연대는 약 5킬로미터 내륙에 떨어진 푸르빌에 주둔 중인 독일군을 기습하기 위해 진격을 개시했다. 그러나 그들이 상륙한 지점은 처음 계획된 곳에서 상당히 떨어진 곳이어서 시Scie 강을 도강해야 목적지에 도착할 수 있었고, 도강 장비를 보유하지 않은 연대는 부득불 강을 건너기위해 좁은 교량을 통과해야 했다.

그러나 캐나다군이 다리에 들어섰을 때는 이미 기관총과 대전차포로 중무장한 독일군이 교량 양편을 포위한 상태였다. 얼마 지나지 않아 다리 주변은 수많은 캐나다군의 주검이 쌓인 무덤이 되어버렸다. 십자포화를 피해 간신히 후퇴한 잔여 병력은 상륙했던 해안을 통해 탈출을 시도했으나 그들이 발견한 것은 조류에 상륙정이 이미 떠내려가버린 텅 빈 해안이었다. 그들은 685명이 상륙하여 전사 151명, 부상 269명, 포로 266명이라는 기록을 전사에 남기고 임무를 마감했다.

하지만 이것도 같은 시각 제3코만도 부대가 주축이 되어 디에프 동측 해변인 베르발라와 푸이 일대에 상륙한 부대의 참혹한 경우에 비한다면 그나마 약과였다. 이들은 이미 작전 개시 이전에 상륙 부대가 독일군 초계선의 정찰에 걸려들어 곧바로 해상에서부터 치열한 교전이 발생한 상태였다. 이 교전으로 인해 상륙정 대열이 흐트러져 총 23척의 상륙정 중에 단지 7척만이 목표한 해안에 상륙했다.

당연히 해안가의 진지와 벙커를 파괴하는 작전은 감히 펼쳐볼 엄두도 내지 못했고, 오히려 느긋하게 해안에서 이들을 기다린 독일군의 추격을 피해 뿔뿔이 흩어져 도망 다니기에 바빴다. 또한 함께 상륙한 캐나다 제2사단의 왕립 연대는 푸이 해변에 도달하자 독일군 공격 때문이 아니라 높은 방파제에 가로막혀 더 이상 진격할 수 없다는 황당한 사실을 깨닫게 되었다. 더불어 만면에 미소를 머금은 독일군들이 방파제 위에서 캐나다군을 내려다보고 있었다.

해변의 캐나다군은 독일군 포화에서 숨을 곳이 없음을 깨닫게 되는 데 그리 오랜 시간이 걸리지 않았다. 처음에는 죽음을 각오하고 무모한 항전을 했지만 얼마 못 가 항복하는 것 외에는 선택의 여지가 없었다. 얼마간의 교전 후 디에프 우측에 상륙한 556명의 병력은 200명이

푸이 해변에서 몰살당한 캐나다군. 이들은 제대로 숨을 곳이 없었던 해안가에서 방파제 위로 올라가 보지도 못하고 벙커에서 쏘아대는 독일군 기관총 세례에 쓰러졌다.(사진 : Bundesarchiv, Bild 101I-291-1230-13 / Meyer; Wiltberger, Creative Commons)

전사하고 264명이 포로가 되는 결과를 남기고 전멸되었다.

지옥으로 변한 해안

　무모하게 시도된 선도 부대의 침투가 참담한 실패로 끝나자 후속할 본진의 상륙과 관련한 기습의 이점이 없어졌다. 그만큼 처음부터 디에프 상륙작전은 계획 자체가 부실했다. 통상적으로 상륙작전은 전초 부대가 은밀히 침투하여 통로를 개척하고 나서 해안가를 방어하는 적의 거점에 대하여 대대적인 포격이나 폭격을 가하여 방어군을 최대한 제압한 후 대규모 본진이 상륙한다. 그런데 막강한 영국 해군이 본격적

격파된 상륙 주정들과 전사한 시신들. 사전에 독일군 방어진지에 대한 제압이 없어서 엄청난 피해가 발생했다.(사진 : Bundesarchiv, Bild 101I - 291 - 1229 - 12 / Meyer; Wiltberger, Creative Commons)

인 해안 타격을 펼쳐보기도 전에 독일군 해안 포대들이 바다에 떠 있는 영국 함대를 향해 일제히 불을 뿜었다. 이로 인하여 전초 부대가 몰살당한 것도 모자라 화력을 퍼부어야 할 영국 함대는 대열이 흐트러졌고 연속해서 상륙할 부대들까지 무너졌다. 그렇다면 이 시점에서 본진 상륙에 대해 고민을 해야 했음에도 영국군은 작전을 계속 진행했다.

사전에 해안을 철저히 타격하기는커녕 이처럼 해안의 독일군으로부터 영국 상륙군 함대가 공격을 받아 우왕좌왕하는 상황에서 상륙 부대는 디에프에 접근했다. 앞으로의 전개 상황을 뻔히 알면서도 죽음의 늪에 아군을 밀어 넣는 무책임한 결정이었다. 이것은 결코 용감한 행동이 아니고 전후좌우 사정을 제대로 파악하지 못한 어처구니없는 만용이었다.

2년 후에 벌어진 노르망디 상륙작전에서 연합군의 대대적이고 엄청난 사전 화력 투사에도 불구하고 벙커 속에서 살아남은 독일군의 필사적인 반격으로 초기에 상륙한 연합군 병력들이 많은 피해를 보았던 사실에서 알 수 있듯이 상륙군을 완벽하게 보호한다는 것은 사실 힘들다. 그런데 디에프 상륙작전에 투입된 영국 해군의 화력은 처음부터 상륙군을 엄호하기가 곤란한 수준이었고 더구나 야음을 틈타 작전이 개시되어 영국 공군의 도움도 불가능했다.

이러한 영국의 만용은 단지 선도 부대의 몰락으로만 끝낼 수 있었던 그날의 비극을 확대하는 결과만 가져왔다. 영국군 본진은 먼동이 터오기 시작하던 오전 5시 20분경부터 디에프 정면을 향해 몰려갔으나 그것은 뻔히 예견되는 죽음의 행렬이었다. 이미 사전 상륙을 위한 정지 작업은 실패했고 제대로 된 제압 포격이나 항공 폭격도 기대할 수 없었다.

더구나 상륙군은 동시다발적으로 넓게 펼쳐져 해안가에 상륙한 것이 아니라 독일 해안 포대의 사격을 피해 상륙정들이 무계획적으로 해안가에 다가갔다. 하지만 이들은 이미 조준을 완료하고 있던 독일군의 손쉬운 타격 대상이 되었다. 상륙하는 족족 순서대로 독일군의 표적이 되었던 영국군은 공격다운 공격은커녕 당장 독일의 총탄을 피할 수 있는 곳을 찾아 뛰어다녀야만 했다. 더구나 보병과 함께 상륙해야 효과적인 작전을 펼칠 수 있는 전차들도 포탄의 세례를 피해 중구난방으로 해안가에 투입되었다. 결국 전차의 도움을 받지 못한 보병들은 경무장 상태로 간신히 대오를 정렬해보았지만 모이는 즉시 독일군의 시야를 벗어나지 못하고 제압당하기 시작했다. 한마디로 해안가를 벗

전차 같은 돌격 장비도 해안가 자갈밭에 빠져 허우적대다가 격파되었다. 사전에 상륙 예정지의 지형 지물에 대한 조사가 철저하지 못해 벌어진 일이었다. (사진 : Bundesarchiv, Bild 101I - 291 - 1205 - 14 / Koll, Creative Commons)

어나기조차 힘든 참담한 순간이었다.

보병들과 동떨어져 여기저기에 흩어져서 간신히 상륙한 전차들도 전투 태세를 갖춰보기도 전에 독일군 대전차포의 요격에 하나하나 불타기 시작했다. 거기에다가 사전 준비도 제대로 하지 못해 상륙과 동시에 고장 난 전차들도 있었고 그나마 포격을 피한 전차들도 해안가 모래사장이나 자갈밭에 궤도가 빠져 허우적거리며 제자리에서 빙글빙글 돌기만 했다.

참담한 결과 그리고 교훈

애당초 최초 계획에는 상륙정들이 병력을 투입시킨 후 해안가에 대기하고 있다가 작전을 마치고 귀환하는 병력을 철수시키기로 되어 있었다. 그러나 대다수 상륙정들은 상륙 전부터 피격을 당했고 그나마 해안에 접안한 상륙정들도 차례차례 공격을 받아 격파되었다. 결국 그나마 해안에 상륙해 살아남은 병력들도 작전을 마치고 귀대할 수단이 없어져서 고립되었고 전멸될 위기에 빠졌다.

일부 부대가 해안가를 돌파하여 마을 안으로 진입해 용감하게 싸웠으나 그것은 살아남기 위한 발악이었을 뿐이지 적을 제압하는 것도 아니었고 애초의 작전 목표를 달성하기 위한 행동도 아니었다. 그런데도 구축함 캘프에서 해군과 육군을 각각 나누어 지휘하던 휴즈-할렛 John Hughes-Hallett 제독과 존 해밀턴 로버츠 John Hamilton Roberts 소장은 이러한 현장 상황도 제대로 파악하지 못하고 제각기 명령만 남발했다.

지옥으로 변한 해안의 상황을 제대로 파악하지 못하고 남발한 잘못된 명령으로 날이 밝아온 07시경까지 예비 병력의 축차적인 상륙은 계속 이루어졌다. 그 결과 해군의 상륙정들은 독일군의 요격에 막혀 차례차례 침몰했고 여기에 타고 있던 육군 병사들 대부분은 해안가에 가보기도 전에 전사했다. 09시가 되어서야 해안의 비참한 아비규환을 알게 되었고 결국 11시가 되어서야 퇴각 명령이 내려졌다.

날이 밝아 오면서 출격한 영국 공군의 전투기들이 후퇴하는 병력을 위해 필사적으로 엄호했으나 이번에는 독일의 루프트바페가 날아올라 하늘을 제압했다. 영국 해협 전투 당시에는 해협을 건너가 영국 본토 위에서 싸웠던 독일 전투기들은 짧은 체공 시간 때문에 작전에 제약이 많았으나 디에프는 독일 공군의 본거지로 정반대의 상황이었다. 단 반나절 동안의 공중전으로 영국은 전투기 119기를 잃었는데 이것은 영국 공군이 전쟁 중 하루에 입은 손실 가운데 최대 규모였다.

하지만 상륙군의 피해는 공군의 피해를 능가했다. 오전 12시 30분경 탈출하지 못하고 해안가에 고립된 연합군이 항복함으로써 디에프 전투는 막을 내렸다. 단지 10여 시간의 전투 결과는 영국에는 참혹 그 자체였다. 상륙 병력 6,000여 명 중 전사자 1,300여 명을 포함해 약 3,500여 명의 사상자가 발생했는데 대부분은 상륙 직전이나 직후에 해안가에서 피해를 입었고 탈출로가 제압된 병력 약 2,000명이 포로로 잡혔다.

반면 적은 병력으로도 기동력을 발휘해 멋지게 방어에 성공한 독일군의 피해는 전사 혹은 실종이 340여 명, 부상 250여 명이었고 공군기 총 46기 손실이 전부였다. 단순히 피해만 놓고 본다고 해도 2,500여 명의 독일군이 방어하던 디에프에 3배가 넘는 압도적인 병력으로 시험적인 공격을 시도한 영국군의 도전은 전사에 길이 남을 참패였다.

디에프 상륙작전은 방파제의 높이도 몰랐을 만큼 사전 정보 획득에도 허술했고, 병과 간의 협조도 찾아보기 힘들 만큼 엉성했으며, 이원화된 지휘 체계로 인하여 지휘부는 작전 상황을 제대로 파악하지 못했다. 갈리폴리의 악몽도 겪었던 처칠은 이러한 비참한 결과에 대해 매우 실망했고 이것은 이후 루즈벨트나 스탈린의 집요한 요구에도 불구하고 프랑스 북부 해안에 대한 상륙작전을 꺼리는 이유가 되었다.

그러나 영국인들은 이때 얻은 뼈아픈 교훈을 절대로 잊지 않았다. 그들은 정확한 사전 정보 취득의 중요성과, 이에 따른 세밀한 작전 계획의 필요성, 그리고 통합된 지휘체계의 중요성을 깨달았다. 강고한 해안 방어를 무력화시키기 위한 화력 지원 방법, 상륙군의 동시 투하 방

디에프 상륙작전을 통해 경험을 얻고 이후에 대규모 작전을 성공시켰지만 너무 큰 희생이 따랐다. 현지에 조성된 전몰 장병 묘지.(사진 : Labattblueboy, Creative Commons)

법, 그리고 교두보 확보 방법 등에 대해 연구를 하여 2년 후 노르망디로 상륙해 유럽을 해방한 오버로드 작전Operation Overlord에서 꽃을 피우게 된다.

비록 엉뚱한 만용에 철저한 준비도 없이 작전을 개시해서 수많은 젊은이가 해안가에서 비참하게 생을 마쳤지만 이들의 실패는 이후 연합국에 의해서 서부 유럽 해방과 소련에 의한 유럽 대륙의 공산화를 저지하고 자유민주주의를 수호하는 데 귀중한 밑거름이 되었다. 하지만 아무리 '실패는 성공의 어머니'라고는 해도 이런 비참한 실패를 겪지 않고서 성공하는 방법은 없는 것인지 자못 궁금하다.

비시 프랑스
최후의 날

   흔히 제2차 세계대전 초기인 1940년 6월 프랑스가 독일에 굴복하며 패망한 것으로 알고 있는 이들이 있다. 이는 맞는 말이기도 하지만 형식상으로는 국가 대 국가의 외교적 교섭으로 전쟁이 종결되었기 때문에 엄밀히 말해 패망이 아닌 정전으로 전쟁을 끝낸 것이다. 물론 무조건 항복과 다름없는 굴욕적인 불평등 정전이었지만 프랑스는 제2차 세계대전 당시에 독일의 침공을 받은 수많은 국가 중에서 유일하게 정전협상으로 교전 행위를 종결한 국가다.

   비록 괴뢰정부였지만 비시 프랑스Vichy France는 독일이 점령한 북부를 제외한 남부 프랑스에 대한 형식적인 통치권을 행사했다. 물론 망명해서 바로 직전까지 함께 싸운 영국이나 계속 항전을 선언한 자유 프랑스 임시 정부는 이를 인정하지 않았지만, 비시 정권 자체가 최소한의 합법적 절차에 의해 탄생했기 때문에 당시까지 중립을 지키던 미국 같은 경우는 이를 공식 정부로 인정하기도 했다.

   프랑스 남부, 그리고 본토와 가까운 알제리와 모로코를 직접 관할하던 비시 프랑스는 이들 지역에 대한 행정력과 경찰력은 물론 군사력까지 보유했고 대외적으로는 절대 중립이라고 천명했지만 당연히 독일의 간섭과 눈치를 볼 수밖에 없었다. 반대로 이렇게 속국 아닌 속국으로 만들었어도 독일은 비시 프랑스가 영원히 충성을 다할 것이라고 보고 있지는 않았다.

아무리 약화되었다 하더라도 무력을 갖추고 있는 비시 프랑스가 딴마음을 먹는다면 독일에 결코 이득 될 것이 없었다. 때문에 독일은 이미 정전 당시부터 비시 프랑스에 대한 별도의 침공 계획을 수립해놓고 있었고 상황이 발생하면 즉각 실행에 옮길 수 있도록 만반의 준비를 완료한 상태였다. 구체적으로 독일이 단독으로 작전을 펼치는 아틸라 작전Operation Attila과 다른 추축국을 끌어들여 비시 프랑스를 협공하는 안톤 작전Case Anton이 그것이다.

1942년 11월 8일, 연합군이 비시 프랑스령 북아프리카에 상륙하면서 롬멜이 지휘하던 아프리카 군단의 배후를 차단하는 데 성공했다. 그러자 독일은 비시 정권이 관할하던 남프랑스로 연합군이 상륙할 수 있다는 이유를 들어 1940년 정전 협정을 파기하고 안톤 작전에 의거 전격적인 침공을 1942년 11월 11일 단행했다. 전사에는 이를 다루지 않거나 간과하는 경향이 크지만 독불전쟁이 1년 5개월 만에 재개된 것이다.

요하네스 블라스코비츠의 지휘하에 독일 제1군이 대서양 해안에서 스페인 국경으로, 제7군이 비시와 툴롱Toulon으로 거침없이 진격했다. 더불어 이탈리아 제4군이 프랑스령 리비에라Riviera와 코르시카Corsica 섬 점령 작전을 펼쳤다. 비시 프랑스는 협정을 위반한 독일을 규탄하고 5만여 명의 군대를 툴롱 주변에 배치하고서 저항을 시도했다. 하지만 병력도 미미했고 사기도 완전히 꺾여 있던 상태였다.

알제리 인근 해안에 상륙하는 미군. 이를 기화로 독일은 미뤄두었던 남프랑스 지역을 점령하는 작전을 시작했다. (사진 : U. S. National Archives and Records Administration, public domain)

안톤 작전에 따라 틀롱 항을 점령한 독일군 기갑부대. 독일이 미처 확보하지 못한 프랑스 군함이 자침하여 불타고 있다. (사진 : Bundesarchiv, Bild 101I-027-1451-10 / Vennemann, Wolfgang, Creative Commons)

이 작전에 동원된 독일군 대부분은 재편이나 휴식을 위해 동부전선에서 격전을 치르고 나서 일시 귀환한 부대들로 전투력이 많이 약화된 상태였으나, 허수아비 같은 비시 정권의 무력을 작전 개시 단 하루 만에 완전히 제압해버렸다. 결국 프랑스 전체는 독일의 직접 지배에 들어오게 되었고 형식적으로나마 존재하던 비시 정부는 그 운명을 마감했다.

더불어 독일은 툴롱에 정박되어 있던 프랑스 함대를 탈취하기 위한 릴라 작전Operation Lila을 실시했는데, 이는 상당히 많은 생각을 들게 하는 부분이다. 그 바로 전해에 독일은 프랑스를 점령한 후 전차, 야포, 차량, 항공기 등의 각종 장비를 노획해 동부전선이나 점령지 관리 등을 위해 적절히 사용했다. 그런데 전쟁 내내 해군 전력이 약해서 항상 고민이 많던 독일이 그동안 유독 프랑스 군함은 그대로 두었기 때문이다.

당시 프랑스 해군의 주요 군함은 전쟁 중 영국으로 이탈한 몇 척을 제외하고는 대부분 고스란히 보존되어 있었고 여전히 세계 4위의 수준이었을 만큼 엄청난 규모였다. 당연히 이를 차지하기 위해 독일과 영국은 묘한 신경전을 벌이고 있었다. 그런데 무슨 이유에서인지 독일은 이를 비시 정부 관할로 해놓고 있다가 뒤늦게 이를 노획하려는 작전에 나선 것이었다. 탐욕스런 나치의 행태를 본다면 상당히 늦었던 도둑질이었다.

그런데 허수아비 같은 비시 프랑스 해군이 1940년 전쟁 때도 보기 힘들었던 엄청난 일을 벌였다. 실세 중 한 명이었던 장 드 라보데Jean de Laborde 제독이 독일에 함정이 피탈될 위기에 몰리자 자침 명령을 내린 것이다. 이때 독일과 비시 프랑스 사이에 약간의 교전이 있었고 전함 3척, 순양함 7척, 구축함 28척, 잠수함 20척의 함정이 순식간 자침되면서 프랑스 해군은 자멸을 선택했다.

이 사건은 비록 비시 프랑스가 손가락질을 받는 괴뢰 정부였지만 수많은 함정을 독일 측에 순순히 넘길 수만은 없었을 만큼 마음속 깊은 곳에는 자존심이 남아 있었다는 증거라 할 수 있다. 표면적으로는 자침 행위가 대외 중립을 지키기 위한 노력이라고 계속 주장했는데, 이는 일정 부분 맞는 말이다. 당시 마음만 먹었다면 프랑스 함대는 독일의 포위망을 뚫고 탈출해서 연합군에 투항할 수도 있었기 때문이다.

비시 프랑스의 독일 침공은 아무리 괴뢰 정부라 하더라도 독일 입장에서는 프랑스를 끝까지 믿을 수 없는 존재로 보았기에 벌어진 일이었다. 당장 서로의 필요에 의해 정전으로 전쟁을 끝내기는 했지만 독일은 프랑스가 언제 어디서 무슨 일을 벌일지 몰라 항상 의심의 눈으로 쳐다볼 수밖에 없었다. 반면 프랑스도 비참하게 굴종하는 것처럼 보였지만 내심 독일과 평화롭게 공존하려는 마음은 없었다. 지난 100여 년간 있었던 역사를 상기한다면 어쩌면 당연한 일인지도 모른다. 하지만 그러한 독일과 프랑스가 현재 가장 가까운 동맹이 된 것을 보면 역사는 참으로 예측하기 어려운 방향으로 진화하는 것 같다.

잘나가던 집안도
망한다

모두가 알고 있던 사실

흔히 역사상 최대의 작전이라 부르기도 할 만큼 노르망디 상륙작전은 이견을 달 여지가 없는 엄청난 규모의 군사작전이었다. 그러한 거대한 규모에도 불구하고 연합군의 규모보다는 기습이 효과적으로 먹힌 작전으로 두고두고 평가되고 있다. 물론 연합군 입장에서 대성공을 거두기는 했지만, 사실 노르망디 상륙작전은 적도 아군도 사전에 충분히 예상하고 있던 작전이었다.

1943년이 넘어서면서 연합군도 독일군도 조만간 서부 유럽에 제2전선이 구축될 것을 당연히 염두에 두고 있었다. 다만 제3제국이 점령하고 있던 노르웨이에서 프랑스까지 이어지는 길고 긴 대서양 해변 어디에 연합군이 상륙할 것인가가 핵심 문제였다. 공교롭게도 그것은 유럽 대륙으로 침공을 단행할 연합군도, 반대로 이를 막아야 할 독일군도 상당히 어려운 숙제였다.

분명히 작전의 선택권은 공격을 가할 연합군이 가지고 있었지만 그렇다고 함부로 사용하기도 곤란했다. 왜냐하면 이미 상륙에 성공해 유럽 대륙에 교두보를 확보한 이탈리아에서 독일 남부로 향하는 유연한 북진을 계속해서 주장했던 처칠의 강력한 반대 때문이었다. 그는 제1차 세계대전 당시 갈리폴리의 악몽과 1941년 디에프 작전에서의 참혹함을 똑똑히 기억하고 있었다.

처칠은 영국의 앞마당에서 그러한 비극이 재현될 수도 있는 가능성을 한사코 거부했다. 하지만 멸망의 위기까지 몰렸던 소련이 국난을 극복하고 1944년이 되어서 오히려 무서운 기세로 독일을 밀어붙이며 유럽의 패권을 쟁취할 것이 확실해 보이자 미국이나 영국도 더 이상 느긋하게 머뭇거릴 여유가 없었다. 반독反獨이라는 이유 하나만으로 항전을 함께 해왔지만 미국과 영국은 공산주의 종주국 소련과 결코 끝까지 같이 갈 수 있는 입장이 아니었다.

자칫하면 독일 패전 후, 유럽의 신질서 구축 과정에서 소련에게 주도권을 빼앗길 수도 있는 상황까지 예견되자 영국도 몽니를 부리며 그들의 앞마당에 제2전선을 구축하는 것을 완강히 반대할 명분을 찾지 못했다. 결국 영국은 미국의 주장대로 독일 본토를 최단거리에서 공략할 수 있는 북부 프랑스와 벨기에 지역에 제2전선을 구축하는 데 동의했다. 마침내 1944년 6월 6일 전사에 길이 남는 원대한 대작전이 벌어지게 되었다.

오버로드 작전으로 명명된 사상 최대 상륙작전의 핵심은 바로 기습이었다. 사실 규모의 여부에 상관없이 하드웨어적인 제약 때문에 어떤 상륙작전도 방어군을 일거에 압도할 만한 병력을 순식간에 해안에 상륙시킬 수는 없다. 따라서 상륙작전의 1차 관건은 축차적으로 들어올

노르망디 상륙작전은 다시 재현하기 어려운 사상 최대의 상륙전이었다. 독일은 연합군의 상륙작전을 충분히 예견했고 또한 대비도 하고 있었지만 저지하는 데에는 끝내 성공하지 못했다. (사진 : public domain)

후속 병력이 안전하게 상륙할 수 있는 안전한 교두보를 얼마나 빨리 확보하고 고수할 수 있느냐에 달려 있다.

오늘날이라면 위성 등을 이용한 감시체계를 이용해서 대규모의 연합군 상륙 병력이 영국의 항구에 집결하는 순간부터 독일은 조기 경보를 발동했을 것이다. 비록 그런 첨단의 정보 수집체계가 당시에는 없었지만 그렇다고 대규모 부대의 상륙작전 준비를 오랫동안 비밀로 유지하기는 곤란했다. 언젠가는 독일의 감시망에 잡힐 것을 염두에 둘 수밖에 없었고 때문에 연합군은 더더욱 기습을 노려야 했다.

당연히 기습적으로 최대한의 대병력을 일거에 상륙시켜야 했다. 그러기 위해서는 최대한 해상 이동로가 짧아야 하는데, 결국 그 넓은 대서양 해변 중 지형상 노르망디에서 앤트워프Antwerp 사이에 있는 해변 중 하나가 예정 통로가 될 수밖에 없었다. 이것은 아군은 물론 독일군도 당연히 인지한 사실이었다. 그런데 이처럼 분명한 사실을 독일 또한 알고 나름대로 철저히 준비했음에도 방어에 실패했다.

상륙작전의 딜레마

공격을 단행할 연합군은 막상 구체적인 상륙 장소와 시기가 결정되자 야전군급 규모의 거대한 병력을 은밀히 영국 – 프랑스 해협을 이동시켜 일거에 상륙시키는 방법이 가장 큰 고민거리로 대두되었다. 왜냐하면 당시 연합군이 보유한 모든 하드웨어를 동원한다 하더라도 한 번에 이 정도의 공격군을 기습적으로 상륙시키기는 것이 불가능했기 때문이다.

연합군이 준비한 어마어마한 상륙장비들. 하지만 이것으로도 대규모의 공격군을 상륙시킬 수 없었다. 작전의 성공은 후속 부대 상륙 시까지 선도 부대가 교두보를 확보하는 데 달려 있었다.(사진 : U. S. Army Signal Corps, public domain)

최대한 일시에 공격군을 상륙시킬 수 있는 작전을 수립했지만, 피하고 싶었던 축차 투입은 어쩔 수 없었다. 차례대로 첫 일주일 동안 약 50만 명, 그리고 한 달 이내에 약 150만 명의 병력과 장비를 상륙시킬 예정이었다. 그렇다면 문제는 최초에 상륙한 부대들이 후속 부대가 상륙해 전력의 균형을 이루는 시점까지 얼마나 교두보를 안전하게 확보해 주는가가 작전 성공의 관건으로 떠올랐다.

그런데 연합군 수뇌부의 이러한 심각한 우려와 달리 당시 방어에 임하고 있던 독일군 입장에서 군이 유리한 것을 들라면 고지를 먼저 선점하고 있다는 것 정도밖에는 없었다. 해협을 건너올 침공군을 바다에서 1차적으로 저지할 해군력이 독일에는 없었다. 거기에다가 1940년 영국 해협 전투 당시 영국을 패전 직전까지 몰아붙였던 루프트바페의 위용은 이미 과거 이야기가 되었다. 한마디로 바다와 하늘은 연합군의 앞마당이나 다름없었다.

독일이 절대적으로 우위를 점하고 있는 부분이라면 지상군인데, 그 내면을 살펴보면 걱정되는 부분이 한두 가지가 아니었다. 먼저 독일군 주력의 대부분은 동부전선에 잡혀 있기 때문에 서부전선에 배치된 전력이 만족스러운 수준이 아니었다. 때문에 대서양 연안을 촘촘히 방어할 수는 없었고 사전에 구축된 방어물과 진지를 방패로 삼아 거점을 통한 방어 전략을 펼쳐야 했다.

하지만 연합군 상륙 부대도 앞서 언급한 것처럼 한 번에 많은 병력을 투입할 수 없었고 이는 독일도 충분히 예상하고 있던 부분이었다. 따라서 기동력이 뛰어난 예비 부대를 해안가 후위에 배치하고 있다가 연합군의 상륙지가 확인되면 그곳으로 전력을 집중시켜 방어에 나설 수 있었다. 이것은 이미 1941년 디에프에서 입증된 바 있다. 이처럼 서부전선의 독일군은 양보다 동부전선보다 전투력이 상대적으로 떨어지는 질이 문제였지만 전투 경험은 상륙을 단행할 연합군보다 월등했다.

기갑교도사단, 제1친위기갑사단 LSSAH, 제2친위기갑사단 다스라이히Das Reich, 제9친위기갑사단 호헨스타우펜Hohenstauffen, 제10친위기갑사단 프룬즈베르크Frundsberg, 제12친위기갑사단 히틀러유겐트Hitler-Jugend 같은 최정예 부대들이 프랑스 인근에 주둔하고 있었다. 하지만 이들은 동부전선에서 격전을 치르고 부대 재편을 위해 잠시 후방으로 빠져

진위가 정확히 밝혀진 것은 아니지만 노르망디 상륙작전 당시 포로가 된 한국인과 독일군 포로로 많이 알려진 사진. 영화 〈마이웨이My Way〉의 모티브가 되기도 했다. 이처럼 당시 독일군 방어 병력의 상당수가 장년 이상의 노병, 어린 소년병 혹은 독일에 포로가 되었던 병력들로 구성되어 있었다.(사진 : public domain)

있던 상태였다. 오히려 방어의 최전선을 담당할 부대는 전투력이 떨어지는 노인들이나 소년들로 이뤄진 2선급 방어 부대들이었다.

어쩌면 이러한 전력의 열세는 제2차 세계대전 내내 독일이 짊어진 어쩔 수 없었던 숙명과도 같은 문제였다. 전쟁 기간 중 독일의 병력이나 장비를 포함한 전체 전력이 상대를 압도한 적은 거의 없었다. 독일은 그동안 병력과 장비가 부족한 부분을 뛰어난 작전을 통해 적을 제압하는 소프트웨어적인 방식으로 극복했다. 전쟁 말기 동부전선에서는 무려 5배의 소련군을 상대로 놀라운 지연전을 펼치고 있었을 정도로 그들의 전투력은 뛰어났다. 때문에 1944년 노르망디의 기습 상황이 풍부한 경험을 가지고 있던 독일에 절대 불리한 것만은 아니었다. 해군력과 공군력의 열세가 꺼림직 했지만 결국 살을 맞대고 전선에서 싸워야 할 지상군만 놓고 본다면 적어도 침공군 상륙 후 어느 시점까지는 상대를 충분히 압도할 수 있었다. 비록 독일군 대부분이 2선급 부대였지만 여차하면 현지에서 재편 중인 최정예 부대도 동원할 수 있어서 디에프에서처럼 작전 구사만 잘하면 연합군의 후속 병력이 상륙하기 전에 연합군 상륙 부대를 바다로 다시 밀어낼 가능성도 충분했다.

영화와 전쟁의 차이

단 한 번의 시도만 허락될 수 있는 실전은 지휘관이 사전에 계획한 의도대로 진행되지 못할 가능성이 오히려 더 많고 어쩌면 그것이 당연할 수도 있다. 그런 점에서 볼 때 제2차 세계대전 초기 독일군은 최대한 그들이 짜놓은 시나리오대로 작전을 펼쳐 멋진 성공을 연속적으로 거두어왔다.

어떤 작전이 기막히게 성공했을 때는 모든 것이 톱니바퀴 맞물리듯 너무나 자연스럽게 돌아갔다고 역사책에 쓰여 있지만, 사실 그 이면을 파헤쳐보면 큰 성공 뒤에 파묻혀서 제대로 보이지 않는 수많은 실패들도 있다. 단지 성공이라는 그림자에 가려서 무시되거나 들어나지 않

회의 중인 연합군 최고사령부SHAEF 수뇌부. 왼쪽에서부터 오마 Omar N. Bradley(미국 제1군), 베트램 램지Bertram Ramsay(해군 사령관), 아서 테더Arthur Tedder(연합군 부사령관), 드와이트 아이젠하워Dwight D. Eisenhower(연합군 최고사령관), 버나드 몽고메리Bernard Montgomery(21군 조직), 트래퍼드 리맬러리Trafford Leigh-Mallory(공군 사령관), 월터 스미스Walter Bedell Smith(제1군 사령관). 이질적인 집단이 모여 의견 충돌도 많았지만 이들은 결국 전쟁을 승리로 이끌었다. 반면 시간이 갈수록 독일은 그 반대였다.(사진 : United Kingdom Government, public domain)

았을 뿐이고, 반대로 실패했을 경우에는 미시적으로 성공했던 일부분은 보이지 않게 되는 경우가 대부분이다.

이후에 두고두고 독일의 뼈아픈 실책으로 언급되는 1940년 됭케르크에서의 판단 착오나 1941년 키에프의 우회 공방전 등이 사소하고 어이없는 단순 에피소드로 치부될 수 있었던 점은 엄청난 성공의 과정 중에 있을 수 있는 하나의 작은 실수로 치부할 수 있었기 때문이다. 그런데 이처럼 사소한 실수에도 불구하고 전쟁 초기에 천하무적의 명성을 휘날리던 독일군의 뛰어난 작전 구사 능력은 시간이 갈수록 그

명석함을 흐리고 있었다.

그동안 독일군은 뛰어난 참모진의 재빠르고 정확한 전황 분석을 바탕으로 결정한 지휘관의 명령이 일선의 말단 병사까지 즉각적으로 쉽게 전달되어 유기적인 작전을 펼칠 수 있던 것이 장점이었다. 하지만 전쟁 후반기로 들어서면서는 이러한 명석함과 참신함은 점차 사라져 가기 시작했고 그에 반해 독일에 수없이 맞아본 소련이나 연합국들은 시간이 지남에 따라 내성이 커져 독일의 전술에 적절히 대응할 줄 알게 되었다.

그러나 전쟁 중반기 이후 독일군의 가장 큰 문제는 터무니없는 전략을 고집하거나 세세한 전술까지 관여하려는 히틀러의 전횡 때문에 일이 틀어져버리고는 했다는 점이다. 더구나 권력에 굴복한 수많은 지휘관이 권력자의 눈치를 보게 되면서 작전을 펼칠 때 소신보다는 권력자의 입맛에 맞추는 행태를 보이는 지경에 이르게 되었고 결국 지휘부 간의 반목까지 양산하기에 이르렀다.

사공이 많으면 배가 산으로 가듯이 권력자의 눈치나 보고 서로 반목하는 고만고만한 지휘관이 많으면 사전에 시나리오를 아무리 잘 짜놓았어도 작전 시 말썽이 나기 일쑤다. 그런 점에서 1944년 6월 연합군의 공격을 저지할 독일군의 모습을 보면 겉으로 보이는 준비 상태와 달리 1940년대 초 신화를 만들어낸 명석한 모습은 조금도 찾아보기 힘들 만큼 지휘체계가 중구난방이었다. 한마디로 잘나가던 집안이 망할 징조를 보였던 것이다.

연합군이 상륙할 것으로 예상되는 서부전선을 전략 거점별로 나누고 충분하지는 않지만 방어전을 수행하기에 모자람이 없는 전력을 요소요소에 배치한 독일군의 깔끔한 전투 서열과 편제는 흠잡을 곳이

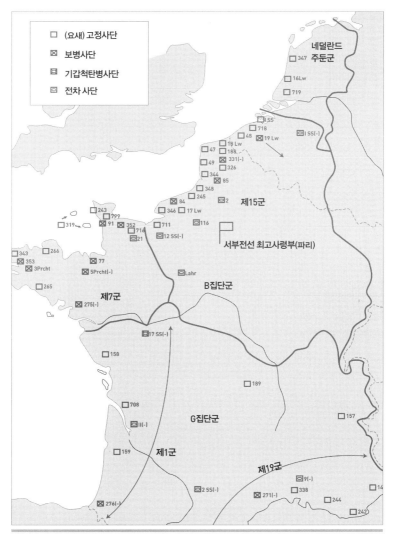

1944년 6월 서부전선 최고사령부의 전투 서열 및 관할도. 겉으로 보이는 깔끔한 전투 서열과 달리 지휘 체계는 중구난방이었다.

없을 정도였다. 사실 D-Day 당시의 지상군만 놓고 비교한다면 독일은 분명히 연합군보다 전술적으로 불리하지는 않았다. 예를 들면 전차만 해도 독일은 이미 부대 단위로 배치를 해놓은 상태였지만 연합군은 일일이 배에 싣고 와서 한 대씩 해변에다 띄워야 하는 입장이었다.

게다가 전쟁 초기부터 각종 전선에서 맹활약하며 능력을 유감없이 보여주었던 수많은 명장이 독일군을 진두지휘하고 있었다. 그리고 연합군의 공격이 이루어질 경우 예상되는 진격로가 뻔히 보이는 몇 군데로 압축되어 있었다. 그럼에도 불구하고 겉으로 드러난 것과 달리 희한하리만큼 비합리적이었던 독일의 지휘체계는 결국 연합군이 승리하게 된 이유 중 하나가 되었다.

깊어가는 내홍

D-Day 당시 서부전선의 독일군 전투 서열을 살펴보면, 서부전선 최고사령부가 전선 전체를 총괄하고 있었는데 사령관은 독일 군부 최고 원로이자 명장인 게르트 폰 룬트슈테트였다. 서부전선 최고사령부 예하에는 북프랑스와 대서양을 담당하는 B집단군, 남프랑스와 지중해를 방어하는 G집단군, 그리고 서부전선 최고사령부의 직할 부대인 서부 기갑집단(후에 제5기갑군)이 있었다.

B집단군 사령관 롬멜은 독일 내에서 어느덧 영웅의 위치까지 올라갔고 아프리카에서 총칼을 섞었던 연합군에도 경외시 되었다. 더불어 참 군인의 표상으로 소문난 G집단군 사령관 요하네스 블라스코비츠나 저돌적인 서부 기갑집단 사령관 가이어 폰 슈베펜부르크Geyr von

Schweppenburg 또한 독일의 명장으로 손색이 없던 인물들이었다.

담당하는 위치로 볼 때, 롬멜이 지휘하는 B집단군이 연합군의 상륙을 1차적으로 저지하는 임무를 부여받았는데 그 예하에 프리드리히 돌만Friedrich Dollmann의 제7군이 노르망디 지역을, 한스 폰 살무스Hans von Salmuth의 제15군이 칼레Calais 지역을 각각 나누어 방어하고 있었다. 이 가운데 영국과 유럽 사이에 놓인 해협의 폭이 상대적으로 좁아 연합국의 제1공격로로 예상되는 칼레 지역에 위치한 제15군의 전투력이 상대적으로 우세했다.

1944년 독일 본토로 진격해오는 소련군을 막기 위해 독일군의 80퍼센트 이상이 동부전선에서 대혈전을 벌이고 있었지만 그렇다고 서부전선의 독일군이 결코 불리한 것은 아니었다. 비록 동부전선의 독일군에 비해 전력이 약한 것은 어쩔 수 없었지만 서부전선은 바다라는 자연 장애물과 사전에 조성된 대서양 장벽이 있었다. 또한 위에서 살펴본 것처럼 부대의 편성이 효율적이었고 전쟁을 진두지휘할 지휘관들도 경험이 풍부한 최고의 베테랑들이었다. 한마디로 흠잡을 곳 없을 만큼 깔끔하고 체계적으로 부대의 배치가 이루어져 연합군의 상륙을 저지하기에 결코 모자람이 없는 상태였다.

이처럼 표면적으로는 사전준비를 충실히 했지만, 내적인 부분에서 연합국 상륙 저지에 독일이 실패할 수밖에 없던 요인이 있었다. 우선 서류에 표기된 전투 서열대로 명령이 제대로 서지 않았는데, 그렇게 된 원인 중 하나가 독일 군부의 이단아이자 풍운아였던 롬멜 때문이기도 했다.

그는 히틀러의 경호대장으로 있던 전쟁 초기와 1941~1942년 사이 아프리카 군단의 전성기 때보다는 관계가 조금 멀어지기는 했어도 여

작전을 숙의하는 B집단군 사령관 롬멜(좌)과 서부전선 총사령관 룬트
슈테트. 이들의 관계는 처음부터 원만하지 않았는데 특히 기갑부대를
이용한 방어 전략에서 커다란 이견을 보였다.(사진 : Bundesarchiv, Bild
101I - 718 - 0149 - 09A / Jesse, Creative Commons)

전히 히틀러와의 신뢰가 공고했다. 아프리카 전선의 패장으로 탄핵을
받아야 할 대상임에도 불구하고 롬멜을 서부전선 방어의 중핵으로
재임명한 것도 바로 히틀러다. 반면 서부전선의 최고사령관인 룬트슈
테트는 군부 내에서는 신망이 높았지만 히틀러와는 경원시하던 사이
였다.

16살이라는 나이 차이도 있었고 분명히 전투 서열상 상하관계였지
만 같은 원수 계급에다가 히틀러의 신뢰도 이처럼 차이가 있어서 룬

트슈테트의 명령이 롬멜에게 제대로 통하지 않았다. 비록 룬트슈테트가 후일담으로 "선입관 때문에 롬멜을 좋게 보지 않았지만 직접 겪어 보니 두말할 나위 없이 훌륭한 장군이었다"라고 진술했지만 롬멜이 룬트슈테트의 말을 그대로 따르지 않았던 것만은 확실하다. 더구나 롬멜은 지휘체계를 무시하고 툭하면 총통과 직접 연결하고는 했다.

서부전선 최고사령부 사령관이라는 어마어마한 직위가 실제로 막강한 실권을 거머쥔 직책은 아니었지만 예하 핵심 부대의 지휘관이 이처럼 행동하니 룬트슈테트가 전선 전체를 조율하는 데 애를 먹은 것은 당연했다. 이 때문에 룬트슈테트는 자신의 명령이 파리에 있는 사령부 안에서나 통한다고 한탄했을 정도였다. 하지만 엄밀히 따져 말하면 롬멜보다 히틀러가 모든 문제의 핵심이었고 이것은 독일이 연합군의 상륙을 저지하는 데 실패한 결정적 이유가 되었다.

이길 수 없었던 방어전

여타 사회처럼 군부 또한 사람이 모인 집단이다 보니 당연히 알력이 발생할 수밖에 없는데, 독일 군부라고 해서 결코 예외는 아니었다. 보수적인 독일 군부의 권위를 대표하는 인물인 룬트슈테트와 특유의 지휘 능력에 더해 히틀러의 총애를 등에 업고 승승장구한 소장파 롬멜과의 미묘한 대립은 어쩔 수 없는 것이기도 했다. 그나마 다행이라면 이 둘의 의견 충돌은 개인의 이기심보다 작전의 수립과 전개에서 벌어진 갑론을박이었다는 점이다.

대립의 핵심은 서부 기갑집단으로 대표되는 기갑부대의 운용과 관런한 문제였다. 당시 이를 놓고 군부의 의견은 크게 둘로 나뉘었다. 먼저 최대한 해안가 가까이에 기갑부대를 배치해놓고 있다가 상륙하는 적을 즉시 바다로 밀어붙이자는 의견이 있었다. 반면 내륙으로 연합군을 최대한 끌어들인 후 기갑부대를 앞세워 일거에 소탕하자는 주장도 있었는데 이들 의견은 한 치의 양보도 없이 팽팽히 대립했다. 전자를 주장한 사람이 롬멜이었고 반대 측의 대표자가 룬트슈테트였다.

기갑부대는 제2차 세계대전이 중반기를 넘어서면서부터 모든 나라의 지휘관들이 옆에 두고 운용하고 싶어 했을 만큼 어느덧 지상군의 핵심 전력이 되어 있었다. 당연히 공급이 한정된 핵심 전력을 자신의 책임하에 두고 자신의 의도대로 사용하려는 것은 당연했다. 서류상으로 수직관계에 있었지만 같은 원수 계급에 있던 두 사람 간에 상명하복이 이루어지기 힘들었고 이처럼 의견이 팽팽히 대립하고는 했다.

그런데 이와 별개로 정식 계통을 넘어 총통에게 직접 의견을 상신하는 행동을 보여온 롬멜을 평소에도 경원시하던 반대파가 많았다. 그중 대표적인 인물이 서부 기갑집단 사령관 슈베펜부르크였다. 그리고 롬멜은 예하인 제7군 사령관 돌만과도 마찰이 있었다. 돌만은 1939년 제7군 창설 당시부터 사령관이었는데 당시에 롬멜은 일개 사단장이었다. 은연중 롬멜의 고속 승진을 못마땅해 하던 돌만은 직계 상급자가 된 젊은 원수와 사사건건 대립했다.

이처럼 지휘체계가 서부전선을 제1선에서 방어할 롬멜을 기준으로 전후좌우 중구난방인 상태라 협조가 제대로 이뤄지기 힘들었다. 하지만 본질적인 문제는 그것이 아니었다. 막상 핵심인 기갑부대를 룬트슈테트나 롬멜 모두 지휘할 수 없었고 그것은 서부 기갑집단 사령관 슈베펜부르크도 마찬가지였다는 점이다. 독일의 기갑부대는 히틀러의

작전 종결 후 독일군의 하켄크로이츠Hakenkreuz('갈고리 십자가'라는 뜻으로 독일 나치즘의 상징) 깃발을 전리품 삼아 들고 있는 캐나다군. 독일은 결코 불리한 상황이 아니었지만 안으로부터 곪아 있어 제대로 상륙 거부전을 펼치지 못했다.(사진 : credited to National Archives of Canada, public domain)

직접 명령 없이는 이동이나 작전 투입이 불가능한 별개의 조직이 되어버렸던 것이다.

따라서 기갑부대를 그렇게도 자신들이 관할할 수 있도록 줄기차게 요구해왔음에도 불구하고 막상 노르망디에 연합군이 대대적으로 상륙을 개시한 D-Day 당일 독일의 일선 지휘관들이 할 수 있는 일이란 잠자리에서 총통이 빨리 일어나기를 바라는 것밖에 없었다. 바로 옆에 있는 기갑부대를 즉시 이용할 수 없어 독일의 장군들은 연합군을 뻔히 쳐다보면서도 상륙을 효과적으로 저지하지 못하는 어처구니없는 결과를 가져왔다.

단지 결과를 알기 때문에 전사에는 롬멜의 방어 전략이 룬트슈테트의 계획보다 효과적인 계획이었다고 판정을 내리지만, 설령 그렇게 되었다 하더라도 이처럼 히틀러가 기갑부대를 직접 통솔했기 때문에 작전 당일 상륙 거부전을 펼치기는 구조적으로 어려웠을 것이다. 최고 권력자가 사소한 부분까지 세세히 간섭하고 지휘부 간의 알력이 노골적으로 표면화되던 1944년 6월 서부전선의 독일군 지휘체계는 승리를 달성하기에 어려운 이질적인 모습으로 곪아 있었다.

예컨대 정신 나간 선주가 관리하는 사공이 많은 배였고, 선주가 이상하고 사공이 많다 보니 제대로 된 초기 대처에 실패했던 것이다. 물론 이것이 실패의 모든 원인이라 단정할 수는 없지만 겉으로 완벽에 가까웠던 정예 독일군이 제대로 상륙 거부전을 펼치지 못한 원인이 된 것만은 확실하다. 보이는 문제를 제때 고치지 않고 회피만 하다 잘 나가던 집안이 하루아침에 망하게 되듯 1944년 6월 독일의 실패는 두고두고 전쟁사의 교훈이 되고 있다.

대서양 장벽,
거대한 방어선의 두 얼굴

제3제국, 스스로 장벽을 쌓다

"나의 후손들이 게르를 떠나 궁궐에 안주하려 들면 그것으로 제국은 종말을 맞이할 것이다."

칭기즈 칸이 살아생전 끊임없는 정복 전쟁으로 제국의 기틀을 다져 나가는 과정에서 했다는 말인데, 그의 일대기를 다룬 《몽고비사蒙古秘史》에 전하는 내용이다.

프랑스뿐만 아니라 독일조차도 난공불락의 요새라고 인정한 마지노 선은 당대 최고의 군사 건축물이라 할 만했다. 그러나 비록 독일이 마지노선을 정면 돌파하는 무모한 행동을 하지 않았지만 전광석화와 같은 우회기습으로 1940년 프랑스를 점령했고 독일 – 프랑스 전쟁에서 아무런 역할도 하지 못한 마지노선은 이후 군사적 무능의 상징물로 전해지게 되었다.

반면 공군의 지원과 더불어 기갑장비를 집중 운용하는 발상의 전환을 한 독일의 기동전술은 그때까지 고루한 전술에 얽매어 있던 모든 주변국들을 순식간에 경악시켰다. 마치 몽골 기병대가 20세기에 다시 등장한 것 같은 모습이었다. 그리고 이러한 전격전의 신화는 1941년 여름 러시아 평원에서 장대하게 재현되기 시작했다.

그런데 독일이 소련을 침략했을 당시에는 마무리 짓지 못한 것이 하나 있었다. 바로 영국이었다. 독일은 영국 본토 침공을 위한 공중전에서 먼저 수건을 던져버리면서 자의반 타의반으로 침략을 포기한 상태였다. 영국 해협 너머의 배후에서 싸우다가 잠시 소강상태에 빠진 강력한 적인 영국을 그대로 놔둔 상태로 소련으로 쳐들어간다는 것은 뒤통수가 간지러울 수밖에 없는 상황이었다.

대서양에 가로 막혀 결국 서유럽에서는 더 이상 달려나갈 곳이 없던 제3제국은 동쪽으로 말머리를 돌린 이후, 배후의 적을 단속할 생각으로 대규모 방어용 장벽을 건설하기 시작했다. 그들은 마지노선을 무력화시키면서 프랑스를 점령했으면서, 막상 그들 스스로 장벽을 만들어 그 안에 안주하려고 했던 것이다.

1942년 독일은 서부장벽이라고도 불리는 지그프리트 방어선을 설계했던 엔지니어 프리츠 도트Fritz Todt로 하여금 제3제국을 대서양과 분리시킬 거대한 장벽을 건설하도록 했다. 바로 대서양 장벽이었다. 처음에는 영국과 가장 가까운 북부 프랑스와 벨기에 지역에 설치하기 시작했으나 궁극적으로는 북부 노르웨이에서 스페인 국경에 이르는 곳까지 방어선을 구축할 계획이었다.

45만 명에 이르는 프랑스와 베네룩스Benelux(벨기에·네덜란드·룩셈부르크 등 3국의 머리글자를 따서 이름 붙인 3국의 총칭) 국민들이 이 장벽의 건설을 위해 강제 동원되었고 1,000만 톤의 콘크리트와 100만 톤의 철

독일이 계획한 대서양 장벽. 독일은 전쟁 초기에 적국의 거대한 방어선
을 무너뜨린 경험이 있음에도 그들 스스로를 지키겠다고 대서양 장벽을
만들기 시작했다.

재가 소비되었다. 이 요새선은 마지노선처럼 곳곳에 기관총과 대전차
포 등을 장비한 수백 개의 토치와 벙커로 만들어졌고, 각 거점은 깊은
참호로 연결되었다. 더불어 해안 저편의 적 함대를 타격할 수 있는 거
대한 해안포를 갖춘 외견상 난공불락의 모습으로 보였다.

1944년이 되어 동부전선의 상황은 급속도로 독일에 불리하게 변해
가고 미국이 대규모의 원정군을 영국에 파견하면서 양면전쟁의 위협
이 현실로 다가오게 되자 독일은 점점 더 장벽에 의존하려고 했다. 독
일은 그들 스스로 마지노선을 무너뜨린 경험이 있었음에도 대서양 장

구경 406밀리미터의 거대한 해안포의 모습. 하지만 촘촘히 설치된 이런 거대한 해안포들은 정작 노르망디 상륙 당시 제대로 역할을 하지 못했다.(사진 : Bundesarchiv, Bild 101I‑364‑2314‑16A / Kuhn, Creative Commons)

벽에 무려 70여만 명의 대규모 병력을 주둔시켜 이곳을 든든한 보호막으로 삼아 안주하려는 모습을 보이고 있었던 것이다.

제국을 지켜내지 못한 장벽

위협이 닥쳐오자 독일은 대서양 장벽의 건설과 보강에 좀 더 박차를 가하고, 연합군의 상륙이 있을 경우 효과적으로 방어에 임할 수도 있는 새로운 지휘관을 책임자로 임명해 파견했다. 그런데 역설적으로 이 지휘관은 장벽을 수성하는 것보다 적의 장벽을 뚫는 데 더 유능한 인물이었다. 바로 사막의 여우로 알려진 롬멜이었다.

롬멜의 아스파라거스로 불린 해안가 상륙 저지시설. 단기간 내 수백만 개의 방어물이 대서양 해안가에 설치되었다. (사진 : Bundesarchiv, Bild 101I-297-1716-28 / Schwoon, Creative Commons)

1944년 초, 북부 프랑스 해안을 담당하는 B집단군 사령관으로 임명된 롬멜은 부임하자마자 히틀러가 제3제국을 굳건히 지켜줄 것으로 믿고 있는 대서양 장벽을 보강하기 시작했다. 대전차포를 비롯한 각종 방어 무기를 좀 더 촘촘히 설치하고, 해안에는 '롬멜의 아스파라거스'라고 불린 수많은 상륙 저지용 장애물과 600만 개의 지뢰를 매설했다.

하지만 롬멜은 공격자의 입장에서 장벽을 무력화시켰던 경험이 있었기 때문에 장벽에만 의존하는 방어를 전적으로 믿지 않았고, 단지 수비군을 일선에서 보호하는 일시적인 장애물로만 생각했다. 그는 장벽 배후에 기갑부대를 중심으로 기동 타격 능력을 갖춘 강력한 예비대를 배치하여 방어의 중핵으로 삼고자 했다.

아프리카 전선에서의 경험을 바탕으로 제공권이 확보되지 않은 기갑전은 극히 불리한 전술이라고 생각한 롬멜은 해안에 구축된 장애물로 적의 상륙을 최대한 저지하는 순간 배후에 대기 중인 강력한 기갑부대로 상륙군을 격멸하고자 했다. 상륙전의 특성상 공격자는 어쩔 수 없이 경무장의 상태로 축차 투입될 수밖에 없고, 이것은 반대로 방어하는 기갑부대가 쉽게 요리할 수 있다.

특히 근접 전투가 벌어진다면 제공권을 장악한 연합군도 피아를 구별해서 폭격을 할 수가 없기 때문에 롬멜의 구상은 상당히 뛰어난 것이었다. 그러나 연합군 주력을 내륙 깊숙이 끌어들여 독일 기갑부대로 한 번에 격멸하고자 했던 서부전선 총사령관 룬트슈테트를 비롯한 여타 지휘관의 의견을 히틀러가 지지함으로써 롬멜의 구상은 좌절되었다.

노르망디 상륙작전 시 장벽에 숨어 독일군이 완강하게 저항하여 상륙 부대에 커다란 타격을 주었고 이미 설치해놓은 각종 방어기구가 위력을 발휘하기도 했다. 그러나 기갑부대의 후속 지원을 얻지 못한 상태로 제공권의 상실과 대규모 함포 사격에 노르망디의 대서양 장벽은 돌파당하고 연합군은 서부전선에 교두보를 확보하게 되었다. 그리고 제3제국의 패망은 가속화되었다.

히틀러는 150년 전의 나폴레옹처럼 장벽이라는 수단으로 대륙을 봉쇄하려 했다. 나폴레옹이 대륙 봉쇄령을 어긴 러시아를 정벌하러 갔던 것처럼 비록 명분은 다르지만 히틀러 또한 장벽으로 대륙을 봉쇄하고 소련을 쳐들어갔다. 하지만 스스로를 안에다 가둬놓고 러시아 평원으로 들어갔던 두 독재자는 결국 몰락으로 그 생을 마감했다. 오늘날 대서양 장벽은 마지노선과 함께 최고의 관광자원으로 이용되고 있다.

제6장

세계 전쟁의 또 다른 체스판

- 중국과 한반도

인천, 다롄
그리고 바랴크

푸틴이 인천에 간 이유

지난 2013년 11월 23일 러시아의 푸틴 대통령은 외교적으로 보기 드문 당일치기 방한이라는 기록을 남겼다. 짧은 체류 시간 동안 많은 행사에 참석하느라 당연히 바쁠 수밖에 없었는데 이런 정신없는 와중에도 인천을 방문했다. 러일전쟁 당시 인근에서 격침된 제정러시아 군함의 전몰장병 추모식에 참석하기 위해서였다. 이는 당시 사건이 그만큼 러시아 역사에서 상당히 중요한 의의를 가지고 있다는 의미다.

러일전쟁을 남의 역사로 착각하는 이들이 종종 있는데 결코 그렇지 않다. 우리나라가 이 전쟁으로 인해 일본의 식민지로 전락했다는 점만 보더라도 우리 역사에 얼마나 큰 영향을 끼친 사건인지 짐작할 수 있다. 만약 이 전쟁에서 일본이 아니라 러시아가 이겼다고 하더라도 우리의 독립이 보장될 수 있는 상황은 아니었다. 당연히 러시아의 간섭과 지배를 받았을 가능성이 크다. 이처럼 러일전쟁은 러시아뿐 아니라 우리나라, 중국, 일본의 운명을 함께 결정한 엄청난 사변이었고 그 여파는 지금까지도 이어지고 있다. 그런데 우리 땅 앞에서 벌어진 일을 정작 우리는 잊고 있다. 다음은 그와 관련한 이야기다.

잊고 지낸 이야기

중국 랴오둥遼東 반도 끝의 다롄大連은 그 지리적인 위치 때문에 역사에 자주 등장하는 곳이다. 군사적으로 이곳을 점령하면 베이징으로 향하는 해상 길목에 비수를 들이대는 것과 마찬가지기 때문이다. 현재 다롄은 일본이 활발하게 투자를 하고 있는 지역이다. 그 이유는 과거의 향수 때문이다. 옛 이름이 뤼순旅順인 이 도시에서 안중근 의사가 옥고를 치루고 순국했다는 사실로만으로도 알 수 있듯이 오래전부터 일본과 관련이 많다.

1894~1895년의 청일전쟁에서 승리한 일본은 조선에서 청을 밀어내고 영향력을 행사했고 타이완과 인근 제도를 최초의 식민지로 획득했다. 그리고 바로 이때 랴오둥 반도도 할양받았다. 하지만 러시아, 프랑스, 독일의 '삼국간섭'으로 청에 다시 반환하고 이때부터 뤼순 일대는 러시아의 관리 아래에 놓였다. 어쩔 수 없이 압력에 굴복해 물러나기는 했지만 그렇다고 일본이 야욕을 완전히 포기한 것은 아니었다. 약 10년 후, 기회를 노리던 일본과 러시아의 대립이 격화되고 전쟁이 가시화되었다.

1904년 2월 8일 일본은 선전포고 후 뤼순 항에 주둔 중인 러시아 함대를 기습하고 제물포(현 인천항)에 상륙해 서울로 향했다. 이렇게 러일전쟁이 개시되었을 때 뤼순 항을 떠나 제물포 근처에 러시아 순양함 두 척이 정박해 있었다. 이들은 풍도 앞에서 일본 함대 14척에 포위당했다. 일본은 이들에게 항복을 권유했지만, 러시아는 항복이 아닌 명예로운 자침을 선택했다. 그로 인해 557명의 승조원 가운데 37명이 전사하고 190명이 부상당했다. 이때 장렬하게 최후를 맞은 러시아 순양함이 바랴크Varyag함과 카례예츠Korietz함이다. 투항을 거부하고 끝까지 싸운 생존 승무원들은 본국으로 송환되어 영웅 대접을 받았다.

하지만 자침된 바랴크함의 운명은 그리 순탄하지 않았다. 바랴크함의 상태가 양호하다고 판단한 일본은 이를 인양해 수리한 후 경순양함 소야宗谷로 사용하다가 제1차 세계대전이 한창이던 1916년 러시아에 팔았다. 10년 만에 같은 연합국이 되다 보니 가능한 일이었지만 실은 이 배에 대한 러시아의 애착이 그만큼 남달랐기 때문이다.

그렇게 러시아로 복귀한 바랴크함은 유럽 전선에 투입되었다가 피격을 당했다. 수리를 위해 1917년 영국의 리버풀Liverpool에 도착했지만, 러시아 혁명이 발발하고 수리비를 내지 못할 처지가 되자 영국은 바랴크함을 나포하고 1923년 독일에 고철로 팔아넘겼다. 러시아에서 일본, 일본에서 다시 러시아, 그리고 영국과 독일을 전전한 바랴크함은 결국 해체되어 용광로 속으로 사라졌다.

변하지 않은 것

러시아의 자존심이었던 바랴크함에 대한 향수를 잊을 수 없었던 소련은 1989년 항공모함 쿠즈네초프Kuzniecow급의 2번 함 이름을 바랴크

러일전쟁 직전 촬영된 장갑 순양함 바랴크의 모습. 제물포 해전에서 장렬하게 최후를 맞았으나 그 이후 이 순양함의 운명은 순탄치 않았다.(사진 : public domain)

함으로 명명하고 건조를 진행했다. 30여 기의 Su‑33 함재기를 운용할 수 있는 소련 최초의 본격 항모인 쿠즈네초프 급은 미국의 항모를 제외한다면 최강이라 할 만한 야심작이었다.

그런데 1991년 소련이 붕괴되자 비용을 감당할 수 없던 러시아는 70퍼센트 정도 제작된 상태에서 바랴크함의 건조를 포기했다. 이후 여러 차례에 걸쳐서 용도 변경 시도가 있었지만 결국 2001년 중국에 고철로 팔려갔다. 하지만 설령 러시아가 고철로 팔았다 하더라도 중국이 이를 고철로 쓸 것이라 생각한 이들은 단 한 명도 없었다.

이때 바랴크함이 보관된 곳이 공교롭게도 러일전쟁 당시 산화한 바랴크함의 모항이던 다롄이었다. 많은 의구심 속에서 방치된 것처럼 보이던 바랴크함은 2005년에 전격적으로 도크로 옮겨져 개장 공사에 들어갔다. 중국은 항공모함 보유에 대한 그들의 의지를 노골적으로 세계에 드러내기 시작했다. 그리고 마침내 2012년 바랴크함은 랴오닝함으

건조가 중단된 후 중국에 팔려 보스포러스Boğaziçi 해협을 통과하는 바랴크함. 우여곡절 끝에 옛날 선배 함의 모항이던 다롄으로 옮겨와 중국 최초의 항공모함 랴오닝이 되어 인천에서 가장 가까운 칭다오에 배치되었다. (사진 : public domain)

로 명명되면서 중국 최초의 항공모함으로 취역했다. 이듬해 3월, 공교롭게도 한반도에서 가장 가까운 칭다오青島에 배치되었다. 덕분에 이름을 승계한 랴오닝함은 우리에게 마치 100년 전의 바랴크함처럼 서해의 패권을 장악하기 위한 열강의 상징처럼 다가오게 되었다.

사실 인천 앞에서 침몰되었다는 것 외에 바랴크함과 우리의 인연이 좋은 것은 아니다. 우리를 침탈하려한 열강들의 각축 속에 등장한 것뿐이었고 그 속에서 우리가 할 수 있는 일은 없었다. 그런데 100년이 지난 지금도 인천, 다롄, 바랴크라는 이름은 반복되고 있고 일본의 팽창 의지도 그대로인 것을 보면 하나도 변한 것이 없는 것 같다.

뒤통수 치기의 명수, 일본

제2차 세계대전은 유럽과 태평양 전역에서 동시에 전쟁이 펼쳐져 세계대전이라는 명성에 걸맞은 인류사 최대의 전쟁이었다. 그런데 1914~1918년 사이에 벌어진 제1차 세계대전은 역사에 한 획을 그을 만큼 거대한 전쟁이기는 했지만, 거의 유럽에서만 전투가 이뤄져 세계대전이라는 이름을 붙여야 하는지 의문스러운 점도 있다.

때문에 서구에서는 제1차 세계대전으로 칭하기보다 대大전쟁Great War이라는 이름으로 많이 불린다. 만일 유럽에서만 발생한 전쟁에 세계라는 타이틀을 붙인다면 그것은 서구 제국주의 국가들의 역사가 곧 세계의 역사라는 오만한 세계관이 작용했다고 생각할 수밖에 없다.

하지만 위에서 제가 언급한 것처럼 제1차 세계대전이 대부분 유럽에서 벌어지기는 했지만 일부 전역은 유럽을 벗어난 곳에서도 이루어졌다. 비록 유럽전선만큼 거대한 규모는 아니었지만 전사에는 제1차 세계대전의 일부로 엄연히 기록되어 있고, 이런 이유 때문에 세계대전으로 인정받고 있는 것일지도 모른다. 20세기 초에 발발한 거대 전쟁

을 유럽만의 전쟁이 아닌 세계화하는 데 일조한 나라가 바로 일본이
다. 제1차 세계대전 당시 일본은 모든 세계 강대국들이 전쟁에 뛰어들
어 정신이 없을 때, 이에 편승해 야비한 본성을 적나라하게 발휘해 이
득을 취했다. 다음은 이와 관련한 에피소드다.

칭다오 맥주의 유래

산둥성山東省은 남한에서 가장 가까운 중국 영토다. 이곳의 서남부
자오저우 만膠州湾에 칭다오라는 도시가 있다. 2008년 베이징 올림픽
때 요트 경기가 개최되기도 했던 이 도시는 중국에서도 깨끗하고 살
기 좋은 도시 중 하나로 손꼽힌다. 이곳에 유명한 것이 하나 있는데 바
로 맥주다. 이미 100년이 넘는 역사를 가진 칭다오 맥주는 중국 공산
품으로는 보기 드물게 세계적인 브랜드로 손꼽힐 만큼 명성이 대단하
다. 그런데 어떻게 중국 전통주가 아닌 중국산 맥주가 세계적인 명성
을 얻게 된 것일까?

청일전쟁에서 패전한 후 종이 호랑이가 된 중국의 대륙을 차지하기
위해 서양 열강들은 하이에나 떼처럼 달려들기 시작했다. 그러면서 조
차지租借地라는 허울 좋은 이름으로 중국 곳곳에 그들의 식민지 아닌
식민지를 건설했다. 특히 바다를 통해 접근이 용이하고 이미 경제적으
로도 요충지였던 산둥성과 상하이上海 일대는 세계 열강들이 서로 차
지하기 위해 앞다투어 달려든 격전지였다.

통일이 늦다 보니 영국이나 프랑스에 비해 상대적으로 뒤늦게 식민
지 확보 경쟁에 뛰어든 독일은 아프리카에서 식민지 확보에 곤란을

겨자 아시아로 눈을 돌리고 중국의 혼란을 틈타 1898년 칭다오에 조차지를 설치하는 데 성공했다. 이후 이곳에 거주한 독일인들은 칭다오의 최고 암반수와 그들의 주조 기술을 결합해 맥주를 만들어내는데 그것이 바로 칭다오 맥주다. 비록 지금은 중국을 알리는 세계적인 대표 브랜드가 되었지만 그 시작은 중국의 역사에서 영예롭지 못한 것이었다.

독일처럼 제국주의 식민지 확보 경쟁에 뒤늦게 뛰어든 일본은 청일전쟁으로 대만을, 러일전쟁으로 조선을 각각 병합했지만 이것만으로는 사실 성에 차지 않았다. 그러나 일본이 식민지를 더욱 확보하기 위해서는 미국, 영국, 프랑스 등의 선발 제국주의 국가와 경쟁을 해야 하는데 당시의 국력으로는 이들과 대결할 수도 없었다.

더욱이 이들 국가들은 러일전쟁 당시 일본을 후원해준 나라들이었다. 일본은 러일전쟁으로 확보한 뤼순(현재의 다롄)을 발판으로 중국 내륙으로 들어가고자 했지만 일본이 상대하기에는 역부족인 서방 국가들이 오래전부터 이미 선점하고 있었고 원래 강한 자에게는 약한 것이 일본의 참모습인지라 이렇다 할 행동은 취하지 않고 기회만 엿보고 있었다.

그러던 중 서구의 제국주의 국가들끼리 전쟁이 발발했다. 바로 제1차 세계대전이었다. 이틈을 타 그동안 중국 내륙으로 진출할 기회를 호시탐탐 노리던 일본은 영일동맹을 핑계로 3국 협상에 가담해 1914년 8월 15일 독일에 최후통첩을 보냈다. 그런데 일본은 미국이나 영연방 국가들처럼 군대를 유럽에 보내 독일과 싸우려는 생각은 애초부터 없었다. 최후통첩의 내용이라는 것이 독일이 조차하고 있던 칭다오를 달라는 것이었다. 생각으로야 당장 일본을 박살내고 싶었겠지만 유럽

칭다오를 포위해 공격 중인 일본군 포병. 일본은 유럽이 전쟁으로 혼란한 틈을 타 독일군을 공격해 칭다오를 장악했다.(사진 : public domain)

에서 벌어진 전쟁에 모든 신경을 쓸 수밖에 없는 독일로서는 사실 어떻게 할 방법이 없었다. 당연히 일본의 요구를 거부했지만 조차지를 관할하고 있던 4,000명도 안 되는 파견군만으로 3만여 명의 일본군을 막아내기는 물리적으로 어려웠다.

마침내 1914년 8월 23일, 일본은 독일에 선전포고를 하고 뤼순에서 보하이Bohai 해를 건너 산둥 반도에 상륙해 곧바로 남쪽에 위치한 칭다오로 쳐들어갔다. 이로써 일본은 제1차 세계대전을 유럽만의 전쟁이 아닌 전 세계적인 전쟁으로 승격시키는 데 커다란 공을 세웠다. 지구 반 바퀴 떨어진 본국의 지원을 받을 수 없고 주변이 연합국 측 세력에 포위된 독일로서는 사실 싸움다운 싸움 한 번 제대로 하지 못하고 일본에 칭다오를 내줄 수밖에 없었다.

멈추지 않는 야욕

일본의 참전은 영일동맹 조약 의무에 따른다는 것이었으나, 유럽의 전쟁을 틈타 좀 더 유리하다고 생각하는 제국주의 국가편에 붙어 이익을 차지하려는 파렴치한 강도질밖에는 되지 않았다. 서구 제국주의 국가들도 아시아를 침략했지만 일본의 야비함은 역사에 남을 만큼 서구 제국주의 열강의 침략성을 능가하는 것이었다.

최소의 노력으로 승전국의 지휘를 부여받은 일본은 혼란 시기를 틈타 더 큰 야욕을 곧바로 드러냈다. 1918년에 있었던 시베리아 출병이 바로 그것이다. 지난 1905년에 있었던 러일전쟁에서의 승전 경험이 있던 일본은 이후 러시아를 만만하게 보고 만주, 몽골, 시베리아로 영향력을 확대하고자 호시탐탐 기회를 노리고 있었으나 10년 만에 러시아와 함께 연합국이 되다 보니 야욕을 노골적으로 표출할 수는 없었다.

바로 이때 발발한 러시아 혁명은 일본에 또 다른 호기로 다가왔다. 독일과 단독 강화조약을 맺고 전선에서 이탈한 소련을 응징하고 공산주의 세력의 확산을 저지하기 위해 연합국들이 소련 적백내전에 간섭했다. 모스크바에서 멀리 떨어진 극동 지역에서도 연합군의 개입이 시작되었다. 당시 극동으로 병력을 파견한 나라는 미국, 영국, 프랑스 등이었지만 단지 형식적인 수준이었고 주력은 7만 명이 파견된 일본군이었다.

여타 국가들은 독일과 교전 중이어서 병력을 극동까지 보내기가 구조적으로 어려웠다. 따라서 다국적군의 깃발을 들었지만 주축이 일본군이었던 원래 이들은 블라디보스토크 일대를 장악하는 것이 목표였다. 하지만 대외 팽창에 혈안이 되었던 일본은 약속을 어기고 2,000여

연합군의 일원으로 블라디보스토크에서 시가행진 중인 일본군. 이들은 연합군의 주력이었는데
애초 목적과 달리 이르쿠츠크까지 진격해 모두가 놀랐다. 한마디로 야욕을 거침없이 드러낸 것이
다.(사진 : http://irkipedia.ru/content/sukachyov_vladimir_platonovich)

킬로미터 떨어진 바이칼 서부의 남부 시베리아 요충지인 이르쿠츠크
Irkutsk까지 진격하며 모두를 놀라게 만들었다. 일본은 혼란을 틈타 노
골적으로 세력 확장을 꾀했던 것이다.

지난 러일전쟁에서 승리하고도 서구 열강의 간섭으로 제대로 전리
품을 얻지 못했다고 생각한 일본은 이번 기회에 단단히 한몫 잡으려
는 심산이었다. 소련은 백군과의 혈전으로 인해 몹시 혼란한 상황이어
서 제대로 된 대응조차 하지 못했다. 하지만 무턱대고 들어간 시베리
아는 일본이 상상도 할 수 없을 만큼 넓은 땅이어서 진격은 할 수 있어
도 도저히 장악까지는 불가능했다. 결국 일본은 철군해야만 했다.

전쟁이 끝난 후에 일본이 보여준 행태가 너무 야비하다는 점에서는

할힌골 전투에서 일본군을 격파하고 장비를 점검하는 소련군. 이때 엄청난 충격을 받은 일본은 북방 진출을 단념하고 상대적으로 약하다고 판단한 동남아로 진격을 꾀했다.(사진 : public domain)

모두가 공감했다. 비록 일본은 승전국의 지위를 얻었지만 1922년 여타 국가들이 압력을 행사해 칭다오를 중국에 반환하고 소련이 영향력을 실질적으로 행사하는 몽골 외곽으로 물러나야 했다. 러일전쟁에 이어 일본에 연이어 굴욕을 당한 소련은 언젠가는 반드시 복수하겠다고 이를 갈았고 마침내 1939년 할힌골Khalkhin Gol에서 벌어진 국지전에서 일본군을 박살내었다.

그동안 복수의 기회를 노리던 소련에 호되게 당한 일본은 북방 진출을 포기하고 해군이 주가 되어 남방으로 진출을 시작하며 태평양을 전쟁터로 만들었다. 그리고 나치가 정권을 잡은 독일이 유럽을 석권하자 즉시 같은 편이 되어 이익을 취하려 들었다. 이처럼 제1차 세계대전부터 제2차 세계대전에 이르는 20여 년간 일본은 약한 자 앞에서는 강하게 굴고 강한 자 앞에서는 한없이 약하게 변하는 모습을 보여주었다. 지금도 일본의 이런 태도는 그닥 변하지 않은 것 같다.

병참이란 지명에 담긴 역사

잊힌 이름

병참兵站은 사전에 '군사작전에 필요한 물자를 관리, 보급하는 일 또는 그 병과'라고 설명되어 있는 것처럼 전투 병과와 더불어 군을 구성하는 핵심 축이다. 그런데 현재 아는 이들은 거의 없지만 인천시 부평구에 이 '병참'이라는 지명이 있었다. 그런 지명이 운명이었는지 결국 병참과 관련된 시설지로 이용되었고 지금도 그렇게 사용 중이다.

현재 대규모 아파트 단지와 군사시설이 밀집해 있는 산곡동 일대를 구한말까지 병참이라 불렀다. 위에서 언급한 것처럼 병참은 군수품 조달과 관련한 임무를 맡는 곳인데, 공교롭게도 일제가 중일전쟁을 일으키면서 이 일대에 조병창을 만든 후 군수 관련 시설과 부대들이 들어섰고 일부는 현재도 국군과 주한미군이 사용 중이다. 하지만 원래 1930년대까지는 허허벌판으로 군사시설 같은 것은 없었다.

따라서 예전에 병참이라 불리게 된 데는 다른 이유가 있다고 보아야 한다. 구한말 이곳의 행정구역명은 부평군 마장면馬場面이었는데, 마장은 조선시대에 나라에서 군마나 파발마를 비롯한 각종 말을 방목해 키우던 목장을 의미한다. 《세종실록世宗實錄》 기록에 따르면 경기도에만 26개소의 마장이 있었는데 이곳도 그중 하나였던 것으로 보인다. 그래서 병참으로 불린 것이 아니었는지 추측되기도 하지만 확실한 것은 아니다.

그런데 현재 산곡동이라는 정식 행정명보다 버스 정류장이나 노선표에서 보듯이 일대를 백마장白馬場이라고 많이 부른다. 하지만 정작 백마장이라는 명칭은 마장과 아무런 연관이 없다. 1940년 4월 1일, 행정구역을 일본식으로 개편할 때 당시 인천부윤仁川府尹(일제 강점기 인천부의 행정수령)이던 나가이 데루오永井照雄가 마장면 산곡리를 아무런 관련도 없는 하구바죠白馬町로 임의적으로 개칭하면서 생긴 명칭이기 때문이다.

이렇게 명명된 백마정이 해방 후 원래 지명인 마장과 어울리면서 백마장으로 변하게 되었고 지금까지 아무런 정정 노력 없이 사용되고 있다. 사실 이러한 일제의 잔재가 남은 지명이 생각보다 우리나라 곳곳에 아직도 많이 남아 있다. 흔히 '삼릉'으로 불린 부평역 남측 일대의 부평 2동도 그런 곳이다. 일제가 부평에 설치한 조병창 시설 중에 '미쓰비시三菱' 공장도 있었는데 여기서 일하는 직원들의 사택이 부평 2동 일대에 있었다.

원래 이곳의 옛 이름은 '동수'였는데, 미쓰비시 공장에서 일하기 위해 전국에서 몰려든 많은 외지인들이 정착하면서 언제부터인가 삼릉으로 불렸다. 지난 1999년 인천지하철 1호선 개통을 앞두고 아무 생각 없이 부근 역명을 '삼릉역'이라고 예정했다가 많은 이들의 노력으로

'동수역'으로 결정되었다. 덕분에 이제는 삼릉에 대한 기억이 사라져 가고 있고 젊은이들 중에는 모르는 경우도 많다. 긍정적인 변화라 할 수 있다.

다시 처음으로 돌아와 어떻게 병참이라는 지명이 유래되었는지 모르지만 마치 정해놓은 것처럼 이름에 걸맞게 이곳에 군수 관련 시설이 본격 등장한 것은 일제 강점기부터다. 한반도를 식민지로 만드는 과정에서 일제가 점령군을 최초로 주둔시킨 곳이 용산에 있는 오늘날 미 8군 자리다. 그런데 당시 서울이 오늘날 같은 세계적 대도시는 아니었지만 그렇다고 일본군이 마음 놓고 야외 훈련을 할 정도로 한적한 곳도 아니었다.

이때부터 일본군 포병부대가 대규모 실사격 훈련을 위해 찾아왔던 곳이 병참이다. 경인선 철도로 연결되어 교통이 편리한 데다 인천항을 통해 일본으로부터의 군수물자 조달도 용이했던 점도 이유였지만 그보다는 사람이 살지 않았기 때문이었다. 오늘날 부평구, 계양구, 부천시 일대는 1920년대 말 부평수리조합이 생기기 전까지 농사를 짓기 힘든 상습 침수 지역이라 일부 촌락을 제외하고는 대부분 황무지였다.

오늘날 신도시가 형성되면서 새로 유입된 주민들은 잘 모르지만 중동, 상동, 계산동, 삼산동, 부개동 일대에 조성된 대규모 택지 지구는 약 10~20미터 이상 복토를 하고 형성해야 했을 만큼 저지대였다. 일대가 수해의 우려로부터 완전히 벗어난 것은 2011년 굴포천 방수로가 완공되고 나서부터다. 건설 도중 이를 좀 더 확장한 것이 이른바 아라뱃길로 불리는 경인운하지만 사실 애초의 목적은 방수로였다.

어쨌든 요즘도 실사격 훈련을 할 만한 장소가 그리 많지 않다는 점을 상기한다면 당시 서울 근처에 이런 천혜의 장소를 일본군이 애용했음은 어쩌면 당연하다. 향토사 자료를 찾아보면 처음에는 몇 달에 한 번 정도 훈련을 오고는 했지만 1937년 중일전쟁 발발 이후에는 장기간 야영을 하며 실사격 훈련을 한 것으로 나온다. 아마도 오늘날 국군의 승진훈련장 정도는 아니어도 비슷한 역할을 했던 것으로 추측된다.

새로운 수도 후보지로 거론되다

사격 훈련을 한다면 당연히 포탄이 떨어지는 탄착 지점이 필요한데 아무 곳이나 탄착지로 정할 수는 없다. 통상적으로 안전이나 관측 등을 고려해 사격장에서 잘 보이는 능선에 탄착지를 설치하는 경우가 대부분인데, 특히 통신이 열악했던 당시에는 정면에 탄착지가 있어야 훈련 성과를 쉽게 확인할 수 있었다. 당시 병참에서 북쪽 정면으로 바라보이는 계양산 일대가 그러한 여건을 갖춘 곳이었다.

오늘날 엄청나게 도시화가 진행되었지만 예전에 부평평야라 불리던 지역은 동쪽의 원미산에서 서쪽의 원적산까지, 그리고 남쪽의 만월산에서 북쪽의 계양산에 걸친 거대한 분지를 의미한다. 행정구역으로는 인천시 부평구, 계양구, 경기도 부천시를 아우르는 지역인데 200여만 명의 인구가 살고 있다. 지금은 상상하기 어렵지만 1960년대 이전만 해도 부평역, 부천역 인근을 제외하고 이 일대 대부분은 논밭이었다.

이 때문에 한때 이곳이 새로운 수도의 후보지로 거론된 적도 있었다. 6·25전쟁 당시였던 1951년 3월 7일 피난지였던 부산에서 열린 수도 재건 회의에서 기존 서울은 상징성이 많은 사대문 안만 복구하고 문화, 거주, 경제 관련 시설은 허허벌판에 새롭게 만드는 것이 좋다는

폐허가 된 서울을 대신할 신수도 후보지로 부평평야를 거론한 당
시 신문기사.(《동아일보》, 1951년 2월 16일)

주장이 나왔다. 이때 후보지로 집중 거론된 곳이 바로 부평평야였다.
당시 자료를 살펴보면 새로운 거주 형태로 '아바트(아파트)'를 언급한
점이 상당히 흥미롭다.

이처럼 텅 빈 곳이다 보니 일제는 북쪽의 계양산 남측 능선 일대의
광활한 지역을 탄착지로 쉽게 낙점했다. 그런데 한 가지 문제가 있었
는데 계양산 바로 아래인 현재 계산삼거리 일대에 부평도호부 청사와
마을이 위치하고 있다는 점이다. 오늘날 기준으로 본다면 면소재지도
안 되는 작은 규모였지만 1930년대까지만 해도 이 일대가 부평평야
일대에서 가장 번화했던 곳이다.

현재 부평의 원래 이름은 부내면이었고 경인선 철도가 개통되기 이
전인 구한말까지 부평은 지금의 계산동을 의미했다. 인천이라는 지명

도 이와 비슷한 경우인데, 흔히 인천역과 인천항이 있는 중구 일대를 인천이라 생각하지만 이곳의 원지명은 제물포였고, 원래 인천은 인천 도호부가 위치하던 문학 야구장 부근이었다. 부평이나 인천 모두 철도와 항구라는 새로운 교통 인프라가 구축되면서 중심지가 완전히 바뀌어버린 대표적 사례다.

결국 일본군은 부평도호부 인근의 마을을 피해 서쪽의 효성동 골짜기를 탄착지로 설정했다. 오늘날 경인고속도로를 따라 서울에서 인천으로 가면 청라 신도시를 못 미쳐 우측에 골짜기를 볼 수 있는데 이곳 안쪽에는 국군의 해외 파병 환송 행사 등으로 뉴스에 종종 등장하는 군부대가 주둔하고 있다. 바로 이곳이 일제가 최종 선정한 포병 실사격 훈련 탄착지로 원래 지명이 재미있게도 '도둑굴'이다.

지금도 주요 부대가 주둔하고 있을 만큼 도둑굴은 상당히 골짜기가 깊다. 그래서 대대로 도적 떼들이 이곳에 은신하면서 부평(현 계산동)과 서곶(현 연희동)을 오고가던 이들을 상대로 노략질을 했다. 특히 구한말에 이곳의 도적 떼가 너무 날뛰어 백성들의 고초가 극심하자 선혜청 당상관을 지낸 정병하가 부평부사로 와서 도적 떼를 소탕시킨 공로로 중앙 정부의 칭송을 받았다는 기록이 남아 있다.

단지 해발 고도로는 얼마 되지 않지만 주변이 평지여서 일대는 상대적으로 높게 느껴지는 곳이다. 홍명희의 소설《임꺽정》에 도둑굴 부근인 징매이 고개에서 부하들을 조련시키는 장면이 묘사되어 있는데 실제로 이 일대에서 임꺽정이 활약했는지는 모르지만 그의 활약상이 구전으로 전해 내려오고 있다. 아마 홍명희가 도둑굴과 더불어 내려오는 이야기를 참고해 각색했을 가능성이 크지만 어찌되었든 도둑이 많이 날뛰던 외진 곳임은 틀림이 없다.

일본군 포병대가 실탄 사격 연습을 할 때 병참에서 도둑굴을 목표로 포탄을 쏘면 부평도호부 인근의 고을이 진동했을 정도로 도둑굴과 부평도호부가 가까웠지만 골짜기가 워낙 깊어 옆으로 포탄이 잘못 날아가거나 파편이 튈 염려가 없어 인명 피해는 없었다고 전해진다. 다음은 이와 관련해서 향토사에 기록된 내용이다.

"(전략) … 이곳 사람들이 군대가 자주 나타나는 곳이라서 병참兵站이라 불러왔을 뿐이다. 여기서 쏜 댕구알砲彈은 안아지 고개 옆 깊숙한 도둑굴 안에 떨어져 인가에서는 전혀 피해가 없었으나 그 포탄 터지는 굉음은 모든 사람들의 간담을 서늘하게 했다. … (후략)"

위에서 살펴본 것처럼 유래가 불분명한 '병참'과 '도둑굴'이라는 지명은 향토사의 일부로 기록이 뚜렷이 남아 있다. 하지만 이러한 지명 때문이었는지 모르지만 병참과 도둑굴은 우리의 의사와 전혀 상관없이 국권을 침탈당하고 제국주의자들에 의해 마구 능욕을 당한 아픈 역사를 지닌 현장이 되었다. 그리고 지금도 그러한 흔적을 찾아볼 수 있다.

수탈의 현장

일제는 1937년 중일전쟁을 시작하면서 막대한 군수 물자를 제작하기 위한 시설로 지금의 부평구 부평동, 산곡동, 청천동 일대에 조병창을 만들었다. 일제가 본토 이외에 유일하게 건설한 무기 제작 시설이었을 만큼 침략 의지가 강력하게 표명된 곳이다. 포병대가 산개해 마음껏 포사격 훈련을 했을 정도로 넓었던 병참을 비롯해서 이때부터 이 지역에 본격적으로 군수 관련 시설들이 들어섰다.

우리나라에서 가장 먼저 개통된 경인선의 역들 중에서 1934년에 마지막으로 전기가 들어왔을 만큼 외지였던 부평역 일대에 도심이 본격 형성되었다. 하지만 이런 외형적 발전은 결코 우리 민중의 복리 증진을 위한 것이 아니었다. 일제는 조병창을 대외 침략과 식민지 수탈에 철저히 이용했다. 태평양전쟁 말기에 조병창과 관련해 일제의 수탈이 어떠했는지 알려주는 글이 있다.

> "(전략) … 중학 3학년부터 공부하는 날보다 강제 동원되는 날이 많았다. … (중략) … 1945년 초에는 서울 연희 보성전문학교와 경기고 경복고 서울고 학생들 모두 인천 부평의 무기 공장에서 기관총을 만들었다. 나는 총신 칼 손잡이 부위에 구멍 뚫는 일을 배정받았다. 매일 800개씩 뚫어야 했는데 제대로 하지 못해 발길에 배를 차이고 뺨을 맞기도 했다. … (후략)"
>
> _ 박상증(전 아름다운재단 이사장, 현 민주화운동기념사업회 이사장)

이처럼 노동력을 강제로 착취한 것 외에도 전쟁 물자 조달을 위해 광분하던 일제는 각종 물자를 징발했다. 철강재를 수집하기 위해 안성 – 장호원, 문경 – 안동을 연결하던 철도가 철거되었고 집에 있던 금속성 그릇과 수저까지 빼앗아갔다. 이렇게 강탈한 수집물들을 무기로 가공하기 위해 최종적으로 모아둔 곳이 바로 부평의 조병창이었다. 일제가 날뛸수록 조병창의 가동률은 높아졌다.

인천박물관에 보관 중인 송대 범종. 무기 제조를 위해 중국에서 수탈되어 조병창까지 오게 된 기구한 역사를 간직하고 있다.

이러한 일제의 뒤집힌 눈에 문화재 또한 결코 안전할 수 없었다. 수많은 철재 문화재를 일본군 전쟁물자로 사용하기 위해 약탈해갔다. 다행히 파괴는 모면했지만 이때 전등사의 범종, 종로의 보신각종을 비롯해 우리나라의 수많은 금속 문화재가 약탈되었다. 이러한 일제의 약탈은 한반도뿐 아니라 중국 대륙의 점령지에서도 자행되었다. 현재 인천박물관에 있는 송나라 시대의 범종이 바로 이런 연유로 한반도까지 오게 된 것이다.

조병창은 해방 후 미군이 이용하다가 1949년 철군 후 국군 병기대대가 사용했다. 하지만 전쟁이 발발하면서 애스캄ASCOM으로 불리는 군수 지원 시설이 설치되면서 미군이 다시 이용했는데, 1960년대 말에 이르러서는 그 면적이 현재 부평구의 절반 정도를 차지할 만큼 어마어마했다. 당시 애스캄은 미국 본토의 포트 브래그Fort Bragg, 포트 후드Fort Hood, 독일의 프라이드리히펠트와 더불어 ESSC라 불린 미군의 4대 군수기지 중 하나였다.

1973년 애스캄이 해체되면서 크기는 4분의 1 정도로 축소되었지만 일부 미군 부대가 아직도 주둔 중이고 반환된 지역은 국군이 사용 중이거나 택지 혹은 공원으로 바뀌었다. 그런데 우연인지 필연인지 모르겠지만 현재 남은 미군 부대인 캠프 마켓도 그렇고 국군 부대인 제3보급단 모두 병참과 관련된 부대들이다. 구한말 이전부터 병참이라 불렸던 무주공산이 희한하게도 그 의미대로 80여 년간 이용되고 있는 것이다.

현재 미군 부대가 있는 위치는 조금만 손보면 도심 속 대규모 근린공원으로 개발할 수 있는 천혜의 조건이어서 시민들의 관심 대상인데, 미군 부대의 철수가 가시화되자 송병준의 후손들이 자기 땅이라고 주장하면서 소송을 벌여 국민들의 분노를 사기도 했다. 비록 패소로 막을 내리면서 정의가 구현되기는 했지만 역사적으로 사연도 많고 굴곡도 많은 땅이다.

실탄 사격 시 탄착지였던 도둑굴은 옛 부평도호부 길을 근거지로 신출귀몰하면서 도적질을 일삼던 무리들이 은신했던 천혜의 골짜기답게 현재도 국군 최강의 특수전 부대가 주둔하고 있다. 비록 전자는 100여 년 전까지 백성을 괴롭히는 못된 일을 했지만 후자의 경우는 대한민국을 보호하는 막중한 임무를 수행하고 있다. 이처럼 병참이나 도둑굴이나 단지 우연이라 치부하기에는 인연이 깊다.

사실 우리나라에서 부평처럼 100여 년 가까이 오로지 군사적 용도 때문에 도시 개발이 제약을 받고 있는 지역도 그리 많지 않다. 하지만 최근 도시의 급속한 팽창과 안보환경의 변화에 따라 이곳에 주둔한 부대들의 이전 주장도 공공연히 언급되고 있는 것 또한 주지의 사실이다. 과연 병참과 도둑굴이 먼 훗날에도 여전히 군사시설로 계속 사용될지 사뭇 궁금해진다.

포로수용소의
기억과 흔적

못 잊어 코리아!

1965년 9월 국내에 주둔해 있던 미 7사단의 신임 지휘관으로 부임한 체스터 존슨 소장은 대강의 인수인계를 마치자마자 서둘러 인천으로 향했다. 인천항(현재 1부두) 맞은편에 도착한 그는 부근을 꼼꼼히 둘러보더니 '화선장'이라는 간판이 붙은 식당 앞에서 발걸음을 멈췄다. 만감이 교차하는 표정으로 잠시 건물을 바라본 그는 곧바로 안으로 들어가 누군가를 찾았다.

오래전의 일이라 과연 그곳에 그가 찾는 인물이 있는지 알 수는 없었다. 사실 이름도 모르고 얼굴도 확실하게 기억나지 않았다. 하지만 식당 주인인 김진원 씨를 보는 순간 자신이 오매불망 찾던 인물임을 직감적으로 느꼈다. 확인 차 이런저런 이야기를 나눈 그는 갑자기 몸을 들썩이며 오열했다. 현역 미군 사단장이 식당 주인의 손을 놓지 않고 감격의 눈물을 흘렸던 데는 나름대로 오랜 사연이 있었다.

제2차 세계대전 당시 일본군에 잡혀 인천 수용소에서 고단한 포로생활을 하다 탈출까지 감행했던 존슨은 이후 미 7사단장이 되어 한국에 부임해 은인과 해후했다.(《경향신문》, 1966년 7월 19일)

　　사실 존슨 소장에게 인천은 낯선 곳이 아니었지만 이 도시에서 겪었던 기억은 악몽이었다. 하지만 바로 그런 고난을 겪던 시절에 평생 잊을 수 없는 도움을 주었던 사람이 김진원 씨였기에 그를 찾고자 불원천리하고 달려온 것이다. 태평양전쟁 초기였던 1942년, 필리핀 함락 당시에 일본군의 포로가 되었던 초급 장교 존슨은 1945년 인천에 있던 연합군 포로수용소로 이감되었다.

　　낯선 인천까지 끌려온 그는 강제노역에 시달리며 지옥 같은 나날을 보내고 있었다. 특히 중노동이나 간수들의 학대 못지않게 고통스러웠던 것은 배고픔이었다. 회고에 따르면 된장에 무말랭이를 넣고 끓인 멀건 죽만 먹어서 영양실조로 죽은 포로들이 상당수였다. 이런 고통을 견디다 못한 그는 7월경 노역을 나가는 도중 동료 3명과 탈출을 감행했다. 탈출하다 체포된 포로들은 즉결 처형되기도 했기 때문에 이들은 목숨을 걸고 달렸다.

하지만 인천에 대해 전혀 모르는 그들은 막상 갈 곳이 없었다. 무조건 앞만 보고 도망쳐 향한 곳은 시내 방향인 신포동이었는데, 지금은 쇠락했지만 1990년대 초까지 인천의 번화가였던 지역이다. 몸을 숨기기 위해 다짜고짜 가장 가까이 있던 나리낑成金이라는 식당으로 들어갔다. 이때 이들과 처음 마주한 사람이 한국인 종업원 김진원 씨였다.

김진원 씨는 갑자기 들이닥친 초췌한 몰골의 서양인 포로들을 보고 순간적으로 너무 놀랐다. 도주한 포로를 발견할 시 돕지 말고 즉시 신고하라는 총독부의 포고가 있었지만, 먹을 것을 달라며 애걸복걸하는 모습을 보고 모른 척할 수가 없어서 부엌에 몸을 숨겨주고 따뜻한 음식을 내주었다. 너무 배가 고파 탈출한 존슨 일행은 물론이고 이들을 도운 김진원 씨 모두 엄청난 위험을 감수한 것이다. 게걸스럽게 음식을 먹은 포로들은 주린 배를 채우고서야 겨우 안정을 되찾은 듯 감사 인사를 했다. 그러나 이런 자유도 잠시, 추격해온 일본 군경에 곧바로 체포되어 다시 포로수용소로 끌려가 고초를 겪어야 했다. 그리고 김진원 씨도 일본군에게 봉변을 당했다.

존슨은 지옥 같은 포로생활 동안 겪었던 유일한 환대를 생생히 기억하고 있었다. 그리고 20년 만에 한국에 부임하게 되자 곧바로 은인을 찾아 나선 것이다. 세월이 많이 흘렀지만 당시 종업원이던 김진원 씨가 해방 후에 일본인이 운영하던 식당을 인계받아 계속 영업 중이어서 이들의 극적인 재회가 이루어지게 되었다. 젊은 존슨에게 인천은 악몽이었지만 시간이 지나 장군이 된 후에는 과거를 회상할 수 있는

요코하마 인근 아오모리靑森 수용소에 수감되었다가 해방된 연합군 포로들. 피골이 상접한 모습만으로도 그들이 겪었을 고초를 짐작할 수 있다. 인천 수용소도 사정은 마찬가지였다.(사진 : U. S. Navy, public domain)

추억의 장소가 되었다. 그런데 이러한 아름다운 인연도 일본군에 생포된 포로들을 수감한 수용소가 인천에 있었기에 가능한 일이었다.

우리도 일제 강점기 말 워낙 극심한 고초와 수탈을 겪었기에 전쟁의 영향을 직접 받은 당사자이긴 하지만, 한반도에서 실제 교전이 벌어지지 않아 제2차 세계대전을 남의 일로만 생각하는 경우가 많다. 그러나 단지 망각하고 있을 뿐이지 최후의 저항을 대비해 제주도 곳곳에 만들어진 동굴처럼 우리 땅에서도 직접적인 전쟁의 상흔을 발견할 수 있다. 인천에 있었던 연합군 포로수용소도 바로 그러한 흔적 중 하나다.

한반도는 지리적으로 일본 본토와 가까웠고 연합군의 폭격으로부터 비교적 안전한 후방 지역이었다. 하지만 장기간의 강압 통치로 말미암아 일제에 대해 느끼는 감정은 대단히 적대적인 곳이었다. 그럼에도 일제가 한반도에 연합군 포로수용소를 만들었다는 사실은 상당히 흥미로운 부분이다. 우리는 제2차 세계대전을 남의 일처럼 생각하지만 이처럼 가까운 곳에서 그 흔적을 발견할 수 있다.

낯선 곳에 끌려온 포로들

전쟁이 일어나면 포로가 발생하고 이를 관리할 수용소가 필요하게 된다. 통상적으로 포로수용소는 전선과 최대한 멀리 떨어진, 적의 간섭으로부터 자유로운 후방에 설치하는데 그 이유는 포로들의 탈옥이나 저항 의지를 처음부터 차단하기 위해서다. 포로수용소가 너무 크면 통제가 안 되는 경우도 종종 벌어지므로 폭동이나 대규모 탈옥을 방지하기 위해 적당한 인원으로 나누어 포로를 여러 지역에 분산 수용한다.

제2차 세계대전 당시 초전에 연이은 승리를 거둔 일제는 수많은 연합군 포로수용소를 만들었는데 자료에 확인된 것만 해도 북단의 홋카이도부터 남단의 규슈까지 200여 개가 넘었다. 이처럼 철저하게 포로들을 분산 수용했는데 본토 이외에 한반도에도 수용소를 설치했다. 우리에게는 흥미로운 사실이지만 서울, 부산, 인천, 흥남 네 곳의 수용소는 전체 규모로 볼 때 그리 많다고 할 수는 없다.

자료를 보면 당시 한반도의 포로수용소에 수용된 연합군 포로들은 1942년 초, 말레이 반도 및 싱가포르에서 잡힌 영국군, 호주, 뉴질랜드 포로들을 시작으로 이후 전쟁이 계속 이어지면서 미군들도 포함되

싱가포르 함락 당시 항복한 영연방군 포로들이 부산을 거쳐 서울에 도착해 수용소로 향하고 있다.(사진 : Australian Army Corps)

었다. 이들은 수송선에 실려 대한해협까지 왔다가 대부분 후쿠오카福
岡를 거쳐 일본의 수용소로 갔지만 일부는 부산을 통해 한반도에 남게
되었다. 특별히 어떤 방식에 의해 구분했는지는 확인이 어렵다.

　예전에 주한미군의 하야리아 기지Camp Hialeah였다가 지난 2010년 부
산시에 반환된 범전동의 시민공원은 부산수용소 자리였다. 각종 자료
를 확인해보면 부산항으로 끌려온 연합군 포로들이 서울과 인천에 위
치한 본 수용소로 이감되기 이전까지 임시로 거쳐했다. 마치 군대의
보충대처럼 당시 한반도에 들어온 연합군 포로들이라면 반드시 거쳐
가던 곳이었다. 흥남 수용소는 서울과 인천 수용소가 포화 상태가 되
자 추후에 설치한 것이다.

그런데 후방에서도 외진 곳에 설치된 6·25전쟁 당시의 거제도수용소와 달리 이들 수용소는 공통적으로 도시 중심 부근에 위치했다는 특징이 있다. 외곽으로 조금만 벗어나도 수용소로 쓸 만한 부지가 많았지만 일제는 유독 도심 번화가 부근에 수용소를 만드는 이상한 행태를 보였다. 일본이 그렇게 했던 데에는 여러 이유가 있었지만 그중에는 여타 국가라면 상상하기 어려운 간악한 시도도 함께 숨어 있었다.

1942년 2월 28일, 당시 조선군(일제 강점기 당시 한반도 주둔 일본군을 조선군이라 불렀다) 사령부 참모장인 이하라 준이지로井原潤次郎가 육군성에 보낸 전문에 한반도 각지에 연합군 포로수용소가 들어서게 된 이유가 나온다. 총독부는 전쟁 중 있을지도 모르는 식민지 조선인들의 저항 의지를 완전히 꺾어버리고 지배를 보다 원활히 하기 위한 다양한 방법을 강구하다가 백인 포로들이 좋은 수단이 될 것이라 생각했다.

오랫동안 폐쇄 사회에서 살아온 조선인들은 은연중 백인들의 능력을 과대평가하고 있었다. 이를 간파한 이하라는 항복한 백인 병사들을 자연스럽게 노출시키면 일본의 힘이 뛰어나다고 자랑할 수 있고 동시에 조선인들의 기를 완전히 꺾을 수 있다고 보았던 것이다. 그는 전문에서 구체적으로 백인 포로 1,000명을 총독부와 조선군이 관리하는 포로수용소 2곳에 수감하겠다고 적시했다.

기무라 헤이타로木村兵太郎 육군차관이 이런 요구를 수용하자 총독부가 일반 시민들이 쉽게 포로들을 볼 수 있으면서도 경비가 편리하고 노역 동원에 유리한 위치에 수용소를 만들어 각각 500명씩 수감하기로 결정하면서 서울과 인천에 수용소가 만들어졌다. 그리고 싱가포르에 수용 중인 영연방군 포로가 이감 대상으로 결정되었고 이들은

약 300명의 포로가 수용 되었던 흥남 수용소는 서울과 인천 수용소 이후에 만들어졌다. 지붕에 쓰여진 PW는 이곳이 포로수용소라는 뜻이자 동시에 폭격을 막아내기 위한 표시이기도 하다.(사진 : http://www.nkeconwatch.com)

선편을 이용해 그해 9월 22일 부산에 도착해 곧바로 분산 수용되었다. 그야말로 일사천리의 진행이었다.

더불어 일제는 수용소를 다른 용도로도 이용했는데, 포로들을 각종 전략시설을 보호하는 방패 막으로 삼은 것이다. 정밀 타격이 가능한 지금과 달리 당시에는 일정 지역에 무차별적으로 폭탄을 떨어뜨리는 폭격 방법이 많이 사용되었다. 따라서 수용소의 위치를 일부러 노출시키면 포로들의 안위 때문에 연합군이 부근을 함부로 폭격할 수 없었다. 이를 노려 수용소를 중요 시설 부근에 유치했던 것이다.

그래서 서울, 인천과 이후에 들어선 흥남 수용소는 모두 도심의 중요 시설 부근에 위치했다는 특징이 있다. 현재 인천시 신흥동에 있는 신광초등학교에 있었던 인천 수용소의 예처럼 인천항 항구와 물류 시설을 보호할 목적으로 포로들을 이용했음을 알 수 있다. 하지만 일본은 여기에 또 다른 간악한 목적을 달성하기 위해 포로수용소를 두었다.

일본의 의도

인천 수용소 부근에서 가장 높은 곳은 서북쪽으로 250여 미터 떨어진 곳에 위치한 나지막한 언덕인데, 현재는 인천여자상업고등학교가 자리 잡고 있다. 이 일대는 1977년 행정구역이 변경되면서 신포동에 편입되었지만 해방 직후에는 신생동이라 불리던 곳이다. 말 그대로 '해방 이후 새롭게 태어난 마을'이라는 의미인데, 바로 이 이름을 통해 일제가 이곳에 포로수용소를 설치했던 또 다른 의도를 유추할 수 있다.

원래 인천은 인천도호부가 위치하던 문학야구장 인근을 의미했지만, 19세기 말 개항과 더불어 철도가 부설되면서 발전하기 시작한 현재의 중구 일대가 인천으로 불리게 되었다. 신생동은 개항 전에 '인천부 다소면 선창리'라는 곳이었는데, 개항 후 일본인들이 대거 밀려와 1910년경부터 거류민촌이 형성되었고 인천여상 위치에 동공원東公園이라 불리는 근린공원이 만들어졌다.

당시 도심을 중심으로 동서 외곽 봉우리에 각각 공원이 있었는데 우리나라 최초의 근대식 공원인 만국공원(현 자유공원)과 동공원이 바로 그것이다. 그런데 일제가 우리나라를 지배할 당시 일본 거류민의 거주지가 형성되면 그곳에 공통적으로 만들던 것이 있다. 가장 좋은 위치에 일본 왕을 받들기 위한 신사神社를 설치했는데 동공원도 그중 하나였다. 즉, 신생동은 인천 지역의 신사가 위치했던 곳이다.

처음에 신사는 우리 땅에 몰려든 일본인 사회의 구심점 역할을 하기 위해 설치된 시설이었지만 일제는 단지 그런 용도로만 사용하지 않았다. 강제로 참배를 강요하면서 우리 민족의 혼을 말살하기 위한 도구로도 이용했다. 제국주의 세력이 아시아와 아프리카로 세력을 넓혀 들어갈 때 군대와 함께 가장 앞장섰던 종교인들이 서구의 사상을 심어 놓은 것과 마찬가지 방법이었다.

1912년 일제는 한국 고유의 지명을 대대적으로 일본식으로 개칭했는데, 이때 동공원 일대를 신사가 있는 곳이라 하여 '미야마치宮町'라고 고쳤다. 사실 미야마치는 인천에만 있던 일본식 지명이 아니라 신사가 위치한 곳이라면 예외 없이 붙던 이름이었다. 일제 강점기에 한반도 곳곳에 붙여진 수많은 미야마치는 일제의 악랄함과 집요함을 엿볼 수 있는 증거다.

그런데 이러한 편협한 사고방식은 그들에게도 상당히 독이 되었다. 일왕을 명분으로 내세우다 보니 어이없는 일을 툭하면 벌였는데, 대표적인 사례가 소총에 일왕의 상징인 국화를 새겨 넣은 것이다. 전쟁 당시 일본군이 사용한 38식 소총은 생산성이 좋지 않아 전선에 제때 공급이 어려웠다. 그런데도 그들은 혼을 불어넣는다는 명분으로 총열에 수작업으로 일일이 국화를 새겨 넣느라 생산성을 떨어뜨리는 어이없는 일을 벌였다.

하지만 이런 사례는 그나마 일종의 해프닝으로 치부할 수 있을 정도였다. 전쟁 말기에 일왕을 위한다는 명분을 내세워 미치광이처럼 행했

1944년 12월 25일 연합군 정찰기가 촬영한 인천포로수용소의 모습. 위치가 잘못 표시되어 있는데 정확한 위치는 M자 부근이고 물방울 모양으로 표시한 부분이 신사다. 이처럼 수용소는 신사와 인천 항을 폭격으로부터 보호할 수 있는 위치에 있었다.(사진 : U. S. Navy, public domain)

던 옥쇄玉碎나 가미카제 같은 사례도 있다. 어쩌면 이런 광란의 행위가 그들 스스로를 몰락시키고 파멸로 이끌었다고 할 수도 있다. 그들은 그러한 고통을 우리에게도 강제했고 결국 그러한 과정에서 민초들의 고초는 커져만 갔다.

일제의 통치를 정당화하고 식민지 조선인의 정신을 황폐화시키기 위해 적극 이용되던 신사는 해방과 더불어 폐쇄되었다. 인천 신사도 이때 사라지고 새로운 독립국의 교육 기관으로 사용하기 위해 인천여 자상업고등학교가 들어섰다. 지금도 학교 구내에는 신사로 사용할 당시에 있던 석축과 돌기둥이 일부 남아 있는데, 비록 이런 흔적이 굴욕적인 것이긴 해도 계속 남겨두고 반면교사로 삼아야 할 것이다.

그런데 일제가 군 기지, 항구, 산업시설처럼 전략적으로 보호할 가치가 큰 곳에 작전의 일환으로 포로수용소를 설치한 것은 상당히 현명한 선택이었다. 미군 정보 당국이 1944년 12월 항공 촬영한 사진을 보면 연합군 측도 포로수용소를 정확히 파악하고 있음을 알 수 있다. 연합군은 당연히 수용된 아군 포로들의 피해를 우려해 이 일대에 대한 폭격을 삼갈 수밖에 없었다.

물론 일본이 항복을 해서 참화를 면하기는 했지만 만일 일본의 의도대로 한반도 일대까지 전쟁이 확대되었다면 포로수용소는 연합군에 장애가 될 가능성이 상당히 컸다. 하지만 여기에 한 술 더 떠 일제는 전시 중에 신사를 지키기 위한 방편으로도 포로수용소를 이용했다. 인천 수용소 부근에 우연하게 신사가 위치했던 것이 아니라는 사실은 다음에 설명할 서울 수용소를 보면 더욱 확실해진다.

잊어버린 기억, 되살아나는 기억

인천 수용소 다음으로 규모가 컸던 곳이 현재 청파동의 신광학원(신광초등학교, 신광여중, 신광여고) 자리에 위치했던 서울 수용소였다. 공교롭게도 인천 수용소가 위치했던 곳에 현재 신광초등학교가 있다는 점을 고려한다면 신광이라는 이름과 연합군 포로수용소의 인연이 깊은 것 같다. 그런데 이곳의 위치도 인천 수용소 이상으로 일제의 치밀하고도 다양한 의도를 알 수 있는 자리다.

신광여고 맞은편은 지금도 주한미군 사령부를 비롯한 다수의 부대가 주둔하고 있는 주요 군사기지인데 당시에도 마찬가지였다. 러일전쟁 직전인 1904년 용산 일대에 군대를 주둔시킨 일본은 을사늑약 후 2개 사단으로 주둔군 규모를 확대해 1918년 조선군사령부를 발족시켰다. 그러다가 1945년 종전 직전에 일본 제17방면군 예하 조선군관구 사령부로 개편해 결전을 준비하고 있었다.

더불어 신광여고 배후에 위치한 효창공원은 일제 강점기에 일본군이 구용산 고지라 부르던 주요 숙영지였다. 그렇다 보니 군사시설 한가운데 포로수용소가 위치한 셈이었다. 지금도 용산 일대가 미군기지라는 인식이 있지만 이처럼 훨씬 이전부터 외국군 주둔지로 이용되었고 그 시간이 어느덧 100년이 넘었다. 그나마 일본이 운용했던 시기보다 면적이 조금이나마 줄어든 상태다.

이처럼 부대 한가운데라 할 수 있는 위치에 수용소가 자리 잡은 이유는 경비를 수월하게 하기 위한 이유도 있었지만 인천 수용소처럼 주요 교통시설을 보호하기 위해서이기도 했다. 인천 수용소 부근의 인천항이 해상 물류를 위한 중요한 시설이었던 것처럼 서울 수용소 일대는 그야말로 육상 교통의 중심지였다. 수용소가 위치한 서울역과 용산역 사이는 당시에 가장 중요했던 철도의 중핵 지대였다.

거기에다가 서울 수용소의 위치는 신사 중에서도 가장 큰 규모라 할 수 있는 남산의 신궁神宮 부근이었다. 일제는 1925년 우리 민족의 정신을 말살하고 자신들의 통치를 정당화하고자 한반도에 위치한 모든 신사를 대표하는 조선신궁을 도성과 한강이 내려다보이는 남산에 세웠다. 이는 타이완 신궁과 더불어 일본 본토 이외에 유이하게 설치된 시설이었다.

일제는 식민지 수탈의 이데올로기로 이용하고자 1945년 6월 기준으로 한반도 전체에 신궁 1곳, 신사 77곳, 면 단위에 작은 규모의 신사 1,062곳을 세웠다. 민족정기를 말살하고 한반도 지배를 영구히 하려고 한반도 곳곳을 파헤쳤던 것이다. 그리고 이처럼 그들이 중요하게 여겼던 시설을 공습으로부터 보호하기 가장 좋은 위치에 포로수용소를 만들었다.

일제는 포로들을 여러 목적을 위해 이용했을 뿐 아니라 각종 노역에 동원해 노동력을 착취했다. 많은 자료를 보면 인천 수용소의 포로들은 인천항 내항 확장 공사 등에 투입되었고 서울 수용소의 포로들은 서울 시내에서 벌어진 각종 진지 축성 공사 등에 동원되었다. 하지만 제대로 먹지도 못하고 다쳐도 치료도 받지 못하는 등 형편없는 대우를 받던 포로들 가운데 많은 수가 종전 전에 불귀의 객이 되고 말았다.

전쟁 말기에 봉쇄된 일본은 물자부족이 극심했다. 따라서 포로들에 대한 대우가 좋지 않을 수밖에 없었지만 포로 통제를 목적으로 일부러 고통을 가중시킨 측면도 있다. 당시 내려진 훈령을 보면 수용소의 모든 시설은 기거만 할 수 있는 최소한의 설비만 갖추도록 했고 식사도 이러한 여건에 준해 최소한만 지급하도록 제한했다. 처음에 소개했던 탈주극도 이런 과정에서 벌어진 일이었다.

일본이 항복한 직후인 1945년 9월 8일, 38선 이남의 일본군을 무장해제시키기 위해 미 제24군단이 인천에 상륙했다. 당시에도 부산이 가장 큰 항구였고 일본에서도 가장 가까웠음에도, 군이 조수간만의 차가 심해 상륙 시간이 제한되고 수로도 협소한 인천에 가장 먼저 상륙한 이유는 인천과 서울에 수용된 포로를 조속히 해방시키기 위해서였다. 그만큼 이들 수용소는 연합군 측에 중요한 의의가 있던 곳이다.

부산을 통해 서울로 옮겨온 생존 포로의 기억을 바탕으로 그린 그림. 당시의 상황을 잘 보여준다.
(사진 : http://www.fepow-memorial.org.uk)

그런데 현재 이러한 역사를 알리는 어떠한 표지나 안내가 없다. 단지 일제 강점기에 우리의 의사와 반해 벌어진 일이어서 굳이 기억할 필요가 없다고 생각할 수도 있을 것이다. 하지만 우리와 직접 관련이 없다는 핑계만으로 과거를 잊고 지내서는 곤란하다. 과거에 대한 정확한 인식과 반성 없이는 발전 또한 있을 수 없기 때문이다.

허무한 최후,
부활을 향한 몸부림

일본의 욕망

1945년 4월 7일 오후 2시 23분, 규슈九州 남서쪽 약 200킬로미터 해상에서 거대한 폭발음이 울렸고 동시에 하늘과 바다가 무섭게 불타올랐다. 폭음과 연기가 바다 건너 규슈에서도 관측되었을 만큼 엄청난 규모의 폭발과 함께 한 척의 군함이 심연으로 빨려 들어가기 시작했다. 그것은 마치 쓰러져가고 있던 일본 제국주의자들의 비참한 말로와 같았다. 역사상 최대 전함으로 자타가 공인하던 거함 야마토의 최후였다. 그리고 그것은 20세기의 개막과 함께 시작된 거함거포주의(대형 전함에 구경이 큰 중포를 장비하는 정책)의 종말을 뜻하는 것이기도 했다.

메이지유신 이후 일본은 서구 열강들을 교과서 삼아 군사력 증강에 나섰는데, 특히 강력한 해군을 발판으로 세계 제패에 성공한 영국을 본받아 대대적인 해군력 확충에 진력했다. 도발 욕구를 표출하고 싶었던 일제는 그 사이 구축한 군사력을 발판으로 1895년 청일전쟁과

야마토함이 연합군의 집중 공격을 받아 무기 격납고가 폭발하는 등 심각한 피해를 입고 침몰하는 모습. 사상 최대 전함의 비참한 최후였다. (사진 : U. S. Navy, public domain)

1905년 러일전쟁에서 연거푸 승리하면서 군사 강국의 위치에 당당히 올랐고 제1차 세계대전이 끝났을 때는 세계 3위의 해군을 보유하기에 이르렀다.

그런데 이렇게 강력한 해군력을 앞세워 대외 도발을 촉진하고자 했던 그들 앞을 가로막는 세력이 있었다. 바로 세계 1위의 해군력을 자랑하는 미국과 영국이었다. 이들 국가의 해군력 전부가 아시아 태평양 지역에 배치된 것은 아니었지만 이동과 배치가 쉬운 전략적 유연성이 있어서 태평양 지역에의 일본 전력 우세는 일시적으로 나타날 뿐이었다.

일본은 대등한 수준의 해군력을 원했지만 1922년 체결된 '워싱턴 해군 군축 조약' 등으로 인해 전력 확충에 제한을 많이 받았다. 20세기의 개막과 더불어 거함거포주의가 대두되면서 각국은 상대를 압도할 수 있는 전함 보유에 박차를 가했지만 이는 국력을 모조리 쏟아부어야 할 만큼 부담이 큰 경쟁이었다. 따라서 제1차 세계대전 이후 군축이 논의되고, 이때 중점 감축 대상이 된 것이 해군력의 주력이던 전함이었다.

일본은 받아들이기에는 못마땅했지만 강제적으로 자국의 해군력을 3위 수준에 계속 묶어두는 이러한 제한을 따를 수밖에 없었다. 하지만 1930년대 들어 대외 침략 야욕을 더욱 노골화하면서 이런 제약이 거추장스러웠던 일본은 1937년 '2차 런던 해군 군축 조약'을 거부하며 군비 확충에 열을 올렸다. 그와 동시에 1934년부터 비밀리에 추진하던 초거대 전함들의 건조에 전격 착수해 1941년 초도함이 취역했다.

애당초 일본은 5척의 신예 전함을 계획했고 이들은 이후 초도함의 이름을 따서 야마토大和급 전함으로 불리게 되었다. 2번 함 무사시武藏는 1938년 건조에 착수해 야마토 취역 이듬해인 1942년에 실전 배치되었지만, 3번 함 시나노信濃는 건조 도중 항공모함으로 용도가 바뀌었고 나머지는 계획이 취소되었다. 이들 야마토급 전함은 그야말로 상상을 초월하는 수준이었다.

사거리 40여 킬로미터를 자랑하는 주포의 구경은 무려 460밀리미터(18.1인치)였는데, 최후의 전함으로 명성이 드높은 아이오와급의 16인치

1943년 트럭 제도 인근에 출동한 야마토함과 무사시함. 외형적으로 위압적이기는 했지만 전쟁 중 이들 자매 함으로 얻은 성과는 미미한 수준이었다. 해전의 패러다임이 전함에서 항공모함으로 바뀌면서 등장과 동시에 시대에 뒤떨어진 괴물이 되었다.(사진 : Takeo Kanda, public domain)

주포보다 컸던 역사상 최대의 함포였다. 포탄 한 발의 무게만도 1.36톤으로, 발사 시 엄청난 여운이 발생해 주변 대공포탑에 일일이 덮개를 씌워야 했다. 야마토급 전함은 이러한 무시무시한 거포를 3연장으로 조합한 포탑을 3개나 장착했고 포탑 하나의 무게만도 당시 중형 구축함과 맞먹는 약 3,000톤이었다.

대공포 용도로 155밀리미터 12문(개장 후 9문)과 127밀리미터 12문의 부포가 선체 좌우에 촘촘히 배치되었는데, 현대 구축함의 주포로 많이 사용하는 Mk45의 구경이 127밀리미터인 점을 고려한다면 이 새로운 전함의 화력이 어느 정도인지 짐작할 수 있다. 이 정도 공격력을 확보하고 동시에 선체를 보호하기 위해 엄청난 장갑으로 둘러야 했으므로 263미터 선체에 만재배수량이 7만 1,659톤에 이르렀다.

군축 조약으로 말미암아 당시 해군 열강들이 보유한 대부분의 전함들은 3만 5,000톤 이하였다. 재군비를 선언한 독일이 1년 먼저 야심만만하게 건조에 착수한 비스마르크함이 5만 5,400톤, 일본의 시도에 놀라 대응에 나선 미국의 아이오와함이 5만 2,000톤인 점을 고려한다면 그 어마어마한 크기를 예상할 수 있다. 이는 1950년대 등장한 항공모함 포레스탈Forrestal 등장 이전까지 사상 최대의 군함이다.

패러다임의 변화

현재 미국이 보유한 거대 항공모함을 흔히 슈퍼캐리어Super Carrier라고 칭하는데, 포레스탈함은 바로 슈퍼캐리어 시대를 개막한 역사적인 항공모함이었다. 미국의 항공모함을 제외하고 현존하는 최대 항공모함은 만재배수량이 5만 8,000톤 규모인 러시아의 쿠즈네쵸프Kuznetsov 제독호라는 사실만 보더라도 1940년대 초 실전에 배치된 야마토급 전함의 규모가 어떠했는지 충분히 짐작할 수 있다.

야마토의 엄청난 크기 그리고 무시무시한 공격력과 관련해 많은 반론들도 있다. 요점은 당시 일본의 철강, 조선, 기계 공업의 능력이 떨어져서 크기가 어쩔 수 없이 커졌다는 것이다. 특히 철강의 품질이 좋지 않아 장갑이 두꺼웠고, 함포도 구경을 크게 만들어야 해서 결국 초대형이 될 수밖에 없었다는 주장이다. 사실 운항 속도와 작전 반경 등의 이유 때문에 무턱대고 군함의 크기가 커지는 것을 반기지는 않는다. 특히 야마토함괴 무사시함이 별다른 전과도 기록하지 못하고 피격되었다는 사실만으로도 충분히 알 수 있듯이 겉으로 드러난 규모만으로 야마토급 전함이 지나치게 과대평가되었다는 주장이다. 그런데 이는 잘못된 판단일 수 있다. 초도함인 야마토는 진주만 공습 열흘 후인 1941년 12월 16일 배치되었는데, 이때는 이미 해군의 패러다임이 바뀐 상황이었고 어쩌면 이것이 야마토함이 덩치만 커다란 애물단지로 전락한 결정적 이유이기도 했다.

공교롭게도 해전의 사상을 바꾼 이들이 바로 일본 해군이었다. 항공모함 함대를 이용한 진주만 기습은 그동안 바다의 주역 노릇을 하던 전함이 정상에서 내려오고 항공모함이 그 자리를 대신하게 되었음을 의미하는 일종의 사변이었다. 서로를 향해 마주하고 포격을 날리던 함대 함 대결이 제2차 세계대전 당시에도 여전히 있었지만 이미 시대에 뒤진 전술이 되었다. 하늘을 통해 좀 더 멀리서 공격할 수 있는 자가 승리하게 된 것이었다.

그렇다 보니 일본은 야마토함의 출전을 유보시켜야 했다. 야마토함은 공격 목표가 되기 쉬운 표적인 데다가 엄청난 국부를 투입해 건조한 전력이었으므로 최대한 안전하게 보존해야 했기 때문이었다. 더불어 전쟁 내내 물자 부족에 시달렸던 일본 입장에서는 엄청난 유류를 소비하는 야마토함의 출격을 주저할 수밖에 없었다. 결국 군항에 박혀 있는 시간이 길어질 수밖에 없었고, 이 때문에 수병들 사이에서는 '야마토 호텔'이라고 비하할 정도였다.

하지만 아무리 보존해야 할 전력이라도 일본의 최후가 다가온 순간까지 부두에 머무를 수는 없었다. 태평양전쟁 말기에 들어 항공모함 전력이 바닥난 일본은 수상함 전력을 긁어모아 전선에 투입했고 야마토함과 무사시함도 마찬가지였다. 하지만 제공권 확보는 고사하고 하늘에서 이들을 보호해줄 최소한의 전력도 없이 전함들이 출동하는 것은 미친 짓거리와 같았다. 마치 돌아올 수 없는 길을 떠나는 가미카제 같은 모습이었다.

1944년 10월 레이테만 전투Battle of Leyte Gulf에서 무사시함이 격침되었고 이듬해 4월 야마토함도 무모하게 텐고天考 1호 작전에 참가했다가 400여 기의 미군 함재기들로부터 1시간 40여 분에 걸친 맹폭을 받고 침몰했다. 현재까지도 격침된 함정들 가운데 최대의 전투함으로 기록되고 있다. 사실 이 시점이라면 더 이상 저항이 불가함을 깨닫고 항복을 선택했어야 했지만 일본 제국주의자들은 전 국민을 옥쇄시켜서라도 끝까지 저항하겠다는 무모하고도 악랄한 모습을 보였다.

야마토함의 최후는 전함 시대의 종지부를 상징하는 것이었다. 엄밀히 말해 전함을 앞세운 거함거포주의 시대는 제2차 세계대전 시작과 동시에 종언을 고한 것이나 다름없었다. 전쟁이 낭만적일 수는 없지만 고전적이고 장쾌했던 전함 간의 포격전과 맷집 대결 같은 광경은 더 이상 재현되기 힘들었다. 비록 아이오와급 전함이 20세기 말까지 살아남아 수시로 얼굴을 들이밀었지만 상륙전이나 다만 지상 목표에 대한 화력 지원 용도였다.

아이오와함과 야마토함을 비교하는 자료가 많고 특히 승리한 미국측 자료는 아이오와급 전함의 일방적 우위를 주장한다. 하지만 정작 아이오와함도 야마토함처럼 전쟁 중에 제대로 된 함 대 함 대결을 벌인 적이 없었다. 따라서 이들 전함이 같은 조건에서 포격전을 벌였을 경우 어느 쪽이 승리했을지는 장담할 수 없었다. 왜냐하면 미국은 물론 세계가 경악했을 정도로 야마토함은 최강의 전함으로 결코 손색이

야마토급 전함의 2번 함인 무사시한이 한교 모습.(사진 : public domain)

없는 수준이었다. 어쩌면 시대를 잘못 타고나서 괴물이 되어버린 것일 수도 있다. 우리에겐 이점이 반가울 뿐이다.

허무했던 최후

일본은 전쟁 전에 이미 수립한 건함 계획에 따라 차기 항모들의 건조가 예정되어 있다. 하지만 미드웨이 해전Battle of Midway에서 4척의 항공모함을 순식간에 잃자 일본은 전력을 하루빨리 복구시키기 위해 동분서주할 수밖에 없었다. 그만큼 미드웨이 해전의 결과는 일본도 예상하지 못했던 커다란 치명타를 입혔다.

군함은 여타 군수품처럼 뚝딱하고 쉽게 만들 수 있는 것이 아니라 일본의 조바심은 클 수밖에 없었다. 태평양 전역만 놓고 본다면 전쟁 초기에는 일본의 해군력이 우세했지만 시간이 흐른다면 전시 경제체제로 돌입한 미국의 공업 생산력을 따라가기에는 역부족이어서 미국에 뒤처지는 것은 순식간이었다.

이런 고민을 앓고 있던 대본영은 기존 계획 외에도 괴멸된 항모 전력을 시급히 보충하고자 건조 중이던 함정들을 개조할 생각을 하게되었다. 그때 그들의 시야에 들어온 것이 1940년 5월 4일 착공에 들어갔으나 전함 야마토함과 무사시함을 건조한 후 일시적으로 제작이 중단되었던 3번 함 시나노함이었다.

덩치가 거대한 시나노함을 초대형 항공모함으로 개조하면 일본의 항공모함 전력을 급속히 회복할 수 있을 것으로 판단한 것이다. 시나노함은 원래 중장갑으로 건조하던 전함이었으므로 이를 잘만 개조하면 미드웨이 해전에서 빈약한 장갑 때문에 일격에 침몰된 이전 항모들의 단점도 보완할 수 있을 것이라고 생각했다.

1942년 10월 시나노를 항모로 개조하는 작업에 계획된 만재배수량만도 7만 2,000톤이었다. 이것은 당시 중형 항공모함의 2배였고 1955년 취역한 포레스탈함과 맞먹는 당대를 초월한 괴물이었다. 일본은 70기 가량의 함재기를 탑재하고 별도의 보급 선단 도움 없이 작전을 할 수 있게 제작되는 시나노함이 전세를 반전시켜줄 비밀무기가 될 것이라 굳게 믿었다.

드디어 1944년 10월 8일 기다리던 진수가 이뤄지고 그해 11월 19일

3번 함으로 제작 도중 항공모함으로 변경된 시나노함. 하지만 어처구니없게도 시험 항해 중 은밀히 접근한 미군 잠수함의 공격으로 격침당했다.(사진 : Hiroshi Arakawa, public domain)

시험 운항에 들어갔다. 실험 결과에 이상이 없으면 세토나이카이 해협 瀬戸内海을 건너 구레 조선소로 이동해 무장 장착을 하고 늦어도 1945 년 1월에는 함재기를 탑재해 미국을 타도하러 보무도 당당히 태평양 으로 나갈 것으로 예상했다.

그런데 시험 운항에 들어간 지 열흘, 11월 29일 세토 해협에 숨어 있 던 미국 잠수함 SS-311 아처피쉬Archerfish가 시나노함을 발견했다. 그 리고 망설임 없이 장착된 모든 어뢰를 발사했는데 그중 3발이 정확히 시나노함의 측면을 강타했다. 기습을 당한 시나노함은 구레를 향해 허 겁지겁 도망갔다.

비록 전함을 개조해 중장갑을 갖추었으나 전쟁 말기라 자재도 부족 하고 급하게 서둘러 만드는 바람에 개조 작업이 부실했는지, 너무 쉽 게 방수 격벽이 무너지고 배수 펌프도 작동을 하지 않아 결국에는 침 몰하고 말았다. 시나노함은 일본의 희망이었으나 단 1기의 함재기도 날려보지 못한 채 바다로 나간 지 열흘 만에 허무하게 침몰되었다.

일본 측과는 달리 무공을 세운 미국의 아처피쉬함의 승무원들은 당시에 자신들이 엄청난 괴물을 잡았다는 사실을 몰랐다고 한다. 어쨌든 야마토급으로 대표되는 자매 함들은 그 명성과 덩치에 비한다면 허무한 종말을 맞은 공통점이 있다. '소문난 잔치에 먹을 것 없다'는 말처럼 이나 최강이라는 명성을 믿고 지나치게 큰 기대를 걸었기 때문에 벌어진 결과일지도 모른다.

애니매이션에 담긴 군국주의

지난 20여 년간 경제 불황이 지속되면서 일본 사회의 우경화는 더욱 심해지고 있다. 분명한 역사적 사실을 무시하고 이미 외교적으로 합의한 사항까지도 부인하기에 이를 정도라 마치 지난 세기에 벌어진 불행했던 모습을 다시 보는 것 같아 심히 우려된다. 그런데 이런 모습이 특별히 최근 들어 나타난 것은 아니다.

갑자기 발발한 6·25전쟁 덕분에 일본은 제2차 세계대전에 대한 책임을 크게 추궁당하지 않은 상태에서 1951년 샌프란시스코 강화조약 Treaty of San Francisco, 對日講和條約을 맺었다. 그런데 문제는 일본이 그것으로 과거에 범했던 악랄했던 모든 행동을 면죄받은 것으로 착각하고, 게다가 반성조차 하지 않았다는 것이다. 그러니 이런 내용에 대한 교육이 이루어지지도 않았고 세월이 흐르면서 대다수의 일본인들은 과거에 대해 어떠한 가책도 느끼지 않을 정도가 된 것이다.

그렇다 보니 나치에 대한 언급조차 금기시되는 독일과 달리 일본은 과거 군국주의 시대를 노골적으로 찬양하고, 극소수지만 극우 단체는 그 시대로의 회귀를 스스럼없이 언급하는 행태를 보이고는 한다. 갈수록 노골화되는 이런 모습이 심히 우려스러운 이유는 이렇게 앞장서서 행동하는 이들 대부분이 전후 세대이므로 그 이전 역사에 대해 책임을 질 필요가 없다는 구실을 대며 이제는 정치권까지도 앞장서서 더욱 선동하기 때문이다.

이처럼 일본이 군국주의 시대에 대한 망상을 떨쳐버리지 않고 우경화가 가능하게 된 기저에는 잘못을 잘못으로 인정하지 않는 것이 당연하다는 듯 자리 잡고 있기 때문이다. 전쟁을 겪지 않은 수많은 전후 세대들이 과거의 행태에 쉽게 동화되는 모습도 이와 관계가 많다. 그들은 자라나면서 은연중에 침략 전쟁을 미화했던 일본의 사회·문화 영향을 받게 되었는데 그중 하나가 세계적인 경쟁력을 지닌 일본의 애니메이션 분야라 할 수 있다.

주로 청소년들이 시청하고 외국에서도 많이 방영되는 애니메이션을 통해 일본은 군국주의를 은연중 찬양하는 모습을 보이고는 했다. 예를 들면 마쓰모토 레이지松本零士 원작의 〈우주전함 야마토宇宙戦艦ヤマト〉다. 1974년 TV판으로 제작되어 큰 인기를 끌자 1977년 극장판으로 만들어졌는데 엉뚱하게도 극장판은 어린이가 아닌 성인들로부터 폭발적인 인기를 얻었다.

우선 제목에서 알 수 있듯이 일본 군국주의를 상징하는 대표적인 군함의 이름인 '야마토'와 관련이 많다. 제2차 세계대전 당시 역사상 최대의 전함이었던 야마토함은 동급 전함 무사시함과 함께 일본 해군의 상징이었다. 비록 해전 사상이 항모를 중심으로 한 입체적인 원거리 교전으로 바뀌면서 제대로 싸워보지도 못하고 격침당했으나 세계 최대의 전함에 대한 추억을 잊지 않았던 것이다.

이러한 과거에 대한 기억을 발판으로 제작된 애니메이션이 바로

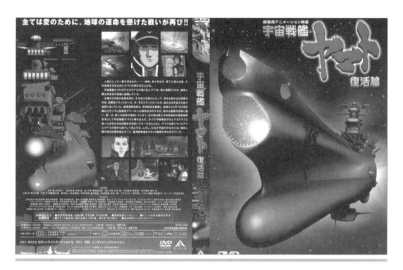

〈우주전함 야마토〉의 DVD 타이틀. 선풍적인 인기를 끌었고 저작권 분쟁이 이어지는 가운데서도 극장판이 계속 제작되고 있다. 일본은 부인하지만 군국주의적이라는 비판을 받는 작품이다.

〈우주전함 야마토〉다. 제목부터 군국주의적 향수를 많이 불러일으키는데 내용은 더욱 노골적이다. 만화에 등장하는 우주전함이 태평양전쟁 당시 격침된 바로 그 야마토함이기 때문이다. 만화에서는 이를 인양해 우주전함으로 개조해서는 지구 방위의 수호신으로 묘사하는데, 한마디로 침략자의 주역을 평화의 사도로 왜곡한 것이다.

거기에다가 주인공은 일본인으로, 악당들은 태평양전쟁 당시 자신들을 굴복시킨 서양인을 닮은 외계인들로 설정해 잠재적으로 미국에 대한 복수를 암시한다. 이후 명작 〈은하철도 999〉를 만들기도 했던 마쓰모토 레이지는 극구 부인했지만 방영 초기부터 많은 이로부터 군국주의적 색채가 짙다고 비판받았다. 〈우주전함 야마토〉를 예로 들어 언급했지만 사실 이런 작품이 일본에는 수없이 많다.

꿈을 키워야 할 어린이들에게 은연중 군국주의의 잔재를 긍정적으

구레 조선소에서 건조 중이던 야마토함. 비록 실전에서 뚜렷한 전과를 내지 못하고 격침당했지만 당시에도 그렇고 지금도 군국주의 향수에 빠진 일본 우익에게 상당히 상징적인 전함이다.(사진 : Kure Naval Base, public domain)

로 형상화하는 일본의 시도가 징그러울 정도다. 따라서 이러한 만화영화를 보고 성인이 된 일본인들이 군국주의 성향을 띠게 되는 것은 어쩌면 당연한 현상이라고도 할 수 있다. 그런데 문제는 한때 무분별하게 수입된 이러한 만화나 애니메이션에 아무런 생각이 없이 우리도 열광했다는 것이다. 어쩌면 이것이 더욱 무서운 일인지도 모른다.

한강철교는
알고 있다

근대화를 위한 시도

한강은 서울을 처음 방문한 외국인들에게 강렬한 인상을 주는 랜드마크다. 우선 거대한 규모가 인상적인데, 사실 서울 같은 대도시를 통과하는 강들 중에서 한강만큼 규모가 큰 경우가 생각보다 그리 많지 않다. 강을 가로지르는 수많은 다리와 잘 정리된 강변의 모습, 그리고 야경 또한 멋지다.

한강에는 현재 남북을 연결하는 30여 개가 넘는 수많은 다리와 하저터널이 있다. 이중에서 제일 먼저 생긴 다리는 용산과 노량진 사이를 연결한 한강철교인데, 1900년 개통되었으니 나이가 110살이 넘었다. 그런데 개통될 당시는 구한말 격변기였고 다리가 군사적인 용도로 많이 사용되던 시기였다. 다음에 소개할 내용은 이와 관련된 에피소드다.

시중에서 서울 지도를 구해 살펴보면 한강철교는 여타 한강의 교량들처럼 단지 줄 하나로 표기되어 있다. 하지만 실제로는 하나가 아닌 4개의 교량으로 이루어져 있는데 강 상류에서 하류 방향 순서로 B교, A교, D교, C교로 구분한다. 자료마다 통칭하는 방법이 조금씩 차이가 나지만 다리의 개통 순서대로 부호를 정하면 위와 같고 각각 사용 용도가 다르다.

현재 단선 철도가 놓여 있는 A, B교는 용산역 착발 수도권 급행 전철이 사용하고, 복선인 D교는 수도권 일반 전철이, 역시 복선인 C교는 KTX를 비롯한 장거리 열차가 사용 중이다. 한강에 가설된 모든 다리를 통틀어 최초의 교량인 A교는 경인선 부설권을 얻어낸 미국인 모스 James R. Morse에 의해 1897년 3월 착공되었으나 자금난으로 공사가 중단된 후 일본이 부설권을 인수하고 1900년 7월에 완공되었다.

자본이 부족하고 기술도 없던 당시 대한제국 정부는 경인선 부설 이권을 모스에게 주면서 철교에 보행자 통행을 위한 인도 설치를 조건으로 내세웠으나 부설권을 가로챈 일본은 공사비 절감 등의 이유를 내세워 요구를 무시하고 서둘러 교량을 개통했다. 그 이유는 일본이 강화도 조약으로 제일 먼저 개항시키고 한창 일본인 거류 지역으로 개발 중인 인천과 서울을 하루라도 빨리 연결해야 할 교통편이 필요했기 때문이다.

이렇게 완성된 A교의 덕분에 경인선은 한강을 건너 현재의 서울역 위치로 추정되는 남대문역까지 연결되었는데, 이는 도성과 외곽을 연결하는 최초의 현대적 교통망이었다. 이러한 새로운 교통망이 근대화 노력의 일환으로 시작되었으나 제국주의 열강들의 침탈 과정 중에 놓여 있었다는 점은 비극이었다. 철도는 놓여졌지만 외세의 지원에 의존

한강철교를 구성하는 B, A, D, C교(우에서 좌). 현재 한강을 가로지르는 30여 개 넘는 교량과 터널 중 가장 오래되었고 당연히 역사에 기록된 많은 사건의 무대가 되었다. 오른쪽의 동작구에서 용산구 노들섬 위를 지나는 아치형의 한강대교의 모습과 앞쪽에 한강철교의 모습이 보인다.(사진 : Kimmo Räisänen, Creative Commons)

하다 보니 정작 사용하는 데는 난관이 있었다.

부설권을 얻은 제국주의자들은 우리 민족의 편리와 복리 증진을 위해서가 아니라 침탈을 가속화시킬 도구로 철도를 만들고 사용했다. 자료를 찾아보면 개통 당시에 최하 등급인 여객 3등실 요금이 40전이었는데, 이는 당시 닭 두 마리 값에 해당되는 고가로 보통의 국민들이 철도를 이용하기에는 매우 어려웠다. 최초 노선을 보더라도 일반인과는 전혀 관련 없는 부분이 있음을 알 수 있다.

현재 경인선 노선 대부분은 최초 개통 당시와 그리 차이가 나지 않지만 제물포역에서 동인천역에 이르는 구간은 전혀 달랐다. 최초에는 현재 제물포역 북쪽에 위치한 숭의 3동 방향으로 크게 반원을 도는 형태로 철도가 놓이면서 우각역이 설치되었는데, 목적은 이곳에 별장이 있던 미국 공사 겸 선교사인 알렌Herace Newton Allen의 교통 편의를 위해서였다. 그만큼 최초 철도는 정작 우리의 일상과는 관련이 적었다.

침탈의 도구로 시작된 불행한 출발

총연장 1,110미터인 한강철교 A교는 개통 당시에는 노량철교로 불린 근대식 토목 공사로 건설된 우리나라 최초의 대형교량이었다. 기존에 우리 손으로 건축한 교량과는 한마디로 차원이 달랐고 당연히 당시에 이런 다리를 단독으로 만들 능력도 없었다. 비록 외세에 의해 건립되었지만 수많은 인부들이 동원되어 근대식 공사 기법에 따라 작업을 했고 이때부터 용산과 노량진 일대가 서울의 부도심으로 발전하게 되었다.

당시 경인철도 합작회사 홍보지에 '노량철교는 미국이 제작한 최신 공법으로 건설되었고, 하늘에 걸린 무지개처럼 천하에 보기 드문 비경이다'라고 대대적으로 선전했을 만큼 완공과 동시에 서울의 새로운 명소로 떠올랐다. 이후 재난으로 수차례 재건이 되고는 했는데, 최초 교각과 상판을 포함한 교량의 모습과 구조가 지금과 그리 차이가 나지 않을 만큼 상당히 튼튼하게 건설되었다.

한강철교와 더불어 경인선이 개통되자마자 일본은 이를 이용해 조선 침탈을 더욱 가속화하고 한반도를 거쳐 만주로 진공하기 위해서 서울을 중심으로 한반도를 북에서 남으로 종단하는 간선 철도망을 만들기로 결심하고 대한제국 정부에 압력을 행사했다. 그 결과 1901년에 서울과 부산을 연결하는 경부선 공사를 착수한 지 불과 4년 만인 1904년 12월 27일 완공시켜 러일전쟁 당시 일본군의 운송에 효과적으로 사용했다.

또한 1904년에는 한반도 북부의 주요 축선인 경의가도를 따라 서울과 의주를 연결하는 경의선을 착공해 불과 2년 만인 1906년에 완공시켰다. 특히 경의선은 1904년 임시군용철도감부臨時軍用鐵道監部라는 특수 목적의 기관을 설치하고 군대를 동원해 우리의 의사와 상관없이 불법적으로 철도 부설에 착수했을 만큼, 처음 설치 목적부터가 대륙 침략을 위한 군사용 성격이 농후했다.

각각 500여 킬로미터 가까운 경부선, 경의선을 불과 2~4년 사이에 만들어 개통시켰다는 사실은 그만큼 일본 제국주의가 조선과 대륙 침탈을 위한 교통망 확보에 얼마나 적극적이었는지를 보여주는 증거다. 우리도 이런 교통망이 필요했지만 이를 사용하려는 일본의 의도가 건설을 촉진시켰던 것이다. 그래서 일본은 강제로 토지를 수용하고 헐값에 민중을 건설 현장에 동원해 노동력을 수탈했다.

특히 러일전쟁 발발 직후, 군사철도라는 이름으로 착공된 경의선의 경우는 일본군이 총칼을 앞세워 철도 용지를 무상으로 강탈하고 조선인 노무자들을 노역에 강제 동원시켜 완성했다. 한마디로 우리의 피와 눈물이 담겨 있는 철도라 할 수 있다. 이처럼 경의선은 제국주의 침략의 상징물로 자리 잡게 되었고 경부선, 경인선과 서울에서 하나로 연결되면서 조선을 침탈하는 일본의 중요한 수단이 되었다.

철도망의 확충과 더불어 운송량이 증가하자 얼마 가지 않아 단선인 한강철교 A교만으로는 수송량을 감당할 수 없는 지경에 이르게 되었다. 이를 해결하기 위해 1905년 A교 상류 방향에 단선 철교인 B교 공사에 착수했고, 1912년 9월 준공됨으로써 운행의 효율성을 급격히 높일 수 있게 되었다. 하지만 이 또한 엄밀히 따지면 일본 제국주의자들의 이익을 극대화시키기 위해 이루어진 결과였다.

만일 당시 여건을 고려했을 때 우리가 자의로 철도를 부설했다면 그처럼 빨리 철도망을 확충하기는 어려웠을 것이다. 우리는 그 정도의 물동량을 구해서 이동시키기 어려운 후진국이었고, 당연히 자력으로 인프라를 구축할 만한 기반도 부족했다. 더군다나 대륙을 침략할 필요성도 느끼지 못했다.

일제 강점기에 벌어진 질곡의 역사

한강철교 건설 이후 지금은 한강대교라고 불리는 한강 인도교가 1916년 3월 착공되어 이듬해인 1917년 10월에 준공됨으로써 한강을 횡단하는 방법이 기존의 나룻배와 새롭게 등장한 철도 외에도 도보나 우마차도 가능하게 되었다. 인도교는 철교 바로 인근의 상류 쪽에 들어섰는데 이로써 용산과 노량진은 서울의 최고 교통 요지가 되었다. 특히 노량진에서 영등포에 이르는 지역은 한강 이남에 등장한 최초의 신도시였다.

1936년 서울의 동쪽 끝에 완공된 광진교를 제외한다면 연이어 붙어 있던 한강철교와 인도교 이후 한강에 새로운 다리가 놓인 것이 무려

1930년경의 한강철교 모습. (사진 : http://gongu.copyright.or.kr, Creative Commons)

1976년 하늘에서 본 제2한강교(양화대교) 모습. (사진 : http://ehistory.korea.kr, public domain)

57년이 지난 1965년에 개통한 제2한강교(현 양화대교)가 처음이었다. 이럴 정도로 오랜 기간 한강철교와 인도교만 존속했으니 서울은 물론 우리의 근대사에서 차지했던 비중이 얼마나 큰지 짐작할 수 있다. 당연히 그곳에 담긴 이야기가 많을 수밖에 없다.

한강철교와 인도교의 탄생 당시의 모습을 살펴보면 현재와 모양이 조금 다르다. 이른바 을축 대홍수라 불리는 1925년 7월의 기록적인 물난리 때 많은 손상을 입은 후 복구되면서 바뀌게 된 것인데, 이 홍수를 기화로 교각의 높이가 좀 더 높아졌고 상판과 트러스도 현재와 같은 모습으로 재건설되었다. 현재 있는 교량들도 새롭게 건설된 것이지만 어느덧 90년이 넘었다.

여담으로 한강교량의 붕괴사고가 4번이 더 있었는데 최초가 1950년 6월 28일에 있었던 폭파사건이었고, 1992년에 건설 중에 연쇄적으로 발생한 팔당대교와 신행주대교 붕괴, 그리고 1994년에 있었던 기억에 생생한 성수대교 사고가 있다. 1950년의 붕괴는 전쟁 중에 고의로 벌어진 인위적 행위였고 1992년은 건설 중 사고로 1994년은 관리 부실에 의한 참사였다.

1925년에 있었던 을축 대홍수에 의해서 한반도에서 발생한 총 피해액이 당시 조선총독부 1년 예산의 55퍼센트에 달할 정도였으니 그 어마어마한 규모를 짐작할 수 있다. 을축 대홍수에 의한 교량 유실은 변변한 치수용 댐 하나 없었던 당시 여건으로는 피할 수 없었던 불가항력적인 천재天災였다. 하지만 나머지 붕괴사고는 순전히 고의 또는 인재에 의한 것이었다.

이야기를 처음으로 돌려 우리 땅을 강점해 대륙 진출을 위한 군수기지화에 혈안이 된 일제는 1930년대 들어 중국 침략을 본격화하기 시작했고 따라서 경부선, 경의선에 의한 물자 수송량이 급격히 늘어나게 되었다. 그리고 중일전쟁이 본격화되자 일제는 1936년 경부선, 1938년 경의선 복선 공사에 착수했다. 이들 철도가 경인선보다 먼저 복선화가 시작되었다는 것은 인천보다 부산을 통해 일본 본토를 연결하는 것이 효율적이었다는 의미다.

이로써 이들 철도들은 우리나라 최초의 복선철도들로 확장되었는데 역시 제국주의자들의 대외 팽창 욕구에 의해서 이루어진 결과였고 건설 과정에서 당연히 많은 수탈이 행해졌다. 특히 이시기는 일제가 태평양전쟁을 벌여 엄청난 자재난이 발생한 때였는데 당시 집에 있던 숟가락까지 공출하고 장호원선이나 경북선처럼 일부 지선 철도를 폐쇄시키고 거기서 나온 철재를 전시용으로 썼을 정도였다.

그럼에도 불구하고 1944년 이들 철도의 확장이 모두 완공되었는데 이것은 그만큼 대륙 침략에 대한 일제의 굳건한 의지를 알 수 있는 부분이다. 이때 한강철교도 기존의 A, B교와는 별개로 오늘날 가장 하류에 있는 복선의 C교가 건설되었다. 이후 1995년 경인선 복복선 확장의 일환으로 D교가 새로 만들어졌는데 설계 도면이 오래전 소실된 C교를 그대로 복제한 것으로 화제가 되기도 했다.

해방, 그리고 분단의 비극

1945년 8월 15일 드디어 일제의 억압으로부터 해방이 되었다. 그동안 일제의 침탈 도구로 이용되던 철도는 해방 이후 우리 사회의 주요 사회간접자본으로 남게 되어 고속도로가 뚫리기 시작한 1970년대 이

전까지 유일한 혈맥 노릇을 했다. 이처럼 신생 대한민국의 기간교통망으로 거듭난 한국의 철도와 그 중심 표상인 한강철교는 수탈과 착취가 아닌 국민과 나라의 발전을 위한 진정한 도구로써 사용되었다.

그러나 이런 행복한 시간도 얼마 가지 않아 비극을 상징하는 흉물로 변하게 되었다. 1950년 6월 28일 새벽 2시 30분에 있었던 한강철교, 인도교 폭파 사건이 그것이다. 전쟁 개시 3일 만에 서울이 적에게 함락되자 상당수의 아군과 장비 그리고 민간인을 서울에 놔둔 채 다리를 폭파시켰다. 통제도 안 한 상태에서 벌어진 폭파로 인해 후퇴 중이었던 군경뿐 아니라 수많은 민간인도 희생되었다.

후퇴하는 부대가 적의 진격을 막거나 늦추기 위해 교량이나 주요 교통 시설물을 자의로 파괴하는 것은 오래전부터 시도된 전술이다. 6·25 전쟁 초기 한강 교량은 한강의 남북을 유일하게 연결하는 전략 시설물이었으므로 국군이 이를 파괴한 것은 일견 타당한 측면도 있다. 하지만 교량 폭파의 방법과 효과에 대해서는 아직도 의견이 분분하다. 가장 문제가 되는 부분은 역시 당시 정부의 무책임함이다.

국가를 앞서서 보위해야 할 대통령을 비롯한 위정자들은 제일 먼저 다리를 이용해 줄행랑쳤다. 오히려 국군이 선전해 38선 이북으로 공산군을 격퇴시키고 있다는 거짓 방송을 계속 틀어놓음으로써 시민들이 안전하게 대피할 수 있는 최소한의 기회마저 박탈했다. 더구나 다리를 폭파할 당시에도 시민들의 통행을 제한하지 않고 기습적으로 진행해 무고한 수많은 시민이 목숨을 잃었다.

북한군이 서울 점령 후 국군에 대한 추격을 멈추고 3일간 지체했던 미스터리한 이유를 이전에는 이런 희생을 감수하며 시도한 한강다리 폭파를 이유로 들고는 했지만 현재는 그렇게 보지 않는다. 우선 북한

1950년 6월 30일 폭파에 실패한 한강철교 A, B교를 폭격하는 모습. 우측의 인도교는 완전히 절단된 상태임을 알 수 있다.(사진 : U. S. Air Forces, public domain)

군이 나름대로 도강 장비가 있어 한강을 건너는 데 그리 문제가 없었다는 사실이고 실제로 당시 북한군 6사단은 이미 한강을 건너 김포로 진입해 시흥 방면으로 진격하고 있던 중이었다.

그보다 확실한 증거는 한강철교, 인도교 폭파작전 당시 한강철교 C교와 인도교 폭파는 성공했지만 A교와 B교는 폭파에 실패했던 점이다. 다시 말해 북한군이 마음만 먹었다면 탱크를 몰고 한강을 도하할 통로가 있었고 실제로 이후 공격을 재개할 때 이곳으로 전차부대들이 통과했다. 이들 A, B교가 완전히 파괴되어 통행이 막힌 것은 이후 유엔군의 공습에 의해서였다.

이처럼 후퇴 시에는 후세의 사가들로부터 두고두고 비난을 받을 만큼 제대로 된 대책도 수립하지 않은 채 한강의 교량을 서둘러 폭파시켰다. 더구나 결과적으로는 폭파의 효과도 제대로 얻지 못했다. 하지만 반대로 아군의 반격이 개시되자 끊어진 한강의 다리들은 오히려 진격을 더디게 하는 장해물이 되었다. 서울을 수복해 38선 이북으로 진격을 준비하던 아군에게는 다리 복구가 시급했다.

1950년 9월 말까지 유엔군의 보급로는 상당히 한정되어 있었다. 우선 철도는 단기간 복구가 힘들 정도로 파괴되었고 경부 간 국도는 지도에 길이 표기되어 있지만 시골의 소작로 수준에 불과했다. 이런 길을 이용해 부산에서 38선 인근까지 보급물품을 올리기는 힘들었다. 따라서 유엔군은 인천항에 물품을 하역한 후 육로를 통해서 보급품을 전선으로 보내는 길을 선택했고 그러기 위해서는 당연히 한강을 도강해야 했다.

역사를 지켜본 무언의 증인

일단 강에 부교를 설치했지만 용량이 부족했고 무거운 장비를 신속히 도하시키는 데 문제가 많았다. 결국 한강철교 복구에 나설 수밖에 없었다. 1950년 10월 19일 미 제62공병단이 가설재를 이용해 제작한 철교가 용산과 노량진 사이에 놓임으로써 4개월 만에 한강을 가로지르는 열차가 다시 운행될 수 있었다. 이제는 38선 이북으로 진격해 적을 격멸하고 통일을 달성하는 일만 남았다고 생각했다.

하지만 이러한 즐거운 상상도 얼마 안 가 일장춘몽으로 바뀌었다. 중공군의 참전으로 순식간 전세가 역전되었고 1951년 1월 4일 아군은 수도 서울을 다시 적에게 내주고 한강을 건너 남쪽으로 후퇴해야 했

1950년 10월 19일 대통령도 참석한 임시 철교의 개통식 장면. 당시 열차가 조심스럽게 강을 건넜다. 이제는 38선 이북으로 진격해 적을 격멸하고 통일을 달성하는 일만 남았다고 생각했던 것과 달리 중공군의 참전이 확인되면서 전선 상황은 급변하고 있었다. (사진 : U. S. Army Corps, public domain)

다. 이때 다시 한 번 한강에는 가설 교량들을 파괴하는 폭발음과 섬광이 울려 퍼졌다. 다만 6개월 전과 달랐던 것은 안전하게 아군과 피난민이 후퇴를 완료한 후였다.

37도선 일대에서 전열을 재정비한 아군은 3월 14일 서울을 재탈환하고 이후 전선은 휴전까지 현재의 DMZ 일대에서 소강국면에 접어들게 되었다. 서울을 재탈환하고 난 후인 1951년 다시 한강에 임시 철교가 놓이게 된다. 이 철교는 미 제453건설공병단에 의해 건설되어 전쟁이 일어난 지 거의 1년 만인 1951년 6월 12일 밴 플리트James Award Van Fleet 미 8군 사령관을 비롯한 군고위층이 참석한 가운데 개통되어 이듬해 7월 A, B교가 복구되기 전까지 사용되었다.

C교가 1957년 7월 완전히 복구되었고 그동안 가복구되어 임시적으로 사용하던 A교는 사용이 중지되었다. 이후 A, B교가 완전히 복구되어 한강철교들이 전쟁 이전 상태의 본 모습을 다시 찾게 된 것은 공교롭게도 일본과 관련이 많다. 경제발전과 더불어 급격히 증대된 물동량을 재개통된 C교만으로는 원활히 처리하게 힘들게 되자 정부는 1966년 2월 경인선을 복선으로 확장함과 동시에 A, B교를 복구하기로 결정했다.

이때 복구사업에 투입된 자금은 대일청구권 제1차 차관에 의한 것이다. 다시 말해 일제 강점기에 고통 받은 우리 민족의 피의 대가로 한강철교 A, B교를 복구한 것이다. 1967년 8월 착공해서 전쟁으로 파괴된 지 19년 만인 1969년 6월 경인선의 복선 개통과 함께 완전히 복구되었다. 이후 1995년 경인선의 복복선 재확장과 함께 D교가 만들어져 오늘날의 모습을 갖추게 되었다.

지난 세기는 우리 민족사에서 가장 극적인 변화를 거친 격랑기였다. 한강철교는 파란만장한 시기의 개막점인 1900년에 탄생해 오늘날까지도 그 자리를 묵묵히 지켜오고 있다. 국권 침탈기에는 제국주의 침략자의 수탈과 침략의 통로로써 사용되었고, 동족상잔의 비극기에는 많은 이들이 피눈물을 흘린 장소다. 다리 목적은 탄생 때부터 지금까지 같지만 목적과 달리 비극적인 수단으로 이용한 것은 사람이었다.

현재 4개 철교를 이용해 하루에 열차가 1,300여 회 한강을 건너다닌다. 그만큼 현재의 한강철교는 일상적으로 이용하는 단순한 교통로라는 의미로 다가온다. 하지만 한강철교는 지난 시대의 아픔을 직접 겪고 지켜본 몇 안 되는 역사적인 건축물이다. 우리는 모른 채 살지만 지나간 어려움을 자식들에게는 굳이 내색하지 않으려는 아버지처럼 한강철교는 그 자리를 묵묵히 지키고 있다.

제7장

끝나지 않은 전쟁
- 6·25전쟁

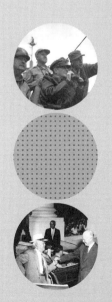

맥아더,
그리고 그가 만난 병사

　일요일 아침, 적막을 깨는 요란한 전화벨 소리가 들렸다. 이 시간에 걸려온 전화라면 분명히 급한 일일 것이라 생각이 든 나는 팔을 급히 뻗어 침대 옆 테이블 위의 수화기를 집어 들었다. 당직 부관의 급박한 목소리가 흘러나왔다.

　"각하! 북한군의 남침으로 한반도에서 전쟁이 발발했습니다."

　나는 너무 놀라,

　"뭐라고?"

　라고 대답만 하고 힘없이 수화기를 내려놓았다. 1945년 8월 15일 일본의 무조건 항복으로 제2차 세계대전이 끝난 지 불과 5년 만에 다시 전쟁이 다가온 순간이었다.

　'이제 겨우 평화가 찾아왔는데 전쟁이라니?'

　상황이 믿기지 않았던 나는 어둠 속에서 멍하니 천장만 바라보았다.

　'이것은 꿈이 틀림없어! 나는 지금 꿈을 꾸고 있는 거야.'

　얼마나 시간이 흘렀을까? 또다시 전화벨 소리가 울렸고 나는 수

화기를 들었다.

"각하! 무슨 지시라도 내리셔야 하는 것이 아닌지요?"

이번에는 참모장 에드워드 알몬드Edward Almond였다. 그때서야 나는 이것이 꿈이 아닌 현실임을 알게 되었다.

더글라스 맥아더Douglas MacArthur의 회고록에 나오는 내용이다. 당시 미 극동군 사령관이었던 맥아더의 6·25전쟁 개입은 이처럼 전쟁 발발과 거의 동시에 이루어졌다고 해도 과언이 아니다. 미군의 참전 여부와 관계없이 일단 한국에 있는 미국인들을 보호해야 할 임무가 그에게 있었기 때문이었다.

맥아더는 군수참모인 존 처치John Church 준장을 한국에 파견해 주한 미국인 철수를 지휘하도록 지시했다. 그런데 서울이 함락되었다는 급보가 전해졌고 본국에서 군사 개입에 대한 정보를 요구하자 맥아더는 전선을 직접 시찰하기로 결심했다. 6월 29일, 수원비행장에 도착한 그는 선발대로 파견된 처치 장군 일행의 보고를 받았다.

마침 그 자리에 국군을 대표한 총참모장 채병덕蔡秉德 소장도 함께 있었다. 맥아더는 그에게 "서울이 함락되고 상황이 몹시 불리한데, 당신은 어떻게 이 난관을 헤쳐나갈 것입니까?"라고 질문을 했다. 이에 채병덕은 "200만 명의 장정을 징집해 육탄 돌격으로 침략자를 무찌르겠다"고 대답했다.

이 말을 들은 맥아더는 아무런 대꾸도 하지 않고 자리에서 일어나 밖으로 나갔다. 그런데 조셉 굴든Joseph C. Goulden이 지은 《한국전쟁비망록The Untold Story of the Korean War》의 내용을 보면 맥아더는 곧바로 이승만 대통령을 면담해 "어떻게 저런 자가 일국의 총참모장입니까? 속히 해

1950년 6월 29일 수원에 도착한 미 극동군사령관 맥아더와 참모장 알몬드가 주한 미 대사 무초와 면담하는 모습. 맥아더는 한국에 도착한 직후 채병덕 총참모장을 면담했다.(사진 : U. S. National Archives and Records Administration, public domain)

임하십시오!"라고 했다고 전한다. 그 때문인지는 확실치 않지만 다음 날 채병덕은 직위 해제를 당했다.

일본군의 무모한 옥쇄를 떠올렸던 맥아더가 비현실적인 허언을 대책이라고 말하는 채병덕에게 몹시 실망한 것은 당연했다. 그는 이런 생각을 가진 인물이 총참모장으로 있는 국군을 어떻게 도와야 할지 상당히 난감했다.

브리핑을 받자마자 맥아더는 곧바로 북한군의 공격 사정권에 놓여 있던 최전선인 영등포의 동양맥주 공장 일대로 시찰을 나갔다. 맥아더는 부하들의 만류를 뿌리치고 박격포탄이 떨어지는 언덕 위로 올라가 전방을 관찰했다. 그의 쌍안경에는 연기가 피어오르는 서울 도심과 끊겨진 한강 인도교가 한눈에 들어왔다.

1950년 9월 15일 인천상륙작전 당시의 맥아더. 암울했던 전쟁 초기에 우연히 만난 한 병사와의 대화에서 희망을 발견한 그는 이후 거대한 반전을 이끌어냈다.(사진 : Nutter, public domain)

긴급히 증원군을 투입해야 상황을 호전시킬 수 있는 절망적인 분위기였다. 문제는 시간이었다. 미군이 태평양을 건너올 때까지 국군이 공산군의 진격을 최대한 막아내야만 했는데 북한군의 전력은 국군을 압도하고 있었다. 맥아더는 음으로 양으로 국군 창군創軍에 관여했던 관계로 당시 국군의 전력이 얼마나 부족한지 누구보다 잘 알고 있었다.

미군이 도착할 때까지 국군이 부산까지 밀리면 모든 것이 끝이었다. 그런데도 구체적인 전략도 없이 무조건 옥쇄 운운하는 자가 당시 국군의 최고 수장이었다. 산전수전 다 겪은 맥아더는 그날 오전의 브리핑과 본인이 직접 확인한 전선의 상황만으로도 깊은 시름에 잠길 수밖에 없었다.

바로 그때 맥아더의 눈에 참호 속에서 눈을 부릅뜨고 한강변 전방을 경계하고 있는 한 병사의 모습이 들어왔다. 당시 그곳은 여러 부대들을 모아 급편한 수도사단 8연대 3대대가 담당하고 있었다. 그 병사도 전방에서부터 계속 밀려 이곳까지 후퇴해온 상황이었다.

맥아더는 사기가 곤두박질쳐 있을 것이 분명한 그에게 다가가 질문을 했다. 당시 통역을 맡았던 시흥지구 전투사령부 참모장 김종갑金鍾甲 대령의 증언은 그때의 상황을 잘 말해준다.

"자네는 언제까지 그 호 속에 있을 것인가?" 하고 맥아더가 물었다.

이에 그 병사가 대답하기를

"각하! 군인은 명령에 따를 뿐입니다. 철수 명령을 내리지 않는 한 여기 남아 있을 것입니다!"라고 대답했다.

이 말을 전해들은 맥아더는 감격했다. 그는 병사의 어깨를 두드리며 "내가 곧 도쿄로 돌아가 지원 병력을 보내줄 테니 나를 믿고 안심하고 싸우라"고 희망을 주었다.

최고 책임자의 무책임한 대책과 암담한 전시 상황에 근심이 컸던 맥아더는 최전선을 지키는 무명 병사의 굳은 용기에 희망을 발견했다.

당시 맥아더가 국군에 요구하려던 것은 굴복하지 말고 미군의 지원 병력이 도착할 때까지 전력을 다해 시간을 벌어달라는 것이었다. 그에게 장군 채병덕의 허언은 결코 해답이 될 수 없었고, 무명 병사의 진정한 용기가 대한민국의 저항 의지를 뚜렷이 각인시켜주었던 것이다. 그리고 그의 판단대로 대한민국은 살아날 수 있었다.

도망간 자,
지켜낸 자

　1950년 6월 28일, 김포읍이 적군에 피탈당하자 소사읍(현재 부천시)으로 후퇴한 '김포지구 전투사령부(이하 김포사)'는 읍사무소에 지휘소를 설치하고 밤새워 대오를 수습하다가 뒤늦게서야 후퇴 중에 사령관 계인주桂仁珠 대령이 실종된 사실을 알게 되었다. 게다가 그의 행방을 아는 이가 아무도 없었다. 이는 중대한 문제였다.

　국군 지휘부는 이런 황당한 소식을 보고받고 난감할 수밖에 없었다. 수많은 인명 피해를 무릅쓰고 한강교를 폭파하는 초강수까지 두며 적의 남진을 막고자 했지만, 이미 북한군 6사단은 한강 하구를 도하해 김포반도를 석권하고 남하 중이었다. 만일 이들에 의해 영등포나 시흥이 조기에 점령당한다면 아군의 퇴로는 순식간에 차단될 위기였다. 이를 최일선에서 막아내야 할 부대가 바로 김포사였다.

　김포사는 무주공산으로 방치된 김포반도에 상륙한 적을 막기 위해 6월 26일 남산학교(정보학교)장이었던 계인주를 사령관으로 기갑연대 1장갑 수색대, 3도보 수색대, 8연대 3대대, 12연대 2대대, 15연대 1,2대대, 22연대 3대대, 18연대 2,3대대, 보국대대, 남산학교, 공병학교의 병력을 모아 창설한 부대였다. 이처럼 급조되다 보니 일사분란하게 통합 지휘할 지휘부의 역할이 특히 중요했다. 이런 상황에 사령관의 갑작스런 부재는 치명적인 것이었다.

결국 3사단 참모장인 우병옥 중령을 신임 사령관으로 임명하고, 즉시 김포공항 탈환작전에 돌입했다. 미군이 참전한다면 김포공항을 확보하고 있는 것이 유리하다고 판단한 국군 지휘부의 명령에 따른 작전이었다. 작전 초기에는 비행장에 돌입한 전초 부대가 북한군에 포로로 잡혀 있던 국군을 구출해 본대와 합세하는 전과를 올리기도 했지만 압도적인 그것도 잠시 적에게 점차 밀려나기 시작했다.

그러나 비행장 확보의 중요성을 알고 있던 일선 장병들은 적의 공세에 굴하지 않고 강하게 저항했다. 이 와중에 선봉에 섰던 안영작 대위, 강문헌 대위, 김일록 중위, 박영수 소위, 김수동 소위 등의 중간 간부들이 전사했고 현장에서 이들을 지휘한 김포사 참모장 최복수 중령은 단신으로 기관총을 거치한 지프차를 몰고 비행장을 질주해 적진을 유린하다 장렬히 생을 마감했다.

이처럼 부하들이 장렬하게 전사하면서까지 저항을 했지만 작전이 실패하고 부대가 와해되자 이에 죄책감을 느낀 사령관 우병옥 중령은 공항이 내려다보이는 원미산 중턱에서 권총으로 자결을 했다. 하지만 이처럼 치명적인 타격을 입은 김포사는 그들의 죽음을 헛되이 하지 않고 경인가도 일대에 방어선을 형성했다. 이후 시흥전투 사령부에 흡수되어 7월 4일 해체될 때까지 치열하게 적을 물고 늘어져 남진을 저지하는 투혼을 발휘했다.

반면 전투 이틀 만에 행방불명된 계인주가 나타난 곳은 어처구니없

1950년 9월 김포공항을 탈환한 후 촬영한 파괴된 격납고와 북한 공군의 IL-10 공격기. 전쟁 초기에 이곳을 확보하기 위한 치열한 공방이 있었다.(사진 : public domain)

게도 부산이었다. 그는 전황이 불리하고 육군 본부가 수원으로 이전했다는 소식을 듣자마자 일본으로 밀항하기 위해 부대를 무단 이탈해 가족을 데리고 도망을 갔던 것이다. 부하들이 목숨을 걸고 싸우고 또 패배의 굴욕을 견디지 못하고 자결하는 와중에 가장 비겁한 행위를 스스럼없이 자행한 것이다.

헌병대에 체포된 계인주는 재판에서 총살형을 언도받았지만 인천상륙작전 당시 첩보요원이 필요하다고 판단한 미 해군정보국에 의해 구사일생으로 풀려나 팔미도 작전에 투입되어 수훈을 세웠다. 그렇다고는 해도 계인주가 비겁하게 도주했던 행위는 결코 정당화될 수 없다.

팔미도 작전은 굳이 그가 아니어도 다른 사람이 충분히 수행할 수 있었지만 김포사를 내팽개친 행위는 그 어떤 변명으로도 용서될 수 없기 때문이다.

역사를 보면 최복수 중령처럼 끝까지 저항하며 자신의 의무를 다한 사람도 있고, 우병옥 중령처럼 책임을 통감하고 스스로 생을 마감한 인물도 있다. 하지만 계인주처럼 자신의 영달을 꾀하기 위해 의무를 거부한 이도 엄연히 있다. 안타깝지만 이런 행태는 시대와 상황이 바뀌어도 반복되고는 한다. 분명한 사실은 조국은 지키려는 자에 의해서만 수호된다는 것이다.

용맹한 지휘관의
안타까운 최후

   지난 2006년 충남 천안시는 관내 충절오거리에서 도리티 고개에 이르는 약 2킬로미터의 대로를 '마틴의 거리'로 명명하고, 2010년에는 기념비를 세웠다. 하지만 정작 로버트 마틴Robert R. Martin이 6·25전쟁 당시 전사한 미군 첫 고위 장교라는 사실을 아는 이는 그리 많지 않다. 불과 60여 년 전의 과거를 먼 옛날 이야기로 생각하는 오늘날의 세태에 비춘다면 어쩌면 당연한 현상일지도 모른다.

   위에 언급한 장소에 방어선을 구축한 미 24사단 34연대는 1950년 7월 7일 밤부터 이튿날 아침까지 남진해 내려오는 북한군을 저지하기 위해 격렬한 시가전을 벌였다. 하지만 T-34전차를 앞세운 압도적인 적의 공세에 미군 129명이 장렬히 전사하면서 참패했다. 연대장 마틴 대령도 직접 2.36인치 로켓포를 들고 적의 전차를 요격하기 위해 맨 앞으로 달려나가다가 산화했다.

   더구나 그는 34연대장으로 부임한 지 만 하루도 되지 않았다. 따라서 패했지만 중과부적의 상태에서도 물러서지 않고 용맹하게 싸운 군

마틴 대령을 기념하는 포스터와 천안시에 조성된 '마틴의 거리' 표지석. 마틴 대령은 이국땅에서 용맹하게 산화했다. 곰곰이 생각해보면 그의 죽음이 단지 한 외국 군인의 죽음 이외에 또 다른 의미를 알 수 있다.

인의 장렬한 최후라 해도 이의가 없을 것 같고 이런 이유 때문에 천안시도 마틴 대령과 산화한 미군들을 기리려고 기념물을 세운 것이다. 하지만 군사적으로 천안전투는 긍정적으로만 판단하기에는 문제가 많았다.

　우선 마틴 대령이 최후를 당했던 적 전차 요격은 엄밀히 말해 최고지휘관으로서는 삼가야 할 행동이었다. 왜냐하면 최고지휘관(지휘부)이 제거되면 일선 각개병사의 전투력이 아무리 뛰어나더라도 부대는 단순히 군인과 장비의 집합체로만 남게 되므로 승리를 바라기는 힘들기 때문이다. 물론 연대장이 전사하면 그다음 선임이 부대를 지휘하면 되지만 마틴 대령이 전사한 후 34연대가 급속히 붕괴된 사례에서 보듯이 이 또한 쉬운 일은 아니다.

그런데 따지고 보면 마틴만의 잘못이라고 단정하기도 힘들다. 7월 6일 미 24사단장 윌리엄 딘William Dean 소장이 예하 34연대에 평택~안성 일대에서 북한군을 저지하라는 지시를 했지만 미 34연대는 북한군의 기에 눌려 전의를 상실한 채 천안으로 후퇴했다. 이에 격노한 딘 소장은 다음날 제이 러브리스Jay B.Lovless 연대장을 해임하고 일본에 있던 마틴을 급히 소환해 34연대 지휘를 맡겼다. 상당히 저돌적이었던 마틴은 딘 소장이 평소에도 아끼던 인물이었다. 하지만 교전을 벌이던 급박한 시점에 지휘관을 교체한 것은 결코 현명한 결정이 아니었다. 마틴이 부랴부랴 천안에 도착했을 때 군화가 아닌 단화를 신고 왔을 만큼 전투에 임할 준비가 되어 있지 않았다.

당연히 자신이 지휘해야 할 34연대의 상황이나 적의 동태, 그리고 전투에 관한 제반 내용을 제대로 숙지할 시간이 없었다. 다시 말해 그가 할 수 있는 것은 전차를 앞세운 압도적인 적 앞에 겁 먹고 있던 부하들을 전투에 임할 수 있도록 독려하는 일이었고, 이를 위해 최전선으로 직접 나가 일등병처럼 싸우는 것이었다. 그러나 마틴을 포함해 많은 미군의 희생에도 불구하고 천안은 적에게 피탈되었고 34연대는 지휘관을 잃고 결국에는 해체되었다.

전시에 최고지휘관의 공백은 전선의 균형추가 기울 가능성이 많다는 것을 뜻하므로 최대한 막아야 한다. 또한 교전 때문이 아니더라도 불의의 사고로 최고지휘관을 잃게 된 부대도 지휘체계를 최대한 빨리 복구해야 하며 평시에도 이런 부분에 대한 훈련을 게을리하지 말아야 한다. 마틴은 6·25전쟁에서 십자무공훈장이 추서된 최초의 인물이 되었지만 위와 같은 일은 결코 반복되지 말아야 할 사례다.

아들과 아버지의
영원한 이별의 전장

운구를 명령받은 초급 장교

중공군의 참전으로 전세가 순식간에 역전된 후 서울의 재함락이 예견되던 1950년 12월 25일, 미 제24사단의 일선 중대장으로 근무 중이던 샘 워커Sam Sims walker 대위는 유엔군사령관인 맥아더로부터 긴급 호출을 당했다. 전선을 떠나 도쿄의 사령부를 서둘러 방문한 말단 야전 지휘관인 젊은 워커 대위는 맥아더의 집무실에서 거물과 마주했다. 잠깐의 침묵이 흐른 후 담담하지만 서운한 표정으로 맥아더가 무겁게 말문을 열었다.

"워커 대위! 부친의 순직을 진심으로 애도한다. 훌륭한 군인이었던 월튼 워커 대장(사후 추서)의 죽음은 우리 미국에 커다란 손실이다. 나는 귀관에게 워커 대장의 유해를 알링턴 국립묘지까지 운구할 것을 지시한다."

샘 워커는 6·25전쟁 초기에 미 제8군 사령관으로 피 말리는 낙동강

방한한 콜린스James Lawton Collins 미 육군 참모총장에게 아들 샘 워커를 소개하는 월튼 워커. 그는 자신의 뒤를 이어 군인이 된 아들을 자랑스럽게 생각했다.(사진 : U. S. National Archives and Records Administration, public domain)

방어전과 쾌속의 북진을 선두에서 이끌던 월튼 워커Harris Walton Walker의 외아들로 전쟁에 부친과 함께 참전 중이었다. 그런데 전선을 시찰하던 월턴 워커는 이틀 전에 서울 근교에서 벌어진 불의의 교통사고로 순직했다. 이를 매우 안타깝게 여긴 맥아더는 아들을 불러 아버지의 시신을 본국으로 운구하도록 조치한 것이다.

그런데 최고사령관으로부터 직접 명령을 받은 샘 워커는 다음과 같은 이유를 대며 정중히 사양했다.

"각하! 저는 일선의 보병 중대장이고 지금 저희 부대는 후퇴 중입니다. 후퇴 작전이 얼마나 어려운지는 오히려 각하가 더 잘 아시리라 생각합니다. 이런 시점에 단지 부친의 유해를 운구해야 한다는 이유로 중대장을 교체한다는 것은 있을 수 없는 일입니다. 저는 전선으로 돌아가서 부대를 지휘하겠습니다."

처음 언급한 것처럼 1·4 후퇴 직전이었던 당시는 서울 포기를 예정하고 이후 어디까지 더 물러나야 할지도 감이 잡히지 않을 만큼 전황이 몹시 어려운 상황이었다. 은성무공훈장까지 수여받았을 만큼 저돌적이었던 샘 워커에게 이처럼 어려운 시기에 갑작스런 후방 전보는 용납되지 않았던 것이다. 하지만 맥아더는 "이것은 명령이다"라고 간단히 말하고는 방을 나갔다.

맥아더는 충실했던 월튼 워커의 죽음을 몹시 애통해 했다. 때문에 후퇴 와중에 최전선에서 근무하다가 혹시나 사상을 당할 수도 있던 그의 유일한 혈육인 외아들 샘 워커에게 유해를 직접 운구하도록 조치함과 동시에 안전한 본국으로 전보시키고자 했다. 이것은 어쩌면 유엔군사령관이라는 거대 권력을 가진 자가 이들 부자에게 합법적으로 베풀 수 있는 마지막 배려였다.

공과 사를 분명히 구분하던 샘 워커는 전선에 계속 남기를 자원했지만 끝내 본인의 의사와는 달리 아버지의 유해를 운구하고 본국으로 돌아가 워싱턴의 육군성에 근무하게 되었다. 이후 그는 베트남 전쟁 등을 거치며 1977년에 미 육군 최연소 대장에 올랐다. 미 육군 역사상 부자가 대장에 올랐던 사례는 두 차례밖에 없었다.

그런데 거대했던 6·25전쟁에서 워커 부자처럼 공과 사를 구별하며 맡은 바 책임을 다했던 다른 예는 의외로 쉽게 찾을 수 있다. 월튼 워커, 매튜 리지웨이Matthew Bunker Ridgway에 이어 6·25전쟁 당시에 세 번째 미 제8군 사령관은 제임스 밴 플리트James Alward Van Fleet였는데, 당시에 그의 외아들인 제임스 밴 플리트 2세James Alward Van Fleet Ⅱ도 미 공군의 중위로 함께 참전 중이었다.

1952년 4월 2일, 밴 플리트 2세는 B-26 폭격기를 조종해 평양 인근

1964년 8월 19일 전쟁 미망인이 된 며느리와 유일한 혈육인 손자를 데리고 방한해 청와대를 예방한 밴 플리트. 그는 전역 후 한국의 경제 발전을 위해서도 많은 노력을 했다.(사진 : Virginia Military Institute, Marshall Library)

으로 출격했다가 실종되었다. 즉시 수색작전이 시작되었는데 사안이 사안인지라 미 제5공군 사령관이었던 프랭크 에베레스트 장군이 직접 수색 상황을 보고했다. 그런데 밴 플리트는 묵묵히 듣고 있다가 담담하게 "밴 플프리트 2세 중위에 대한 수색작전을 즉시 중단하라. 적진 한가운데서의 수색은 너무 무모하다"라고 지시했다. 아버지가 수색대원의 안전을 고려해 외아들의 구출작전을 중지시킨 것이었다.

대통령의 부탁

밴 플리트 장군은 공과 사를 엄격히 구분해 군의 최고 통수권자로서 단호한 명령을 내렸다. 상당히 어려운 결단이었지만 강한 지도자의 모습을 보여준 것이다. 이렇듯 깊은 상심에 빠져 있었으면서도 겉으로는 내색조차 않고 전쟁을 지휘하던 밴 플리트에게 자기 가족의 편의를 봐달라는 권력자의 청탁이 들어왔다.

1952년 12월, 엄청난 전투기 편대의 엄중한 호위를 받으며 한 대의 여객기가 김포공항에 도착했다. 비행기에서 내린 인물은 제2차 세계대전의 전쟁 영웅이자 차기 미국의 대통령으로 확정된 드와이트 아이젠하워Dwight David Eisenhower였다. 그는 선거 운동 기간 중 만일 대통령에 당선되면 6·25전쟁을 조속히 해결하기 위해 취임 전이라도 한국을 방문하겠다는 공약을 내세웠고 이를 실천하기 위해 방한한 것이다.

미국 역사상 대통령이나 대통령 당선자가 본토 밖의 최전선을 시찰한 것은 이때가 사상 최초였을 만큼 그야말로 획기적인 일이었다. 제2차 세계대전 당시 연합군 최고사령관이었던 오성 장군 출신답게 그는 능수능란하게 전선을 누비며 현장의 의견을 듣고 현황을 파악했다. 그런 그가 미 제8군 사령부를 방문해 사령관 밴 플리트로부터 전황을 보고받을 때였다.

전선 현황에 대한 보고를 조용히 듣던 아이젠하워는 의례적인 보고가 끝난 후 다음과 같이 한 가지 질문을 했다.

"장군, 내 아들 존은 지금 어디에서 근무하고 있습니까?"

당시 아이젠하워의 아들도 6·25전쟁에 참전 중이었다. 존 아이젠하워John Eisenhower는 그에게 둘째 아들이었지만 첫째 아들인 다우드가 어

대통령 당선자 신분으로 한국을 방문한 아이젠하워. 그는 위험한 최전선도 마다하지 않고 찾아다니며 현장의 목소리를 들었다. (사진 : eisenhower.library, National Archives and Records Administration, public domain)

려서 병사해서 외아들이나 다름없었다.

이 질문은 아버지가 전쟁에 참전 중인 아들의 소식에 대한 지극히 사적인 질문이었다.

밴 플리트는 의례적인 대답을 했다.

"존 소령은 미 제3사단 예하 대대장으로 현재 중부전선의 최전선에서 근무하고 있습니다."

그런데 다음에 이어진 아이젠하워의 부탁을 듣고 그는 크게 놀랐다.

"사령관, 내 아들을 후방 부대로 보내줄 수 있겠습니까?"

이는 바로 얼마 전에 외아들을 잃은 밴 플리트에게는 몹시 거북한 말이었다.

전혀 예상하지도 못한 부탁을 받은 밴 플리트는 얼굴을 붉히며 대답을 못했다. 이런 심각한 분위기를 누구보다 잘 아는 아이젠하워가 조용히 입을 열었다.

"장군, 내 아들이 전사한다면 나는 가문의 영예로 받아들일 것입니다. 하지만 만일 포로가 된다면 적들은 미국과 흥정을 하려고 들 것입니다. 물론 나는 결단코 응하지 않을 생각입니다. 그런데 만일 국민들이 고초를 겪는 대통령 아들의 모습을 보고 이것은 미국의 자존심 문제니 즉시 구출작전을 펼치라고 압력을 가하면 분명히 장군은 곤란해질 것입니다. 그래서 나는 단지 내 아들이 아니라 대통령의 아들이 포로가 되어 차후에 작전에 차질을 주는 일이 없도록 최소한의 예방 조치를 요청하는 것입니다."

아이젠하워의 말을 들은 밴 플리트는 미소를 지으며 큰 소리로 답했다.

"각하! 즉시 조치하겠습니다."

존 아이젠하워는 후방의 정보처로 옮겨 근무하게 되었고 이후 육군 준장을 거쳐 벨기에 주재 미 대사로 부임했다.

아이젠하워의 부탁은 차기 군 최고 통수권자인 대통령 당선자라는 지위를 남용한 명령이 아니었고 전혀 그럴 의도도 없었다. 아이젠하워는 인사권을 가지고 있는 야전 사령관에게 아버지가 아닌 대통령의 입장에서 공개적인 장소에서 당당하게 합리적인 부탁을 했던 것뿐이다. 또한 아이젠하워의 의사를 정확히 파악한 밴 플리트의 결정도 단지 차기 권력자에게 잘 보이려는 보신책이 아님을 모두들 알고 있었다.

6·25전쟁 당시 유엔군의 고위 지휘관과 그 아들이 동시에 참전해 피를 흘린 경우는 지금까지 소개한 이들 외에도 많다. 휴전 당시 유엔군

사령관이었던 마크 클라크Mark Wayne Clark 대장과 그의 아들 마크 빌 클라크Mark Bill Clark 육군 대위도 그런 경우였다. 아들 빌은 금화전투에서 중대장으로 복무하던 중 부상을 당해 전역하게 되었고 그 후유증으로 사망했다.

이처럼 고위직의 자제들이 앞다투어 남의 나라에서 벌어진 전쟁에 참전했다는 점은 우리를 숙연하게 만드는 대목이다. 총 142명의 장군 자제들이 참전해 이들 중 35명이 전사하거나 부상을 입은 것으로 알려졌는데, 아들이 참전 의사를 밝혔을 때 대부분의 부모는 격려를 아끼지 않았다고 한다. 그들은 실천하는 노블레스 오블리주noblesse oblige 가 무엇인지를 알고 있었다.

북한에 있는 묘지

종종 11월이면 평안남도 양덕군 대유동에 있는 전몰 중공군 묘지를 백발의 중국 여인이 찾아오고는 하는데, 북한 당국이 나서서 그녀를 안내할 정도로 상당히 예를 갖춘다. 류쓰치劉思齊라 불리는 이 여인은 중국의 주석이었던 마오쩌둥毛澤東의 첫째 며느리다. 비록 현재 정부의 요직과 관련 있는 인물은 아니지만 북한이 이 여인에 대해 신경을 써야 할 만한 나름의 이유가 있다.

6·25전쟁에 참전했던 그녀의 남편 마오안잉毛岸英이 그곳에 묻혀 있기 때문이다. 자료에는 마오안잉이 자원해서 참전했다고도 하지만 그의 참전은 정치적인 성격이 다분했다. 참전 반대파의 의견을 누르기 위한 마오쩌둥의 지시로 전쟁터로 나갔다는 것이 중론이다. 지도층의

솔선수범을 보이기 위해서였지만 정작 마오쩌둥의 정적들은 마오안잉의 참전을 그다지 달가워하지 않았던 것으로 알려져 있다.

우리 입장에서 1950년 10월 25일 갑자기 등장한 중공군은 그야말로 청천벽력과도 같은 존재였다지만 그들의 참전이 갑작스럽게 이루어진 것은 아니었다. 이미 중국은 한반도에서 전쟁이 발발하자마자 만약을 대비해 18개 사師로 구성된 25만 명의 동북 변방군을 만주 일대에 배치해둔 상태였다. 그리고 전세가 역전되자 여러 외교 채널을 통해 중공군의 개입을 공공연히 천명하고는 했다.

하지만 미국은 중국의 이런 태도를 단순한 외교적 엄포로 평가절하했다. 가장 큰 이유는 중국이 수십 년간 지속되어온 중일전쟁과 국공내전을 간신히 끝내고 국가를 건국한 지 불과 1년도 되지 않은 신생국이었고 대만, 만주, 티베트처럼 산적한 문제들이 많아 한반도에서 벌어진 전쟁에 개입하기 어렵다고 판단했기 때문이다. 사실 미국의 판단처럼 실제로 중국 내에서 참전 여부와 관련해서 논란이 많았다.

바로 이때 스탈린이 참전을 권유하는 전문을 보내왔는데, 마오쩌둥은 이를 소련의 적극 개입으로 해석하는 실수를 범했다. 중국이 한반도의 전쟁에 개입하면 스탈린이 적어도 공군을 참전시킬 것으로 예상한 것이다. 하지만 10월 12일, 소련으로부터 직접 전쟁에 개입하기 곤란하다는 통보를 받은 마오쩌둥은 만주에서 출병 준비에 여념이 없던 펑더화이彭德懷를 즉시 소환했을 만큼 참전을 원점에서부터 심각히 재검토했다.

린바오林彪나 가오강高岡 등 권력의 실세들도 대부분 파병 유보를 강력히 주장하고 나섰다. 고심에 고심을 거듭한 그는 적대국과 국경을 마주할 수 없다는 중국 역사의 오랜 원칙에 따라 파병을 최종 결정했다. 다시 말해 중공군의 참전은 많은 반대를 무릅쓴 마오쩌둥의 전적인 결정에 의한 것이었다. 이때 소련의 지원을 얻어내지도 못하고 전쟁에 개입하는 결정을 내린 데 책임을 지고자 그의 장남 마오안잉을 참전하도록 조치했다.

마오안잉은 순탄하지 못한 젊은 시절을 보낸 인물이다. 그의 어머니 양카이훼이楊開慧가 국공내전 동안 국민당군에게 피살당했고, 그도 간신히 목숨을 건지고 세상을 전전하다가 제2차 세계대전이 끝나고서야 겨우 중국으로 돌아와 있었다. 1949년 류쓰치와 백년가약을 맺었지만 아버지의 엄명에 따라 결혼한 지 1년도 못 되어 젊은 아내를 남겨두고 전쟁터로 나가게 된 것이다.

하지만 일선에서는 그를 그다지 반기지 않았다. 특히 전선의 소식이 별도의 비선을 거쳐 마오쩌둥에게 전달될 가능성 때문에 펑더화이를 비롯한 대부분의 수뇌부들은 그의 참전을 탐탁지 않게 생각했다. 그래서 최전선에서 근무하기를 희망했던 마오안잉의 요구와 달리 후방의 사령부에서 근무하도록 조치했는데, 공교롭게도 안전하다고 생각한 사령부가 미 공군의 맹폭을 받아 11월 25일 28세의 나이로 전사했다.

아들의 전사 소식을 듣고 마오쩌둥은 잠시 눈시울을 붉혔지만 간단히 "전쟁에는 희생이 따르는 법"이라는 말만 남겼을 뿐이다. 류쓰치는 시신만이라도 중국으로 가져와 달라고 울면서 마오쩌둥에게 부탁했지만 수많은 여타 중공군 전사자들과 형평이 맞지 않는다며 일언지하에 거절당했다. 이러한 사연 때문에 그녀는 아직도 북한에 있는 마오안잉의 묘소를 찾고는 한다.

지금까지 소개한 것처럼 미국과 중국의 지도층은 낯선 한반도까지 와서 국민들에게 모범이 되는 행동을 직접 보여주었고 그런 와중에 발생한 희생도 당연하게 생각했다. 비록 뒤로 돌아서 아무도 모르게 눈물을 삼켰을지 모르지만 적어도 그들은 의연하게 행동했다. 그런데 6·25전쟁사에 이러한 남의 나라 이야기는 있는데 정작 우리의 이야기는 찾기가 어렵다.

승리의 기적을 이끈
프랑스 싸움닭

스스로 강등을 자원한 인물

제2차 세계대전에서 프랑스는 승전국의 위치를 차지했지만 전사를 유심히 들여다보면 프랑스가 왜 승전국의 위치에 올라갔는지 의아스러운 부분이 많다. 1940년 전쟁 발발 7주 만에 독일에 항복했고 해방도 1944년 미국과 영국이 주축이 된 연합국에 의해 이루어졌다. 그렇다면 전후 승전국의 위치를 얻은 이유는 드러난 결과 이상의 무엇인가가 있었기 때문이라고 해석할 수 있다.

사실 프랑스는 항전을 계속했다. 드골이 이끌던 자유 프랑스나 레지스탕스의 저항처럼 그들은 결코 굴복하지 않았던 것이다. 물론 그들이 이룬 성과가 제2차 세계대전 전체를 본다면 극히 미미한 것이었다고 냉정하게 평가할 수도 있다. 하지만 분명한 것은 이런 수많은 노력이 종전 후, 프랑스를 승전국으로 만들고 예전의 강대국 위치로 돌려놓는 원동력이 되었던 것만은 사실이다.

숭상 낭시의 라불 마그랭-베르느레. 대녹 항선을 했넌 그는 선후 프
랑스 육군의 핵심으로 근무하다가 스스로 계급을 강등해 6·25전쟁
에 참전했다.

그렇게 대독 항전에 나섰던 인물 중에는 라울 마그랭 – 베르느레
Raoul C. Magrin-Vernerey도 있었다. 그는 제1차 세계대전 때 초급 지휘관으
로 활약했고 제2차 세계대전 때에는 유명한 외인부대를 이끌고 노르
웨이 나르빅Narvik에서 벌어진 전투에서 독일군을 격파했다. 이는 독불
전쟁 당시 유일한 승전 기록이다. 프랑스가 항복한 후에는 500여 명의
부하를 이끌고 영국으로 망명해 자유 프랑스군에 가담했다.

종전이 된 후에도 그는 군에 남아 어느덧 3성 장군의 위치까지 올랐
다. 그런데 그는 스스로 계급을 무려 5단계나 낮은 중령으로 강등하면

서까지 또다시 전쟁에 참전하는 보기 드문 행보를 보였다. 전쟁터에서 18번의 부상을 당했고 18번의 훈장을 받은 그가 스스로 계급장을 낮추어 달았던 이유는 단지 지휘하려는 부대가 대대 규모였기 때문이었다.

1950년 북한의 침략을 당한 대한민국을 돕기 위해 유엔군의 이름으로 각국이 참전했을 때 마그랭-베르느네는 대대 급 부대를 파병하자고 제안했고 스스로 지휘관이 되었다. 처음에는 어떻게 장군이 대대장을 맡느냐며 만류하는 이들이 많았지만 그는 "자식에게 유엔군의 한 사람으로서 평화라는 숭고한 가치를 위해 참전했다는 긍지를 물려주고 싶다"며 뜻을 굽히지 않았다.

우여곡절 끝에 1950년 10월 1일 프랑스 대대가 편성되었고 그들이 지구를 반 바퀴 돌아 한반도에 도착했을 때는 중공군의 참전으로 상당히 어려운 시기였다. 대구로 이동해 현지 적응 훈련을 마친 대대는 미 2사단 23연대에 배속되어 전선으로 향했다. 1·4 후퇴 후 전열을 정비한 아군이 반격에 나서고 있을 때였고 2월 3일에는 양평의 지평리까지 진격해 있었다.

하지만 이런 상황은 오래가지 않았다. 1951년 2월 11일 대대적인 중공군의 4차 공세가 시작되면서 전선이 30여 킬로미터를 밀려나기 시작했다. 위기를 느낀 미 8군 사령관 리지웨이는 광주에서 원주에 이르는 새로운 방어선을 설정하고 그곳까지 부대를 철수시킨 후 중공군의 공세를 막아내기로 결정했다. 그러기 위해서는 우선 연결점인 지평리를 확보해야 했다. 당시 상황으로서는 좌우에 있던 부대들이 후퇴했기 때문에 23연대도 여주로 철수해서 방어를 하는 것이 당연한 수순이었지만 리지웨이의 명령으로 현지를 계속 사수하고 있어야 했다. 한편 당시 펑더화이도 동부전선에서의 승리가, 한강 이남까지 올라와 있던 서부전선의 유엔군에까지 영향을 미치려면 지평리를 확보해야 한다고 생각했다.

리지웨이나 펑더화이나 전선의 연결고리를 확보하기 위해 혈전을 치렀고, 양평 외곽의 한촌이었던 지평리는 전 세계의 주목을 받는 전장으로 변했다. 지평리는 역을 중심으로 반경 5킬로미터 내 능선을 연결하면 원형 진지를 편성할 수 있었다. 만일 그렇게 되면 전체 방어선 둘레가 16킬로미터나 되어 23연대 5,600여 명의 병력으로는 확보가 불가능했다.

연대장 폴 프리만PaulFreeman이 고심을 거듭하다 경험 많은 마그랭 – 베르느네의 '무엇보다 가장 중요한 것은 신념'이라는 조언에 용기를 얻어 방어선을 안으로 대폭 축소해 논둑을 이용한 반경 1.6킬로미터의 원형 방어진지를 편성했다. 적들이 아군을 내려다볼 수 있는 불리한 위치를 스스로 감수하면서 방어에 나선 것이다.

하지만 이렇게 축소한 총 6킬로미터의 방어선도 4개 대대로는 완벽히 막아내기가 힘들었다. 프리만은 1개 중대의 예비대와 포병대대를 제외한 모든 전력을 전진 배치하는 초강수를 두었다. 마침내 2월 12일 후방으로 향하는 마지막 통로인 곡수리가 중공군에 점령되면서 지평리는 완전히 고립되었다.

23연대를 포위한 중공군은 무려 4배가 넘었다. 압도적인 병력으로 지평리를 포위한 중공군은 자신들이 공격을 개시하면 포위된 23연대가 진지를 버리고 철수할 것으로 판단하고 예전 수법대로 퇴로에 매복해 있다가 후퇴하는 아군을 타격할 계획이었다. 그런데 참호를 깊게 파놓고 대기하던 23연대는 최초 공격에 꿈적도 하지 않았다.

2월 13일 어둠이 찾아오자 중공군은 횃불을 밝혀 들고 꽹과리와 피

마그랭-베르느네(왼쪽)가 바로 6·25전쟁사의 영웅인 랄프 몽클라르 중령이다. 지평리 전투 종결 후 리지웨이 미 8군 사령관과 함께 부대를 사열하고 있다.(사진 : U. S. Air Forces, public domain)

리 소리를 드높이며 사방에서 총 공격을 개시했다. 하지만 23연대는 이러한 심리전에 동요되지 않고 그들이 보유한 모든 포병 화력(155밀리미터 6문, 105밀리미터 18문)을 총 동원해 중공군을 강타했다. 1문당 평균 250발을 발사해 포신이 붉게 달아올랐을 만큼 가공할 만한 포격이었다.

이에 뒤질세라 중공군도 연대 지휘소가 있는 지평리 역에 300여 발의 포탄을 발사했다. 이와 함께 보병들이 탄막을 뚫고 접근해 수류탄을 던지는 등 집요한 공격을 계속했다. 이 와중에 연대 군수 참모가 전사하고 연대장 프리만도 부상을 입었다. 하지만 그는 후송을 거부하며 지휘를 계속했다. 이러한 프랑스 대대의 분전은 23연대 전체에 용기를 불어넣었다.

중공군이 심리전의 일환으로 야간에 사방에서 피리와 나팔을 불어대며 방어선 일각을 돌파하자 프랑스 대대 진지에서는 엄청난 사이렌 소리가 들려왔다. 돌격해 들어오던 중공군이 자신들의 소음을 압도하는 엄청난 굉음에 어안이 벙벙해 주춤해지자, 착검을 완료한 프랑스 병사들이 일제히 함성을 지르며 진지를 박차고 나가 적들을 섬멸하기 시작했다.

예상치 못한 상황에 중공군은 겁을 먹고 후퇴했다. 야간 심리전에 능한 중공군이 의외로 같은 방법으로 대응한 프랑스군의 분전에 무너진 것이다. 2월 14일 밤 중공군이 다시 프랑스 대대에 파고들었지만 프랑스군은 격렬하게 저항했다. 진지 앞은 중공군의 시체가 산처럼 쌓여갔다. 2월 15일 새벽의 전투는 더욱 경이적이었다. 인접 부대가 무너졌어도 프랑스 대대는 날이 밝을 때까지 진지를 고수해 위기를 수습할 수 있었다. 중공군은 유엔군의 폭격이 개시되는 주간에는 거의 이동할 수 없었다. 따라서 공군의 지원이 제한된 심야에 고비만 잘 넘기면 적을 막아낼 수 있었고, 이를 경험 많은 마그랭-베르느네는 잘 알고 있었던 것이다.

그는 아무리 적이 많더라도 용기와 의지를 잃지 않으면 반드시 승리할 수 있다고 믿었다. 바로 이러한 군은 신념이 세계 전사에 길이 빛날 지평리 전투의 대승을 이끌어냈던 것이다. 지평리에서 프랑스 대대가 보여준 분투는 제2차 세계대전 초기에 허무하게 무너진 약체의 모습이 아니라 나폴레옹 시절에 전 유럽을 호령하던 최강 군대의 모습이었다.

　스스로를 낮추면서 야전을 뛰어다닌 용맹한 마그랭 – 베르느네는 프랑스의 상징인 닭 중에서도 진정한 최고의 싸움닭이었다. 그런데 6·25 전사를 살펴보면 마그랭 – 베르느네라는 이름이 낯설다. 왜냐하면 제2차 세계대전 당시 자유 프랑스군에서 활약할 때 그가 사용한 랄프 몽클라르Ralph Monclar라는 가명을 6·25전쟁에서 사용했기 때문이다. 6·25 전쟁 참전 프랑스 대대의 전설적인 지휘관이었던 몽클라르 중령이 바로 마그랭 – 베르느네 중장이다. 가명으로 목숨을 걸고 싸웠던 제2차 세계대전 당시를 기억하며 용기를 반추했는지도 모르겠다. 그는 6·25 전쟁사에 '위대한 몽클라르'로 기억되고 있다.

국군의 포병사령관이 된 제독

헌법 제3조 '대한민국의 영토는 한반도와 그 부속 도서로 한다.'

하지만 휴전선 이북의 영토는 대한민국의 주권이 현재 미치지 못하는 미수복 지역이다. 때문에 현재 대한민국의 주권이 행사될 수 있는 최북단 영토는 함경북도 온성군이 아니라 강원도 고성군이다.

지도를 보면 태백산맥을 넘어 동해안 지방의 DMZ는 여타 지역과는 달리 상당히 북쪽으로 올라가 있다. 그 이유는 휴전 당시에 아군이 이 지역을 점령하고 있었기 때문인데, 이 지역이 현재 대한민국의 주권이 행사되는 최북단으로 남게 된 데는 한미 지휘관의 믿음과 신뢰가 크게 작용했다.

1951년, 중공군의 몇 차례에 걸친 대공세 이후 미국이든 중공이든 서서히 휴전을 염두에 두게 되었다. 약간의 길항이 있었으나 전선은 현재의 DMZ 부근에서 거의 고착화되었다. 최대한 전선을 짧게 단축하는 것이 우리도 그렇고 공산군 측도 유리했기 때문이다. 만약 전선에 참호를 깊이 파고 고착화하면 그것은 공격보다 방어를 염두에 둔 배치가 된다. 이 경우 전선이 길게 늘어지면 늘어질수록 이를 방어하기가 힘들어진다. 한반도는 지리적으로 볼 때 크게 최단 횡단점이 두 군데 있는데 하나는 동안만과 서한만 사이의 북위 39도 50분 지점과 한강 하구에서 속초에 이르는 38도선 지점이다.

개성 지역을 북에 넘겨주고 휴전을 하게 된 것은 아군의 공격을 공산측이 훌륭히 방어했기 때문이 아니라 한강 – 임진강 하구를 방어선으로 삼고자 한 전략적인 이유 때문이다. 그런 고성 지역의 돌출부는 사실 조금 특이한 지역이다. 만일 가칠봉에서 간성읍까지 최단거리로 DMZ가 형성된다면 전선의 길이를 약 20킬로미터 정도 단축해 방어에 유리할 것이고 이런 점은 북측도 잘 알고 있었다. 하지만 이 지역이 북으로 돌출해 자유 대한 지역으로 편입된 데는 사연이 있다.

1951년 6월 이후 동해안에서 작전을 벌이던 부대는 백선엽白善燁 소장이 지휘하던 국군 제1군단이었다. 그런데 이 지역은 태백산맥 서쪽과는 지리적으로 분리되어 있는 곳이었는데 국군이 전담으로 방어하다 보니 타 전선에 비해 화력 지원이 충분하지 못했다.

포병 전력의 확충이 여의치 않음을 고민하던 백선엽은 미 제7함대 제5순양분대의 사령관으로 동해에서 작전 중인 알레이 버크Arleigh Burke 소장을 찾아가 고민을 이야기하고 함포 지원이 가능한지를 문의했다. 직선적이고 시원시원한 성격이었던 버크 제독은 백선엽의 제의를 즉시 받아들여 국군의 요청이 있을 때마다 거침없이 함포 사격을 지원했다.

요청이 있으면 이유, 시간, 장소를 불문하고 즉각적으로 지원사격이 이루어졌을 만큼 두 장군은 궁합이 잘 맞았다. 이러한 버크 제독을 백선엽이 국군 제1군단의 포병사령관이라고 자랑하고 다닐 정도였다.

소장에서 미 해군 참모총장에 오른 신화적 인물 알레이 버크 제독. 그는 국군의 요청을 흔쾌히 받아들여 화력 지원에 적극적이었다.(사진 : U. S. Navy, public domain)

이 덕분에 국군이 전담하던 동해안은 공산군이 감히 탄막을 뚫고 내려올 생각을 못했고 그 결과 동해안의 휴전선은 북쪽으로 올라가게 된 것이다.

1950년 12월 당시 아군을 흥남으로 몰아넣고도 중공군이 배를 타고 후퇴하는 유엔군의 모습을 손가락 빨고 쳐다만 보았던 이유는 미 해군이 해상으로부터 쏟아부어대는 엄청난 탄막 때문이었다. 이렇게 전쟁 내내 공산군은 해상 포격으로부터 그들을 방어할 수단이 전무하다시피 해서 해안선을 따라 진격을 하는 데 많은 애로 사항을 겪었고 반대로 아군에는 아주 든든한 보호막 노릇을 했다.

호인이었던 버크는 전후 대장으로 진급해 미 해군 작전부장을 역임했고 이후 미 해군 발전을 위해 전력을 다해 존경받는 인물이 되었다.

DDG-51 알레이 버크는 미 해군의 주력 이지스AEGIS 구축함 1번 함으로 흔히 동급 함을 알레이 버크 급이라 한다.(사진 : U. S. Navy, public domain)

미 해군은 버크의 업적을 기리기 위해 미 해군 사상 최초로 생존해 있는 사람의 이름으로 새로 건조한 구축함의 이름을 명명했다. 바로 최강의 전투함으로 평가받는 알레이 버크급 이지스 구축함이 바로 그것이다.

천사들의
순양함

1·4 후퇴로 전선이 북위 37도선 부근인 평택 – 삼척선까지 밀려난
후 공산군의 공세가 일단 둔화되자, 미 8군 사령관 리지웨이는 즉시
반격을 가해 전선을 38선 인근으로 다시 밀어붙이기로 결심했다. 그는
지상군의 반격 이전에 강력한 제해권을 발판으로 삼아 적 후방에 있
는 인천을 적의 시선을 분산시키는 지렛대로 삼고자 했다.

인천에 상륙해 서울로 진격하려는 의도는 아니었지만 이곳만큼 적
의 전력을 분산시키는 데 좋은 거점도 없었다. 그 한 해 전 9월에 있었
던 인천상륙작전에서 당한 트라우마가 컸던 공산군은 항상 아군의 재
상륙을 우려하던 상황이었다. 따라서 인천을 적절히 이용해 양동작전
을 펼친다면 전선 일대의 공산군을 이곳으로 분산시킬 수 있었다.

정보에 따르면 인천에 주둔 중인 공산군은 소규모로 분석되어 국군
단독으로도 충분히 적의 시선을 돌릴 수 있다고 판단했다. 이에 따라
2월 초를 작전 개시일로 상정하고 한국 해군과 해병대가 준비를 하는
동안 작전을 총괄할 앨런 스미스Alan Smith 제독이 이끄는 미 95기동부

1945년 취역해 1971년까지 활약한 미 해군의 중순양함 세인트폴. 흥남 철수 당시 엄청난 화력을 투사해 중공군의 남진을 저지하는 데 혁혁한 공을 세웠다.(사진 : U. S. Navy, public domain)

대가 경기만 일대로 먼저 진입을 개시했다.

그중에는 든든하게 화력을 지원할 세인트폴USS Saint Paul (CA-73) 함도 있었다. 제2차 세계대전 말에 취역한 세인트폴함은 8인치 구경 함포 9문을 장착한 중순양함으로 6·25전쟁 발발 당시에 남중국해 일대에서 일상적인 초계 임무를 수행 중이었는데, 중공군이 개입해 전황이 바뀐 후 한반도 인근으로 이동 전개한 상태였다.

인천항 외항 밖의 경기만에 진입한 세인트폴함은 인천과 그 일대의 경계 상황을 살펴보고자 소수의 정찰대를 보트에 태워 은밀히 파견했다. 인천항 일대에는 섬들이 무수히 많은데 그들의 눈에 가장 먼저 들어온 곳은 인천항 부근의 만석동, 월미도 그리고 영종도 사이 한가운데 위치한 작약도与藥島였다.

월미도 선착장에서 배를 타고 10분 정도 거리에 위치한 작약도는 현재 수도권의 대표적 근린 관광지로 둘레가 1킬로미터에 불과한 작은 섬이다. 당시 미군이 보유하고 있던 지도에는 일본식 지명인 푸시도 Fushi-To로 표기되어 있었는데, 인천 외항을 감제하기 좋은 위치여서 공산군이 배치되어 있을 가능성이 컸다.

섬에 상륙한 수병들은 해안가에서 수상한 가옥을 발견하고 경계를 강화하고 조심스럽게 다가갔다. 그런데 그들이 발견한 것은 놀랍게도 공산군이 아니라 피골이 상접한 고아들이었다. 무인도라고 여겼던 작은 섬에 제대로 먹지 못해 굶고 추위에 떨고 있는 고아 45명이 있었다. 그 삶의 모습이 너무 비참해서 수병들이 눈물을 흘렸을 정도였다.

작약도에는 해방 직후 인천의 독지가였던 이종문 씨가 건립한 '성육원'이라는 고아원이 있었다. 그런데 전쟁 발발 후 인천을 점령한 공산군이 이종문 씨와 그곳 관리인들을 반동이라는 죄명으로 끌고 가 감금하면서 원생들이 그냥 방치되었던 것이다. 보호자를 잃은 아이들은 보살핌을 받지 못한 채 바닷가로 떠내려온 상한 음식 등을 주워다 먹으며 겨우 허기를 달래고 있었다.

이를 목도한 순양함 세인트폴의 수병들은 원래 예정대로 군사작전을 펼치는 것과 별개로 굶주림과 추위 그리고 질병으로 고통 받고 있던 고아들의 구호작전을 즉시 전개했다. 식량과 약품을 비롯한 각종 구호 물품이 공급되었고 수병들이 자발적으로 교대로 조를 짜서 섬을 찾아와 구호 활동을 펼쳤다.

그렇게 해서 위기에 빠진 아이들은 서서히 희망을 보았고 작은 섬에는 다시 웃음소리가 들리기 시작했다. 공산군의 머리 위에 무서운 불벼락 세례를 퍼부어대던 세인트폴함은 절망에 빠져 있던 작약도의 고아들에게는 천사였다. 이곳 출신인 김광훈 씨는 다음과 같이 회고하고 있다.

그들은 두 달 동안 매일 20명씩 조를 짜서 보육원을 찾아왔다. 쌀과 통조림 등 식량을 갖다 주고 부서진 건물을 고쳐줬다. 드럼통을 반으로 쪼개 간이 욕조를 만들어 목욕도 시켜줬고, 군의관들은 아픈 아이들을 치료해줬다. 마치 하늘에서 내려온 천사 같았다. 그네, 시소 같은 놀이기구도 만들어줬고, 생전 처음 본 축음기를 가져와 팝 음악을 들려주기도 했다. 어느 날 그들은 긴 뱃고동 소리를 뒤로하며 인천 바다를 떠났다. 사령부의 지시에 따라 임무 교대를 했다는 것을 나중에야 알았다. 그 배가 떠나자 우리는 예전의 생활로 돌아갔다.

전쟁은 많은 사람을 고통스럽게 만드는데, 특히 힘없고 약한 이들에게는 아픔과 고통이 더 커지기 마련인가 보다. 전쟁이라는 혼란 속에서 작은 섬에 고립된 채 절망적인 상황을 숙명으로 여기며 고통 받던 수많은 고아의 이야기는 그래서 더욱 마음 아플 수밖에 없다. 긴박한 시간 속에 보여준 순양함 세인트폴 수병들의 선행과 당시 전쟁 고아들의 자료는 '한국 전쟁 아이들의 기념관'(http://www.koreanchildren.org)에서 볼 수 있다.

같은 얼굴
다른 나라

이제는 굳이 올림픽이나 월드컵 같은 메이저 대회가 아니어도 국내에서 세계적인 스포츠스타를 만나는 것이 그리 어렵지 않은 시대가 되었다. 오히려 인기가 많은 스타들이 상업적인 이유 때문에 일부러 한국을 찾아올 정도다. 이는 그만큼 스포츠 분야와 관련된 우리나라의 시장이 커졌음을 의미한다.

하지만 불과 20여 년 전만 하더라도 세계적인 스타를 한국에서 보는 것은 상당히 드물고 어려운 일이었다. 예를 들어 지난 1976년에 당시 복싱 헤비급 세계 챔피언으로 엄청난 인기를 누렸던 무하마드 알리Muhammad Ali가 방한한 적이 있었는데, 그의 도착 장면이 TV로 생중계되고 김포공항에서 서울시청까지 카퍼레이드를 했을 정도였다.

그런데 6·25전쟁의 상흔을 제대로 치유도 못하고 보릿고개가 일상이었을 만큼 어려움을 겪던 1960년대에 전설적인 스포츠계의 슈퍼스타가 한국을 방문한 적이 있다. 그것도 반드시 참가할 공식 선수권대회도 아닌 그저 그런 3류 대회에 참가하기 위해서였다. 사실 당시 우리나라는 세계적인 주요 대회를 치를 능력이 부족하던 때였다.

어쩌면 그에게는 격이 맞지 않는 초라한 대회였다고 볼 수 있지만 최선을 다해 경기에 임해 우승했다. 주인공은 마라톤 역사의 전설인 아베베 비킬라Abebe Bikila였다. 그는 사상 최초로 올림픽을, 그것도 모두 세계 최고 기록으로 2연패(1960년 로마, 1964년 도쿄) 한 영웅 중의 영웅이었다.

그러한 당대의 초특급 스타가 1966년 10월 30일 개최된 '9·28 서울 수복기념 제3회 국제 마라톤대회'에 출전한 것이다. 인천상륙작전과 서울 탈환의 의의를 기리고자 인천역 광장을 출발해 서울시청에 도착하는 코스로 대회가 열렸는데, 명색이 국제대회였음에도 외국 선수는 아베베 외 일본 선수 2명과 미국 선수 1명뿐이었다.

사실 타이틀에 국제라는 명칭을 붙인 것도 이 대회가 처음이었다. 당초 조직위원회의 초청에 관심도 보이지 않던 당대 세계 랭킹 2, 4위인 일본의 기미하라君原健二와 테라사와寺澤徹도 아베베의 출전이 확정된 후 부랴부랴 출전을 결정했을 정도였다. 그러면 어떻게 해서 당대의 슈퍼스타가 후진국에서 벌어진 초라한 대회에 참가하게 되었을까?

아베베는 1951년 주한 에티오피아군 제2진으로 6·25전쟁에 파병되어 부대장 호위병으로 1년간 복무한 참전용사였다. 그는 "그때 나는 열여덟 살이라서 전투에 직접 참가하지 못했지만 우리는 죽음을 두려워하지 않고 용감하게 싸웠다. 나는 에티오피아군의 일원이었다는 사실에 자긍심을 갖고 있다"라고 말했을 정도로 자부심이 강했다.

당시 에티오피아는 1개 대대를 한국에 파병했다. 에티오피아 역사상 최초의 해외파병이었기 때문에 원정 부대와 한국에 대한 관심은 대단한 것이었다. 에티오피아는 종전 후 1965년 말까지 단계적으로 철군을

1960년 로마 올림픽 당시 맨발로 달려 1등으로 골인하는 아베베. 공교롭게도 그가 도착한 로마의 베네치아 광장은 무솔리니가 시민들 앞에서 에티오피아를 침공해 식민지로 만들겠다고 외친 곳이었다. 에티오피아 왕실 근위대 용사인 아베베는 가장 극적인 방법으로 복수극을 연출했다.(사진 : public domain)

완료했고 이후에도 유엔군 사령부에 상당 기간 연락관을 파견한 우방이었다. 용맹했던 에티오피아군은 대민봉사에도 열정적이었고 하일레 셀라시에Haile Selassie 황제가 하사한 컵을 대한체육회에 기증해 빙상대회를 개최했을 만큼 체육활동에도 많은 관심이 있었다. 병사들은 봉급을 걷어 동두천에 전쟁고아 보육시설인 '보화원'을 운영했다.

아베베는 올림픽 역사에 길이 빛날 올림픽의 영웅이기 전에 대한민국이 가장 어려웠던 시기에 파병을 자원한 인물이었다. 이러한 각별한 인연 덕분에 출전 요청을 흔쾌히 받아들여 대회에 참가한 것이었고 열과 성을 다해 레이스를 벌여 당당히 우승까지 했다.

당시 신문에는 약 100여만 명의 시민들이 경인가도에 나와 아베베의 경기를 눈앞에서 보고 응원을 보냈다고 보도했다. 국내에서 보기

동두천에 보호원이라는 전쟁고아 보호시설을 운용한 주한 에티오피아군. 우리가 그들에게 큰 신세를 졌다는 사실을 잊지 말아야 한다.(사진 : 에티오피아 참전기념관)

힘든 슈퍼스타의 경기 모습을 직접 볼 수 있다는 즐거움에 앞다투어 구경을 나왔지만, 특히 우리를 도와준 용감한 용사 아베베에게 갈채를 보냈다.

아마 요즘 젊은이들 중에는 현재의 빈곤국 에티오피아로부터 우리가 도움을 받은 적이 있다는 것에 놀랄 이들이 많을 같다. 하지만 이런 과거를 부끄러워하거나 감추지 말아야 한다. 과거 역사의 모든 사실은 우리가 기억해야 할 유산이다.

우리와 각별한 인연이 있던 아베베가 세계 스포츠 무대에서 두고두고 존경을 받고 있는 이유는 단지 무시무시한 경기력 때문만은 아니다. 그가 가진 결코 무너지지 않는 불굴의 의지 때문이다. 1964년 도쿄 올림픽 당시 맹장염으로 수술을 받은 지 불과 2주 만이었음에도 세계 최고 기록으로 올림픽에서 최초로 연패하는 기염을 토했다.

당시 마라톤 강국이었던 일본은 아베베의 대회 출전이 불가능하다고 판단해 시상식에서 사용할 에티오피아 국가를 준비하지 않았다가 엉뚱하게 일본 국가를 연주해 세계적인 비난을 사기도 했다. 그 정도로 어느 누구나 아베베의 경기 출전은 불가능하다고 보았던 것이다. 그러나 그런 순간에 그는 당당히 모든 이들의 예상을 벗어나 기적을 보여주었다.

하지만 1969년 아디스아바바 근처에서 발생한 교통사고로 하반신이 마비되는 시련을 겪지만 이에 굴하지 않고 장애인 양궁 선수로 활동하며 패럴림픽 대회에 참가한 그의 말년 인생에 비한다면, 1964년 도쿄 올림픽은 그저 작은 사건에 불과하다. 그는 시련과 고난에 좌절하지 않고 그 환경을 헤쳐나가 이길 방법을 모색하고 또 실행에 옮겼다. 바로 이런 점 때문에 세계는 그를 단순히 유명한 스포츠 선수로만 기억하는 것이 아니라 위대한 인물로 기억하는 것이다.

반공포로 석방과
휴전의 밀당

모두를 놀라게 만든 사건

3년이 넘게 계속된 6·25전쟁을 살펴보면 극적인 전투의 대부분은 최초 1년 동안에 벌어졌음을 알 수 있다. 1951년 7월 8일, 연락장교 간의 예비 회담이 개최되면서 양측 모두 휴전을 염두에 두고 대대적인 공세를 자제했기 때문에 전선은 현재의 휴전선 일대에서 고착되었다. 하지만 곧바로 휴전이 이루어질 것이라는 예상과 달리 전쟁은 그 후로도 2년이나 더 지속되었다.

그렇게 된 가장 큰 이유는 서로 유리한 방향에서 휴전을 이루려는 야심 때문이었다. 툭하면 정회와 속개를 반복하면서 이견을 조율해 나갔는데, 그중 합의하는 데 가장 많은 시간을 끌었던 난제는 포로 교환이었다. 2년 가까이 계속된 말싸움 끝에 마침내 1953년 6월 8일 포로 교환에 관한 원칙이 타결되자 이를 계기로 휴전은 가시화되었다. 그런데 바로 그때 그간의 노력을 흔들어버리는 엄청난 사건이 벌어졌다.

반공포로 석방이었다.

6·25전쟁 말기에 있었던 가장 극적인 사건을 하나만 들라면 단연코 반공포로 석방이다. 유리한 위치를 차지하기 위한 고지 쟁탈전 외에는 대부분의 전선에서 교전을 멈춘 상황이었을 만큼 이미 휴전 분위기가 무르익었던 1953년 6월 18일에 단행된 전격적인 반공포로 석방은 전세계를 충격 속으로 몰아넣었다. 이와 관련한 여러 반응을 보면 그 파급 정도를 상상할 수 있다.

"전 세계 자유수호민의 찬양을 받을 것이다." (조셉 맥카시, 미국 상원의원)

"이승만 대통령은 진정한 애국자다." (해리 트루먼, 미국 전 대통령)

"유엔군의 권한을 침범한 무례한 행동이다." (존 덜레스, 미 국무장관)

"용서할 수 없는 일방적인 처사다." (《런던타임스》)

"대단히 놀랐고 불쾌하다." (윈스턴 처칠, 영국 수상)

서방진영에서 조차 이처럼 극과 극의 평가가 엇갈린 만큼 엄청난 반향을 불러일으킨 이유는 명분이나 심정적으로는 그것이 옳았지만, 법리적인 측면을 위반했고 특히 협상으로 전쟁을 종결 짓기 위해 애쓰던 유엔군 측의 노력에 찬물을 끼얹었기 때문이다. 자칫하면 휴전이 무산될 가능성이 컸다. 하지만 대한민국의 입장을 무시하고 휴전을 종용하던 유엔군의 행동에도 문제가 많았다.

미국은 조속히 휴전을 하고자 원했지만 그렇다고 무조건 양보하면서 일을 처리할 수는 없었다. 앞서 언급한 것처럼 포로 교환은 휴전 협상 개시 후 양측이 이견을 보인 가장 큰 난제였다. 원론적으로 양측이

탈출에 성공한 반공포로가 서울에서 열린 환영대회에서 태극기를 흔들고 있다. 전쟁 말기에 세계를 놀라게 한 극적인 사건이었다.(사진 : U. S. National Archives and Records Administration, public domain)

잡고 있던 포로를 그냥 맞교환하면 되지만 그것이 그리 간단치 않았다. 우선 양측이 추산하고 있던 포로의 수가 실제로 공개된 명단과 차이가 많았고 특히 공산군 측 주장은 터무니없을 정도였다.

1951년 12월 18일 처음 포로 명부를 교환했을 때, 전투 중 행방불명되어 공산군 측의 포로가 되었을 것으로 유엔군 측이 추산하고 있던 인원은 국군 8만 8,000여 명과 미군 1만 1,500여 명 등 총 10만여 명이었다. 하지만 공산군 측으로부터 넘겨받은 명부에는 불과 1만 1,559명밖에 없었다. 당시에 유엔군은 그 열배가 넘는 총 13만 2,474명의 포로 명부를 공산군 측에게 넘긴 상황에서 1 대 1 송환은 전혀 불가능했다.

공산군 측은 포로들이 자유의사에 따라 북한군에 재입대한 것이므로 송환 대상이 아니라는 주장을 펼쳤다. 많은 포로가 북한군으로 복무 중인 것은 사실이지만 이는 강압에 의한 것이었다. 최근까지도 북한을 탈출해 제3국을 통해 귀순하는 생존 국군 포로가 있다는 사실에서 이를 충분히 알 수 있다. 당시에 제대로 해결을 하지 못한 국군 포로 송환 문제는 지금까지 두고두고 곱씹어야 할 커다란 실책이었다.

또한 남북이 서로 다른 민족이 아니다 보니 무조건 송환이 곤란한 경우가 많았다. 특히 인공 치하에서 강제 징집당해 북한군이 될 수밖에 없었던 남한 출신 포로들은 북으로의 송환을 강력히 거부했다. 자발적으로 북의 체제를 선택한 일부를 제외한다면 그들이 지금까지 살아왔던 곳을 떠나 굳이 북으로 가야 할 하등의 이유가 없었다. 거기에 더해 국민당 출신이었던 중공군 포로들 중에서도 대만으로 가기를 원하는 이들도 많았다.

결국 줄다리기 끝에 1953년 5월 25일, 유엔군 측은 포로들이 중립국 위원회의 심사를 받아 자유의사대로 거취를 결정할 수 있도록 하자는 수정안을 제시해 공산군 측의 동의를 얻어내었다. 그들도 많이 지쳐 있던 상황이었던 데다가 이 정도면 충분히 얻을 것을 얻었다고 판단한 것이었다. 하지만 한국 정부가 협상 결과 자체를 받아들일 수 없다고 격렬히 반발하고 나섰다.

휴전보다 더 큰 걱정

타결된 포로 송환 협정안에 따르면 포로들은 북으로 돌아갈지 남에 남을지 혹은 제3국으로 갈지, 선택할 자유가 있었다. 그렇다면 우리가 고민하던 반공포로들의 강제송환을 원천적으로 막을 수 있는 최소한의 안전장치는 마련한 셈이었다. 하지만 당시에 정부가 협정안에 강력히 반발한 이유는 휴전과 관련한 문제가 복합적으로 내재되어 있었기 때문이다.

우선 협상 타결에만 급급해 국군 포로 문제가 완벽하게 해결되지 않았다는 점이다. 최초 유엔군사령부가 추산한 국군 실종자 8만 8,000여 명 중에서 귀환이 확정된 포로는 겨우 8,343명에 불과했다. 이 상태에서 15만 명 가까이 되는 공산군 포로의 송환을 자유의사에 따라 진행한다 하더라도 약 10만 명 이상이 북으로 돌아갈 것이 확실했다. 수치상으로 완전히 밑지는 거래였다.

명분상으로 유엔군 측은 자유 송환이라는 큰 틀을 유지했다고 자평했지만 휴전 타결에 집중해서 신경을 쓰다 보니 소탐대실을 한 것이다. 특히 전쟁을 즉각 중지하겠다는 공약을 내세웠던 아이젠하워 정권은 휴전이라는 결과물에 집착했다. 이에 반해 협상이 길어질수록 물리적 피해가 더욱 커질 수밖에 없던 공산군 측은 끝까지 휴전 회담을 정치적 선전의 장으로 이용하며 실리를 챙겼다.

3년 동안의 전쟁은 피아를 막론하고 모두에게 피해와 상처를 안겨주었고 시간이 지나면서 점차 지치고 염증마저 느끼고 있었지만 협상장에서는 공산군 측의 인내심이 더 강했다. 결국 유엔군은 휴전을 강요하는 정치권의 압력과 상대의 전술에 말려들어 반공포로들만 구제하는 것으로 일을 끝냈다. 따라서 북한에 억류된 국군 포로들을 찾아내어 송환할 수 있었던 절호의 기회를 놓치고 말았다. 이 때문이라도 정부는 협상안을 반대했던 것이다.

하지만 사실 이것도 명분이었고 진짜 이유는 휴전에 대한 불안감이었다. 통일을 이루지 못한 것은 둘째 치고 전략적인 우위도 점하지 못한 상태로 다시 분단된다는 것은 앞으로도 대한민국의 안전이 보장될 수 없다는 의미였다. 전쟁 내내 외부의 도움이 없었다면 생존을 장담할 수 없었기에 이 상태로 단지 포성이 멈추는 것은 의미가 없었다. 휴전은 말 그대로 전쟁을 쉬는 것이기 때문이었다.

포로 송환 문제의 타결은 바로 이러한 불안한 휴전이 목전에 다가왔음을 의미하는 것이었지만 정작 우리는 이후의 문제에 대해 어떠한 대책도 준비된 상태가 아니었다. 만일 휴전과 함께 북한에 주둔한 중공군과 유엔군의 전면 철군이 동시에 이루어진다면 그것은 악몽과 같았다. 만일 그 상태에서 전쟁이 재발한다면 우리 스스로 전쟁을 치러낼 수 있을지 상당히 의문스러웠기 때문이다.

결과론이지만 6·25전쟁 당시 유엔군의 즉각적인 참전은 북한이나 전쟁을 배후에서 조종한 소련도 예상하지 못했을 만큼 빨랐다. 비록 미국이 대한민국의 탄생에 많은 영향력을 행사했지만 안전까지 보장한 상황은 아니었다. 하지만 냉전시대의 개막과 더불어 소련에 밀릴 수 없다는 미국의 의지가 강력하게 작용하면서 대대적인 참전이 즉각 이루어지게 되었다. 그러나 휴전 이후에도 그럴 것인지는 논외였다.

유엔군이 다시 참전한다는 보장이 휴전 협정안 어디에도 없었다. 중국은 강만 건너면 언제든지 한반도에 개입할 수 있고 또 하나의 배후인 소련도 북한과 국경을 맞대고 있었지만 휴전 후 유엔군이 한반도를 떠나면 다시 참전할 것인지는 미지수였다. 지난 1949년 미군의 철군 이후 불과 1년도 되지 않아 침략이라는 참담한 아픔을 맛본 우리 정부의 트라우마는 당연히 클 수밖에 없었다.

우리 정부 또한 휴전을 막을 수 없고 그것이 대세임은 분명히 잘 알고 있었다. 이미 전쟁은 1950년 가을을 기점으로 미국과 중국이 주도하는 국제전으로 비화했고 그들이 휴전을 결심한 이상 전쟁이 더 이

휴전 직후인 1953년 8월 12일 북으로 송환되는 친공포로들. 북으로 귀환한 후 사상성을 의심받지 않으려고 벗어서 버린 옷들이 길가에 흩어져 있다. 사실 수치상으로 본다면 포로 교환은 실패에 가까웠고 이때 생환되지 못한 수많은 국군 포로들은 지금도 문제가 되고 있다.(사진 : U. S. Navy, public domain)

상 확전될 가능성도 전무했다. 따라서 미국 측에 휴전 이후의 안전을 보장해달라는 요구를 계속하던 상태였지만 반응이 미지근하자 차라리 전선에서 소규모 교전이 계속 벌어지는 형태로 전쟁을 지속시키는 것이 좋다고 판단했다.

따라서 휴전을 지속적으로 반대했고 그러기 위한 하나의 명분으로 그 전 단계인 포로 송환, 그것도 국군 포로들의 송환이 담보되지도 않은 타결 내용에 대해서 강력히 반대를 표한 것이었다. 비록 우리가 배제된 상태로 협상이 이루어지는 상황이었지만 유엔군 측과 공산군 측 모두에게 우리의 협조가 없다면 휴전이 순순히 이루어질 수 없음을 보여줄 필요가 있었다.

벼랑 끝에서 얻은 한미상호방위조약

앞서 언급한 것처럼 포로 송환 문제의 타결은 사실상 휴전을 뜻하는 것이었다. 하지만 정작 휴전 이후의 안전에 관해 어떠한 보장도 받지 못한 우리 정부와 국민의 불안감은 더욱 증폭되었다. 전국적으로 휴전을 반대하는 대대적인 시위가 최고조에 이르렀다. 그만큼 당시 대한민국은 가진 것은 없고 부족한 것만 많은 약소국이었다. 결국 정부는 대한민국의 안전한 미래를 지키기 위한 위험한 줄타기를 벌여야 했다.

이승만 대통령은 포로 송환 협정이 조인되기 직전인 1953년 6월 6일, 헌병총사령관 원용덕 중장을 은밀히 불러 반공포로 석방을 모색하도록 지시했다. 대통령의 지시를 받은 원용덕은 육군 헌병사령관 석주암 준장 등과 협의를 거쳐 포로수용소의 경비를 담당하던 육군 헌병대가 기습적으로 반공포로를 석방해 도주시킨 후 사전에 약속된 인근 민가에서 안전하게 보호한다는 작전을 수립했다.

원래 반공포로들은 원한다면 북으로의 송환을 거부할 수 있었다. 따라서 이 작전은 유엔군 측과 공산군 측을 자극해 철저하게 휴전을 방해하려는 이벤트에 가까웠다. 아니 휴전 방해가 목적이 아니라 대한민국의 안전보장을 담보받기 위한 시위였다. 이승만은 설령 우리가 이런 무리수를 두더라도 휴전을 막을 수 없다는 것을 잘 알고 있었다. 역설적이지만 그래서 강공책을 쓸 수 있었던 것이다.

전국 각지의 포로수용소에 밀사가 파견되고 6월 18일 00시를 기해서 동시에 작전이 개시되었다. 명령에 따라 수용소를 경비하는 헌병대는 미군들을 따돌리고 2만 7,000여 명의 반공포로를 석방하는 데 성공하고 그날 06시에 중앙방송을 통해 '반공포로의 석방에 관한 담화문'

을 발표함으로써 이를 공식화했다. 불안한 휴전을 반대하던 국민들은 우리의 의지를 만천하에 보여주었다고 환호했다.

반면 북한과 중국은 경악했다. 원하는 대로 포로 송환이 매듭지어질 것으로 예상하던 그들은 전혀 예상치 못한 사태에 몹시 당황했다. 최소한 10만 명 이상의 병력을 새롭게 보충하고 이를 전후 복구에 투입할 수 있을 것이라 예상했지만, 이 상태로 포로 송환이 제대로 이루어질지도 자신이 서지 않았다. 그러나 이제는 이런 돌발 사태를 구실로 휴전을 깰 수 있는 시점을 넘어섰다는 것도 고민거리였다.

화가 났지만 파투破鬪내고 처음으로 돌아갈 수도 없는 노릇이었다. 그들도 몹시 지쳐 있었고 지금까지 뒤에서 전쟁을 주도한 스탈린이 죽고 정권이 바뀐 소련도 더 이상 전쟁 지속을 원하지 않았다. 협상장에서 공산군 측 대표단은 반공포로 석방에 대해서 엄청나게 항의를 했지만 이를 빌미로 휴전 자체를 깨려고 하지는 않았다. 이승만은 공산군 측의 상황도 정확히 꿰뚫고 있었던 것이다.

다만 자존심에 상처를 받은 공산군은 화천 저수지 재점령을 목표로 제한적 대규모 공세를 벌이며 의지를 표출했다. 바로 1953년 7월 13일 실시된 6·25전쟁의 마지막 공세인 중공군 제7차 공세였다. 단지 자존심 때문에 예정하지 않은 공세를 벌였을 만큼 휴전에 대한 소련과 중국의 의지는 강했다. 그러나 누구보다 놀란 쪽은 이승만의 예상대로 미국이었다.

2년간 지루한 협상을 거듭하던 미국은 사인만 하면 모든 것이 끝난다고 생각하던 중이었다. 그런 와중에 벌어진 반공포로 석방은 그때까지의 모든 노력이 틀어질 수도 있다는 우려를 낳았다. 당연히 엄청난 항의를 했지만 이승만의 의도대로 일이 진행되었다. 미국은 월터 로버

트슨Walter S. Robertson 국무차관보를 특사로 파견해 휴전 직후 최대한 빠른 시일 내에 한미상호방위조약을 체결하겠다는 의사를 표하며 이승만 달래기에 나섰다.

휴전을 공약으로 내세웠던 아이젠하워는 이승만의 노련함에 이끌려 한국 정부가 휴전을 막지 않는다면 한미상호방위조약을 조속히 체결하겠다고 약속했다. 애초 아이젠하워, 덜레스John Foster Dulles 국무장관, 콜린스James Lawton Collins 육군 참모총장 등 미국의 군 수뇌부 대부분이 한국에 대한 방위조약을 반대했지만 반공포로 석방은 이를 일거에 뒤엎었고 이렇게 해서 체결된 조약은 현재 한미동맹의 근간이 되고 있다.

반공포로 석방은 즉흥적으로 나온 구상이 아니라 이처럼 치밀하게 국제 정세를 제단한 후 그 방법론을 찾아 이룬 쾌거였다. 이를 이끈 이승만은 1951년 휴전 협상 개시 후 통일이 군사적으로 불가함을 일찌감치 깨닫고 그 이후를 생각했던 것이다. 그런데 반공포로 석방의 구체적 사실과 관련해 그동안 막연하게 잘못 알고 있던 부분이 있다. 거제도 수용소에 관한 내용이 그것이다.

그곳에서 탈출은 없었다

요즘 많은 이들이 온라인 백과사전인 위키피디아를 애용하지만 사실 곳곳에 오류가 많은 편이다. 거제도 포로수용소(이하 거제도 수용소)와 관련해도 일부 오해할 수 있는 부분이 있는데 소개하면 다음과 같다.

1953년 6월 18일 이승만 대통령의 반공포로의 일방적인 석방으로 2만 7,389명이 탈출했고, 친공포로의 소환과 등 존재의 이유가 없어져서 1953년 7월 27일 휴전협정 조인으로 인해 폐쇄되었다.

(2015년 4월 10일 검색 기준)

오탈자는 무시하더라도 거제도 수용소에서 마치 2만 7,000여 명의 반공포로들이 자유를 찾아 수용소를 탈출한 것으로 받아들일 소지가 많다.

다음은 국군에서 요직을 두루 거치고 퇴역한 모 4성 장군이 최근 집필한 6·25전쟁 관련 책자에 수록된 내용이다.

이승만 대통령은 원용덕 헌병사령관을 불러서 거제도 수용소에 수용한 반공포로를 모두 석방하라고 지시한다. 6월 18일 밤 수용소의 문이 열리고, 반공포로 대부분이 자유의 몸이 되었다.

이처럼 최대 14만 명의 포로를 동시에 수용했던 거제도 수용소에서 많은 반공포로가 자유를 찾아 탈출했고, 드라마나 각종 언론의 보도 자료에서도 그렇게 묘사되고 있다.

하지만 1953년 6월 18일 0시에 전격적인 반공포로 석방이 이루어졌을 때, 정작 거제도 수용소에서는 단 한 명도 석방이 되지 않았다. 의외라고 생각할지 모르지만 엄연한 사실이다. 다음의 〈표 1〉은 1996년 국책 기관인 국방군사연구소에서 발간한 《6·25전쟁의 포로》에 수록된 당시 포로수용소별 반공포로 석방 현황이다.

반공포로 석방은 이 표에 언급한 8개 포로수용소에서만 있었다. 수

〈표 1〉 **포로수용소별 반공포로 석방 현황**

수용소 명	석방자 수	석방 중 사망자 수	미탈출자 수
부산 제2수용소	392명	1명	2,672명
영천 제3수용소	904명	1명	266명
대구 제4수용소	233명	2명	241명
광주 제5수용소	10,432명	5명	173명
논산 제6수용소	8,024명	2명	3,012명
마산 제7수용소	2,936명	3명	886명
부산 제9수용소	3,930명	–	97명
부평 제10수용소	538명	47명	901명

용소들에서 탈출한 총 2만 7,389명이 공식적인 석방 인원이다. 그렇다면 본격적으로 포로수용소가 만들어지면서 제1수용소로 지정되어 70 퍼센트 이상의 포로가 항상 집결해 있었을 만큼, 포로수용소의 대표적 위치에 있던 거제도 수용소에서 막상 단 한 명의 반공포로 석방도 이루어지지 않았다는 사실을 어떻게 이해해야 할까?

그것을 이해하려면 거제도 수용소에서 벌어진 잔혹사에 대해 먼저 알아볼 필요가 있다. 1950년 9월 15일 인천상륙작전이 성공하고 아군이 북진을 개시하면서 체포되거나 투항한 공산군 포로들이 기하급수적으로 늘어나기 시작했다. 이에 따라 1950년 11월 최후방인 거제도에 수용소를 만들기로 결정하고 1951년 6월 말부터 포로들을 이송 수감함으로써 본격적인 거제도 수용소의 역사가 막을 올리게 되었다.

그런데 워낙 많은 포로가 한 곳에 모여 있다 보니 거제도 수용소는 이념 갈등의 장으로 변했고 반공포로들에 대한 친공포로들의 테러가 공공연히 자행될 정도로 관리 상태도 엉망이었다. 이 과정에서 수용소장이 납치되는 어처구니없는 사태가 발생하는 지경에까지 이르렀다. 결국 폭동을 강제 진압한 후 포로들을 성향별로 분리시켰고 이후 휴전 직전에는 북송을 원하는 자들이 거제도 수용소에 몰려 있었다.

따라서 이곳의 경비를 책임진 미군의 감시망도 엄중했고 만일 탈출을 해도 섬 밖으로 나가기가 힘든 구조였지만, 그보다 우리 정부도 군이 위험을 무릅쓰고 석방시킬 만한 반공포로들이 거제도 수용소에 남아 있다고 판단하지 않았던 것이다. 만일 이들 중 북송을 원하지 않는 자가 있다면 중립국감시위원회 심사를 받는 마지막 탈출길도 남아 있었다. 이러한 이유로 규모가 가장 컸지만 역사적인 반공포로 석방에서 거제도 수용소는 제외되었다.

그런데 포로 석방이 국군 경비대의 도움이 있다고 해서 쉽게 이루어진 것은 결코 아니었다. 미군 경비병들의 저지로 인해 모두 61명의 고귀한 인명이 자유를 눈앞에 두고 생을 마감했다. 그런데 그중 무려 47명이 부평에 있던 제10수용소 한 곳에서 발생했다. 부평 도심 한가운데에서 일어난 이런 비극에 대해 알고 있는 이들이 많지 않다. 다음은 그때 그곳에서 있었던 비극적인 이야기다.

부평에 있던 포로수용소

1951년 여름을 넘기며 6·25전쟁이 소강상태로 들어가자 포로 관리도 서서히 체계가 잡히기 시작했다. 최전선에서 잡힌 포로는 전방에 설치된 포로 수집소를 거쳐 후방 각지의 수용소로 보내져 관리하는 시스템이었는데, 자료를 보면 키스테이션이라 할 수 있는 거제도 제1

수용소를 비롯해 부산 거제리, 부산 가야리, 영천, 대구, 광주, 논산, 마산, 부평 등 총 9개의 수용소가 운영되었다.

공산군 측도 우리와 비슷하게 북한 각지에 14곳의 포로수용소를 운용했는데 압록강 인근에 위치한 벽동 수용소처럼 거대한 규모도 있었지만 정확히 규모가 파악되지 않은 소규모 수용소들도 있었다. 당시 북한에 설치되었던 수용소에 대한 정보가 단편적인 이유는 먼저 북한 측에서 공개한 내용이 없다시피 하고 처음 설명한 것처럼 포로 교환 당시에 생환한 우리 측 포로가 적다는 데도 있다.

당시 생포된 공산군 포로들이 어떤 기준에 의해 수용소가 나뉘어졌는지는 남아 있는 자료가 빈약해 확실히 알 수는 없다. 어쨌든 도시 규모의 거제도 수용소 말고도 중소 규모의 수용소가 전국 각지에 있었는데 그중에서도 부평에 있던 제10수용소는 지리적으로 가장 전방에 위치한 수용소였다. 부평 수용소가 정확히 언제 설치되었는지는 자료에 나와 있지 않지만 1951년 중순 이후인 것으로 추정된다.

전황을 분석해볼 때 적어도 중공군의 제6차 공세가 실패하며 전선이 현재의 휴전선 일대를 중심으로 고착화된 이후에나 그곳에 수용소 설치가 가능했을 것으로 판단된다. 그런데 〈라이프LIFE〉 지 기자인 마이클 라우저가 1953년 5월경 촬영한 부평 수용소의 사진을 보면 시설 대부분이 새것이고 공사가 계속되는 점, 그리고 마지막 번호인 제10 포로수용소로 지정된 점을 고려할 때 1952년 이후에 설치되었을 가능성도 있다.

특히 인천은 공산군 포로 수용과 관련해 인연이 많다. 1950년 9월 15일 인천상륙작전 후 월미도에 수용소가 처음 만들어졌는데 바로 전사에 종종 등장하는 인천 수용소다. 하지만 이는 부평의 제10수용소와

휴전 직후 부평 미군기지의 모습. 구내에 비행장까지 있던 엄청난 규모로 1973년 까지 애스캄ASCOM
이라는 이름으로 운영되었는데 이후 해체되고 많은 부분이 반환되었지만 제빵 공장을 비롯한 일부
시설은 아직도 유지되고 있다. (사진 : U. S. Army Signal Corps, public domain)

전혀 관련이 없는 임시 시설로 1·4 후퇴 이후 기능이 사라졌다. 이와는
별개로 인천에는 선편을 통해 부평 수용소가 아닌 후방으로 이송할
포로들을 임시로 수용하던 시설이 인천항 부근에 있었다.

　반공포로 석방 당시 총 1,486명의 포로가 수용되어 있던 부평 수용
소는 대구 수용소 다음으로 작은 규모였다. 최대 14만 명을 수용한 거
제도 수용소는 물론이고 3,000~1만 명 정도를 수용한 여타 수용소에
비해서도 작다고 할 수 있는데 그 이유는 분명하지 않다. 하지만 중요
한 것은 그곳에 그러한 수용소가 있었고 거기에서 발생한 비극적인
역사가 알려지지 않았다는 사실이다.

　당시 수용소가 위치한 곳은 현재 인천시 부평구에 위치한 부영공원
이다. 대단위 아파트 단지와 반환 예정인 미군 부대 사이에 놓여 있는

부영공원은 주변에서 흔히 볼 수 있는 근린공원이다. 하지만 현대사의 아픔이 스며 있는 역사적 장소임에도 불구하고 안타깝게 잘 알려져 있지 않다. 부영공원, 즉 부평 제10 포로수용소가 위치한 곳은 한반도에서 가장 오래된 현대식 군사시설이었다.

중일전쟁을 치르던 일제는 대륙 침략을 위한 배후 기지로 이용하고자 1930년대 말 부평에 육군 조병창을 설치했다. 이는 일제가 본토 이외에 유일하게 설치한 무기 제조 공장이었을 만큼 상당한 전략 시설이었다. 1945년 일본 패망 후 미군이 진주하면서 이를 지원 시설로 이용했고 1949년 미군 철군 후에 국군 병기대대가 접수해 사용했다. 전쟁이 발발하고 미군이 참전하며 다시 미군기지가 되었고 이때 포로수용소도 설치되었다.

미 제44공병단이 자리 잡은 북쪽 공터에 수용소가 들어섰는데 당시에는 동쪽과 남쪽으로 여타 미군기지들이 몰려 있고 북쪽과 서쪽은 드문드문 민가가 있던 허허벌판이었다. 따라서 기회만 잘 포착한다면 포로들이 안전하게 탈출할 가능성도 있었다. 그런데도 불구하고 반공포로 석방이 있었던 8개 수용소 중에서 수용 인원도 두 번째로 적었던 부평 수용소에서 대다수의 사망자가 나오게 된 이유는 무엇일까?

역사적인 반공포로 석방 당시에 8개 수용소에서 탈출하다 숨져간 61명의 포로 중 47명이 부평 수용소에서 발생했다. 사실 이런 참혹한 결과는 충분히 예견되던 사항이었다. 따라서 여타 수용소와 달리 부평 수용소에서의 탈출은 감행하지 말았어야 했다. 비극을 잉태한 가장 큰 이유는 부평 수용소의 경비 체계가 여타 수용소와 구조적으로 달랐기 때문이다.

잊힌 역사의 현장

국군 헌병대 1개 중대가 경비를 위해 파견 나가 있었지만 부평 제10 포로수용소는 여러 미군 부대가 주둔한 거대한 기지 한가운데에 위치해 여타 수용소와 달리 미군의 감시를 이중, 삼중으로 받던 상태였다. 그래서 원용덕 사령관의 명령을 받고 파견 나간 밀사가 미군의 지휘를 받던 국군 경비병원들을 사전에 접촉할 수조차 없었고 당연히 반공포로들에게도 거사와 관련한 지침을 전달하지 못했다.

대부분의 자료에는 거제도 수용소를 제외한 전국의 8개 수용소에서 동시에 석방이 전격 단행된 것으로 기록되어 있지만 사실 부평 제10 수용소는 이때 함께 행동하지 못했다. 부평 수용소에 수용된 포로들은 그날 정오 확성기 뉴스를 통해서 비로소 거사 사실을 알게 되었을 정도였다. 포로들의 외부작업이 전면 금지될 만큼 미군의 감시망이 즉각 강화되었지만 거사 소식은 부평 수용소의 포로들을 흥분시켰다.

즉시 간부회의를 소집한 반공포로들은 그날 저녁 9시에 탈출을 감행하기로 결정하고 이러한 계획을 국군 경비병들에게 통보했다. 자유를 향한 열망이 그만큼 컸던 것이다. 미군의 감시망이 엄중해 애당초 부평 수용소 포로들의 탈출을 자의반 타의반으로 포기했던 헌병총사령부는 반공포로들의 굳은 의지가 전해지자 김길수 대령을 즉시 파견해 외부에서 적극 지원하기로 조치했다.

사전에 국군 경비대가 비밀리에 철책을 잘라놓고 인근 마을에는 탈출한 반공포로를 적극 보호해줄 것을 고지했다. 그러나 조짐이 심상치 않음을 눈치 챈 미군은 저녁이 되자 국군 병력을 전원 철수시켜 초소 경비를 미군으로 전면 대체하고 외곽은 당시 인근에 주둔하고 있던 미 해병대를 동원해 이중으로 감시했다. 그러한 긴장된 상황에서 마침내 밤 9시 대대적인 탈출이 시작되었다.

포로들이 조를 짜서 일거에 철망을 뚫고 튀어나오자 철조망에서 지키던 미군 경비병들은 겁을 먹고 도망갔다. 하지만 바로 옆에 있던 헬리콥터 비행장에서 강력한 서치라이트를 수용소 방향으로 비추고 동시에 외곽에 대기하고 있던 미군들이 기관총을 비롯한 각종 화기를 발사하며 포로들의 탈출을 저지했다. 바로 이 과정에서 수많은 포로가 자유를 코앞에 두고 희생된 것이다.

부평 수용소에서 발생한 사망자 47명과 부상자 60명은 탈출에 나선 인원의 10퍼센트에 이르는 수준으로 이점은 두고두고 많은 생각을 들게 하는 부분이다. 이때는 이미 우리 정부가 대통령 책임하에 반공포로의 처리에 관한 정책을 확고히 공표한 상태였고, 유엔군사령부도 비록 불만은 많았지만 탈출한 포로들을 끝까지 추적해 검거하지는 않겠다고 방침을 정한 상태였기 때문이었다.

그러한 비극의 현장이었던 부평 수용소 자리는 이후 미군 부대와 국군 부대를 거치며 군사시설로 계속 이용되다가 1998년 인천시에 반환되어 2002년 부영공원으로 재탄생하면서 시민의 품으로 돌아왔다. 현재는 커다란 운동장들과 수목들이 인근 주민들에게 훌륭한 여가시설을 제공하고 있지만, 이곳이 비극적인 역사의 장소임을 알려주는 표식 하나 없고 그러한 사실을 아는 주민도 거의 없다.

지난 2013년 8월 26일, 부영공원에서 기형 맹꽁이가 출현했다는 뉴스가 대대적으로 보도되었는데, 군 부대가 주둔하면서 발생한 토양 오염 때문이라는 주장이 대두되었다. 인과관계가 명확히 밝혀진 것은 아니지만 설령 오염 때문이라도 일제가 기지로 만들어 10년을 사용하고 이후 미군이 20년, 국군이 20년 그리고 인천시에 반환되어 공원으로 사용된 지가 15년이다 보니 책임 소재를 가리기 어려운 측면이 있다.

어쨌든 기형 맹꽁이의 등장은 환경 문제에 많은 경각심을 불러일으켜 인천시와 국방부가 협조해 공원의 토양 정화 사업을 추진하기로 결정했고 지역 환경단체의 도움으로 맹꽁이의 서식지 이전도 실시했다. 하지만 아쉽게도 바로 그곳이 그처럼 수많은 반공포로가 피눈물을 흘리며 죽어간 장소라는 것은 망각하고 있다. 다른 이슈에 가려져 부평 제10포로수용소에서 있었던 비극은 그동안 소홀히 취급되어 왔다.

친공포로들의 해방구 노릇을 하며 비극적인 이념 갈등의 현장으로도 기록된 거제도 수용소는 불행했던 시절을 반추하는 사적지가 되었지만 막상 자유를 찾아 목숨을 걸고 탈출한 반공포로들이 단발마의 비명을 지르며 쓰러져간 부평 수용소에 대한 이야기는 아쉽게도 완전히 잊힌 듯하다. 현실에 놓인 당장의 문제도 물론 중요하지만 그렇다고 해서 우리 땅에서 있었던 과거의 역사를 이처럼 잊고 지내서는 곤란하지 않을까?

| 참 고 문 헌 |

고든 리트먼, 김홍래 역,《인천 1950》, 플래닛미디어, 2006.

국방군사연구소,《한국전쟁 上》, 국방부, 1995.

국방군사연구소,《한국전쟁 中》, 국방부, 1996.

국방군사연구소,《한국전쟁 下》, 국방부, 1997.

군사편찬연구소,《6·25 전쟁사 2: 북한의 전면남침과 초기방어전투》, 국방부, 2005.

군사편찬연구소,《6·25 전쟁사 6: 인천상륙작전과 반격작전》, 국방부, 2009.

군사편찬연구소,《6·25 전쟁사 7: 中共軍의 참전과 유엔군의 철수》, 국방부, 2010.

군사편찬연구소,《6·25 전쟁사 8: 중공군의 총공세와 유엔군의 재반격》, 국방부, 2011.

군사편찬연구소,《6·25 전쟁사 9: 휴전회담의 개막과 고지쟁탈전》, 국방부, 2012.

군사편찬연구소,《건군사》, 국방부, 2002.

군사편찬연구소,《毛澤東과 6·25전쟁》, 2006.

군사편찬연구소,《알아봅시다! 6·25전쟁사 3: 고지쟁탈전과 휴전협정》, 2005.

국방군사연구소,《한국전쟁 포로》, 국방부, 1996.

김성우,《한국전쟁사》, 진영사, 2008.

김학준,《한국전쟁 원인 과정 휴전 영향 (수정판 4판)》, 박영사, 2010.

남도현,《2차대전의 흐름을 바꾼 결정적 순간들》, 플래닛미디어, 2011.

남도현,《끝나지 않은 전쟁 6.25》, 플래닛미디어, 2010.

남도현,《잊혀진 전쟁》, 플래닛미디어, 2013.

남도현,《전쟁 그리고》, 플래닛미디어, 2012.

남도현,《히든제너럴: 리더십으로 세계사를 바꾼 숨겨진 전략가들》, 플래닛미디어,
    2009.

남도현,《히틀러의 장군들: 독일의 수호자, 세계의 적 그리고 명장》, 플래닛미디어,
    2009.

르네 그루쎄, 김동호 역,《유라시아 유목제국사》, 사계절출판사, 1998.

리차드 오베리, 류한수 역,《스탈린과 히틀러의 전쟁》, 지식의 풍경, 2003.

마르틴 브로샤트, 김학이 역,《히틀러 국가》, 문학과 지성사, 2011.

마크 칠리, 김홍래 역,《미드웨이 1942》, 플래닛미디어, 2008.

매트 휴즈, 나종남 역,《제1차 세계대전》, 생각의 나무, 2008.

매튜 휴즈, 박수민 역,《히틀러가 바꾼 세계》, 플래닛미디어, 2011.

민관식,《끝없는 언덕(집념의 2800일)》, 광명출판사, 1972.

맥스 부트, 송대범 역,《전쟁이 만든 신세계》, 플래닛미디어, 2007.

버나드 아일랜드, 김홍래 역,《레이테만 1944》, 플래닛미디어, 2008.

부평사편찬위원회,《부평사》, 부평구청, 2007.

스티븐 배시, 김홍래 역,《노르망디 1944》, 플래닛미디어, 2006.

스티븐 하트, 김홍래 역,《아틀라스 전차전》, 플래닛미디어, 2013.

쓰기야마 마사아키, 이진복 역,《유목민이 본 세계사》, 학민사, 1998.

알란 셰퍼드, 김홍래 역,《프랑스 1940》, 플래닛미디어, 2006.

알렉산더 스완스턴, 홍성표 역,《아틀라스 세계 항공전사》, 플래닛미디어, 2012.

윌리엄 와이블러드, 문관현 역,《한국전쟁 일기》, 플래닛미디어, 2009.

이보영,《한 권으로 읽는 이야기 세계사》, 아이템북스, 2009.

이완범,《한국전쟁(국제전적조망)》, 백산서당, 2000.

이원복,《먼나라 이웃나라 5. 스위스》, 김영사, 2012.

임종대,《오스트리아의 역사와 문화. 3》, 유로, 2014.

장원재,《올림픽의 숨은 이야기》, 살림, 2004.

전사편찬위원회,《한국전쟁사 4: 총반격작전기》, 국방부, 1971.

전사편찬위원회,《한국전쟁사 5: 중공군 침략과 재반격 작전기》, 국방부, 1972.

제프리 메가기, 김홍래 역,《히틀러 최고사령부》, 플래닛미디어, 2009.

조지프 커민스, 채인택 역,《별난 전쟁 특별한 작전》, 플래닛미디어, 2009.

존 스토신, 임윤갑 역,《전쟁의 탄생》, 플래닛미디어, 2009.

존 키건, 류한수 역,《2차세계대전사》, 청어람미디어, 2007.

주디스 스와들링, 김병화 역,《올림픽 2780년의 역사》, 효형출판, 2004.

주지안롱, 서각수 역,《모택동은 왜 한국전쟁에 개입했을까》, 역사넷, 2005.

찰스 메신저, 한장석 역,《신화로 남은 영웅 롬멜》, 플래닛미디어, 2010.

최용호,《그때 그날 : 끝나지 않은 6.25전쟁 이야기》, 삼우사, 2003.

칼 스미스, 김홍래 역,《진주만 1941》, 플래닛미디어, 2008.

크리스 비숍, 박수민 역,《제3제국》, 플래닛미디어, 2012.

토머스 크로웰, 이경아 역,《워 사이언티스트》, 플래닛미디어, 2011.

테리 브라이턴, 김홍래 역,《위대한 3인의 전사들》, 플래닛미디어, 2010.

트라우들 융에, 문은숙 역,《히틀러 여비서와 함께한 마지막 3년》, 한국경제신문, 2005.

폴 콜리어, 강민수 역,《제2차 세계대전》, 플래닛미디어, 2008.

피터 심킨스, 강민수 역,《모든 전쟁을 끝내기 위한 전쟁》, 플래닛미디어, 2008.

필립 드 수자 외, 오태경 역,《그리스 전쟁》, 플래닛미디어, 2009.

하겐 슐체, 반성완 역,《새로 쓴 독일 역사》, 지와 사랑, 2011.

박래식,《이야기 독일사(개정판)》, 청아출판사, 2006.

홍학지, 홍인표 역,《중국이 본 한국전쟁》, 한국학술정보, 2008.

황의서,《독일 통일 이야기》, 야스미디어, 2009.

Andres Kasekamp, *A History of the Baltic States*, Macmillan, 2010.

Antony Beevor, *Crete 1941: The Battle and the Resistance*, Penguin Books, 2014.

Carole Rogel, *The Breakup of Yugoslavia and Its Aftermath*, Greenwood, 2012.

Doug Dildy, *Dunkirk 1940: Operation Dynamo*, Osprey Publishing, 2010.

Dudley Pope, *Battle of the River Plate*, Naval Institute Press, 1988.

Edwin Hoyt, *The Fall of Tsingtao*, Arthur Barker, 1975.

Geoffrey Jukes, *The Russo−Japanese War 1904−1905*, Osprey Publishing, 2002.

Herman Wouk, *The Winds of War*, Back Bay Books, 2002.

Jerzy Borzçcki, *The Soviet–Polish Peace of 1921 and the Creation of Interwar Europe*, Yale University Press. 2008.

John Keegan, *First World War*, Vintage, 1998.

Mark Zuehlke, *Tragedy at Dieppe*, Douglas & McIntyr, 2012.

Martin Allen, *The Hitler/Hess Deception*, Harper Collins, 2004.

Michael Curtis, *Verdict On Vichy*, Arcade Publishing, 2003.

Nigel Thomas, *Armies of the Russo−Polish War 1919−21*, Osprey Publishing, 2014.

Paul Williams, *Hitler's Atlantic Wall*, Pen and Sword, 2013.

Peter Antill, *Crete 1941*, Osprey Publishing, 2005.

Richard Overy, *Russia's War*, Penguin Books, 1998.

Saul Friedlander, *Nazi Germany and the Jews(1933–1945)*, Harper Perennial, 2009.

Steven Zaloga, *Poland 1939*, Osprey Publishing, 2002.

Tim Saunders, *Dieppe: Operation Jubilee*, Leo Cooper, 2005.

Vincent O'Hara, *The German fleet at war*, 1939–1945, Naval Institute Press, 2004.

Volker Rolf Berghahn, *Imperial Germany(1871–1914)*, Berghahn Books, 2005.

William Allcorn, *The Maginot Line 1928–45*, Osprey Publishing, 2003.

William Henry Beehler, *The history of the Italian–Turkish War*, Harvard University, 2008.

Yoshida Mitsuru, *Requiem for Battleship Yamato*, Naval Institute Press, 1999.

army.mil.kr/history

bphm.or.kr

bpcf.or.kr/main/main.php

en.wikipedia.org/wiki/Austro–Hungarian_Navy

en.wikipedia.org/wiki/Baltic_states

en.wikipedia.org/wiki/Case_Anton

en.wikipedia.org/wiki/Russian_cruiser_Varyag_(1899)

en.wikipedia.org/wiki/Space_Battleship_Yamato

en.wikipedia.org/wiki/The_Winds_of_War

en.wikipedia.org/wiki/Yugoslav_Wars

historyguy.com/balkan_war_third.htm

historyplace.com/worldwar2/biographies/apr–hess–cal.htm

imdb.com/title/tt0081059/

imdb.com/title/tt0085112/

초판 1쇄 인쇄 2015년 9월 4일
초판 1쇄 발행 2015년 9월 11일

지은이 남도현
펴낸이 김세영

펴낸곳 도서출판 플래닛미디어
주소 04035 서울시 마포구 월드컵로 8길 40-9 3층
전화 02-3143-3366
팩스 02-3143-3360
블로그 http://blog.naver.com/planetmedia7
이메일 webmaster@planetmedia.co.kr
출판등록 2005년 9월 12일 제313-2005-000197호

ISBN 978-89-97094-84-4 03900